계속되는 도전

계속되는 도전

초판 1쇄 인쇄 2022년 3월 18일
초판 1쇄 발행 2022년 3월 24일

지은이 정재영
펴낸이 유동휘
펴낸곳 SFC출판부
등록 제104-95-65000
주소 (06593) 서울특별시 서초구 고무래로 10-5 2층 SFC출판부
Tel (02)596-8493
Fax 0505-300-5437
홈페이지 www.sfcbooks.com
이메일 sfcbooks@sfcbooks.com
기획・편집 편집부
디자인편집 최건호
ISBN 979-11-87942-63-4 (03230)
값 15,000원

정재영 지음

계속되는 도전

늘어나는 비제도권 교회

SFC

목차

추천의 글

이런 연구는 한국교계에서 처음이라 놀랍다. '비제도권 교회'라는 용어 탓은 아니다. 실재하지만 분명히 규명되지 않은 현상을 명료하게 밝혀 주었기 때문이다. 교회가 지금 꼭 필요로 하는 연구를 한국연구재단의 지원으로 수행했다는 것도 고무적이다. 신학적 작업은 아니지만 교회의 갱신을 위한 실질적 논의를 심도 있게 펼쳤다. 교회가 새로워지기를 꿈꿔 온 목회자와 신학자들이 일할 토대를 제시한 셈이다. 이 책의 가장 큰 장점은 한국교회의 위기를 치밀하게 분석하면서도 대안을 제시하려는 따듯한 마음에 있다. 제도권 교회들을 향한 염려를 넘어 분노를 감추지 않는 이들도 적지 않다. 저자는 믿음과 소망의 눈으로 현실을 진단하고 나갈 길을 모색한다. 이미 실천되고 있는 다양한 대안들을 공들여 모아 소개하고 평가했다. 미래 교계의 흐름을 가늠하고자 하는 이들이 반드시 알아야 할 자료들이 가득하다. 양적 연구와 질적 연구를 병행해 설명력과 설득력을 극대화한 점도 매우 인상적이다. 철저한 신앙에 기초한 유능한 사회학자만이 줄 수 있는 귀한 선물이다.

신국원(총신대학교 신학과 명예교수, 웨스트민스터신학대학원대학교 초빙교수)

비제도권 교회라는 단어는 낯설다. 누군가는 불온하게 볼 수도 있고, 약간 특이한 모임으로 치부할 수도 있다. 하지만 이 책을 통해서 저자는 비제도권 교회에 대한 이해가 단순히 기독교의 언저리를 비추는 것이 아니라, 대다수가 몸담고 있는 제도권 교회를 위한 경종과 교훈이 됨을 보여 준다. 저자는 비제도권 교회 사람들의 소리를 직접 경청하고 이들의 대표적 특성을 곡진하게 정리한다. 신앙의 본질 회복, 공동체 지향성, 의사소통과 재정 구조의 개선, 공공성 등은 비단 특별한 교회들의 특성이 아니라 모든 교회됨의 가치이다. 산소측정기가 없던 시대에 잠수함은 산소 부족에 민감하게 반응하는 토끼를 동반시켜서, 토끼가 괴로워하면 이상 징후로 보고 수면 위로 올라갔다고 한다. 우리가 비제도권 교회를 알아야 하는 이유도 바로 이와 비슷하지 않을까?

김선일(웨스트민스터신학대학원대학교 실천신학 교수)

"예배가 중단되니 예배가 보이기 시작한다"는 말이 맞다. 제도권 교회를 이탈한 신자들의 이야기를 귀담아 들으면 기존 제도와 관행에 매몰되어 잘 보이지 않던 교회와 신앙의 본질이 보이기 시작한다. 이들을 자기 소견대로 행하는 교회 부적응자들이 아니라 대안(代案)적 시도를 통해 교회의 원안(原案)을 찾아 나선 정탐꾼으로 보는 시각이 필요하다. 날것이라 소화하기 힘들 수도 있는 정탐꾼들의 보고를 여호수아와 갈렙의 그것으로 품을 수 있게 만들어 낸 정재영 교수의 노력에 박수를 보낸다. 『교회 안 나가는 그리스도인』 이후 또 하나의 역작이다. 한국 교회 갱신과 개혁에 일조할 책이다.

김석홍(용인 향상교회 담임목사)

서문

지금 우리 사회는 코로나 19 팬데믹의 여파에서 벗어나지 못하고 여전히 큰 어려움을 겪고 있다. 2019년 12월 중국에서 처음 발생한 것으로 알려진 뒤 전 세계로 확산되고 있는 이 호흡기 감염질환은 전 세계에서 4억 명이 넘는 확진자와 수백만 명에 이르는 사망자를 발생시키고 있으며 여전히 사그라들 기미가 보이지 않고 있다. 우리나라에서는 초기에 신천지 신자 중에서 확진자가 나오면서 엄청난 속도로 확산된 이후에 어느 정도 진정세로 돌아섰으나, 이후에는 교회들을 중심으로 '조용한 전파'가 발생하면서 교회가 사회적 비난의 대상이 되기도 하였다. 1차 대유행 때 정통 교회들은 신천지가 질병 확산의 주범이 된 것이 잘못된 신앙관에 기초한 이단인 탓이라고 여겼지만, 그 이후에는 정통 교회들에서도 확진자가 계속 발생하면서 매우 곤혹스러운 상황을 맞기도 하였다.

코로나 사태가 예상보다 오래 지속되면서 온 나라가 코로나 사태 앞에서 매우 큰 혼란과 무기력 상태에 빠져 있다. 몇 번의 대유행 후에 백신 접종이 시작되면서 사태가 안정되기를 바랐지만 2년 넘도록 유행의 기세가 꺾이지 않고 있다. 유행이 지속적으로 반복되는 N차 대유행이 일어나면서 사회적 거리두기도 효과를 보지 못하고 온 국민이 지쳐 가고 있는 상황이다. 코로나 팬데믹으로 인한 우울증, 곧 '코로나 블루'가 심해지면서 자살자가 증가하고 있다는 슬픈 소식도 들려온다. 사회적 거리두기로 말미암은 경영난을 더 이상 견디기 힘들다며 스스로 생을 마감하는 소상공인들도 있다. 사실 이러한 상황은 코로나 이전에 이미 시작되었다. 코로나 팬데믹 이전에 한 트렌드 전문가는 현대인들의 삶의 방식을 분석하면서 '외로움'을 핵심 주제로 제시하기도 하였다. 이것이 코로나 팬데믹으로 인해서 더욱 급속하게 확산되고 있는 것이다.

교회도 예외가 아니다. 교회를 구성하는 성도들도 똑같이 우리나라 국민이자 시민들이기 때문이다. 이러한 정서적인 불안정은 교회의 구성원으로서는 공동체성이 약화됨으로써 신앙 활동의 동력이 떨어지고, 우리 사회 구성원으로서는 무기력증과 우울감으로 대인기피증에 빠지게 하여 사회활동에 대한 의욕이 저하된다. 사회활동에 대한 의욕의 저하는 종교 활동에 대한 관심 자체를 감소시킬 우려도 있다. 게다가 우리 사회에서와 같이 종교 활동을 삶을 영위하기 위한 필수 활동이 아니라 부차적인 활동으로 여기는 상황에서는 종교 활동이 더 위축될 것이다. 특히 신천지와 8·15 집회 등의 코로나 확산에 개신교가 연루되어 있다는 생각들이 널리 퍼져 있어서 한국 교회가 이 위기를 극복하기는 매우 쉽지 않다.

교회 안으로는 대면 예배와 관련해서 첨예하게 입장이 나뉘어서 갈등이 빚어지고 있다. 예배는 반드시 예배당에 나와서 대면으로 드려야 한다는 신념에서 대면 예배 제한은 종교 탄압이라고 보는 입장과, 전염병이 창궐한 시기에는 나와 우리 이웃들의 안전을 위해서 당연히 비대면 예배를 드려야 한다는 입장으로 갈리고 있다. 종교적 신념은 단순히 자신의 생각을 드러내는 것이 아니라 진리에 대한 문제이기 때문에 종교인들은 이를 목숨을 걸고 지키려고 한다. 그래서 내 생각을 반드시 관철시키려고 할뿐만 아니라 나와 생각이 다른 사람들을 적대시하기에 이른다. 같은 기독교 신앙을 가지고 있고 개신교 전통을 따르고 있지만 서로를 전혀 다른 부류의 사람들처럼 여긴다.

이러한 위기 상황을 쉽게 극복하기는 어렵지만, 우리는 이러한 위기 상황일수록 근본적인 질문을 던져야 한다. 기독교 신앙이 무엇이고, 교회가 무엇이고, 예배가 과연 무엇인지 질문하고 그 답을 찾아야 한다. 지금의 제도화된 틀 속에 담겨 있는 그 실체, 제도에 의해 뒤틀려지고 일그러지기 전 본래의 모습을 되찾아야 한다. 그러나 그 답은 하나만 있는 것이 아니다. 궁극적으로 답이 하나일 수 있어도 인간은 그것을 정확하게 알 수 없기 때문에, 우리는 자신의 답이 맞는지 계속 자문해야 하고 다른 사람의 답과 견주어서 따져 보아야 한다. 진리를 추구하는 데 대화와 토론이 필요한 이유가 이것이다. 신학을 하는 데서도 마찬가지일 것이다. 신학의 전통과 학문하는 태도에 따라서 답은 다양할 수 있다.

본래 사회과학은 진리를 추구하거나 신앙과 관련된 답을 제시하는 학문은 아니다. 신앙의 본질에 대한 문제는 사회과학의 방법으로 증명해 낼 수 없기 때문이다. 그러나 사회학도이자 한 사람의 신앙인, 그리고 기독 시민으로서 나는 줄곧 이 문제에 관심을 가지고 씨름을 해 왔다. 오늘날의 한국 교회가 저마다 생각하고 있는 이상적인 교회 또는 본질적인 교회와 다른 이유는 무엇일까? 그 다름은 어디에서부터 비롯되는 것인가? 이런 질문은 진지하게 신앙생활을 하고 있는 사람이라면 누구나 가지고 있는 질문일 것이다. 그리고 이 질문은 코로나 사태를 겪으면서 더 크게 다가오고 있다.

나는 사회학의 방법을 통해서 이 문제에 접근해 보고자 하였다. 사실 이 관심은 코로나 사태로 인해서 시작된 것은 아니다. 이전에 '가나안 성도'를 연구할 때부터 비제도권 교회나 탈제도적 형태의 교회들에 관심이 있었다. 일종의 비주류 교회라든지 전형적이지 않은 교회라고 할 수 있는데, 이런 교회들이 최근에 점점 많아지고 있다는 이야기들이 들렸다. 기존 교회들에 실망한 사람들이, 그리고 이미 교회를 떠난 가나안 성도들이 찾아가거나 이들을 중심으로 세워진 교회들이 많다는 것이다. 이것은 우리보다 먼저 기독교를 받아들인 서양 교회들에서는 이미 예전에 시작된 일이었다.

이러한 현상을 연구하기 위해서 한국연구재단NRF에 연구과제 신청을 하여 선정이 되었다. 연구 주제는 "비제도권 교회들의 유형에 대한 연구"이다. 비제도권 교회들의 실태를 파악하고 이를 유형화하는 것이 연구의 목적이었다. 그런데 이 연구에 대한 관심이 코로나 사태 속에서 더 중요하게 다가왔다. 코로나 사태는 전 인류에게 큰 위협이 되고 있지만, 오히려 이 와중에 유효성을 잃은 것으로 드러난 기존의 관습을 타파하고 더 나은 세상을 만들기 위한 절호의 기회가 될 수 있다고 여겨지고 있다. 잘못된 줄 알면서도 그동안의 관행에 젖어서 미루어 온 개혁을 이 기회에 단행해야 한다는 것이다.

이것은 교회에 대해서도 마찬가지이다. 이 땅에 기독교 신앙이 전파되고 교회가 시작된 지 1백 년이 훌쩍 넘으면서 그동안에 쌓인 관행들로 인해서 여기저기서 문제들이 발생하고 있기 때문이다. 이렇게 오랫동안 누적된 관습들은 제도라는 형태로 더욱 견고해진다. 사회학에서 말하는 '구조structure'를 형성하게 되는 것인데, 이러한 구조의 문제는 어느 한두 사람의 노력으로 해결하기 어렵다. 모든 신앙공동체의 구성원들이 같은 문제의식을 가지고 함께 도전해야 한다. 그런데 이런 일에는 언제나 개척자들이 있게 마련이고, 이러한 움직임은 언제나 변방이나 주변부에서 일어난다. 중심부는 아직 견고한 틀 안에 갇혀 있고 기득권을 가지고 있기 때문에 문제의식도 분명하지 않고 이를 위한 의지도 빈약하다.

이러한 움직임이 교단에 속하지 않아 그로부터 자유로운 비제도권에서 일어나는 것은 자연스러운 일이다. 비제도권 교회들을 연구한 이유가 바로 여기에 있다. 그러나 이 연구는 비제도권 교회들을 단순히 옹호하거나 정당화하고자 하는 것도 아니고, 반대로 제도권 교회들을 비방하거나 질타하기 위한 것도 아님을 분명히 하고자 한다. 사회과학의 연구 방법은 가능한 대로 주관적인 신념이나 가치 판단을 배제하고 객관적이고 가치중립적인 연구를 하는 것이다. 그 의미를 평가하거나 판단하는 것은 그 현상을 객관적으로 규명하고 설명한 이후에 각자의 기준에 따라서 할 수 있는 일이다.

이것은 정책을 평가하는 것과는 다르다. 비제도권 교회 증가 현상은 교단이나 어떤 기관의 정책과 관계없이 한국 교계에서 자연스럽게 일어난 일이기 때문에 어떤 사람도 이것을 절대적인 권위나 기준을 가지고 판단할 수 없다. 그러나 이 현상이 어느 정도 객관적으로 규명이 되면 그것이 한국 교회에 유익한지 그렇지 않은지, 바람직한 현상인지 아닌지 각각의 주체들이 판단하고 평가할 수 있을 것이다. 이러한 평가는 제도권 교회들이나 비제도권 교회들 모두에게 도움이 되는 일이지만, 이 영역은 사회과학의 연구와는 별개의 것이라는 점을 말하는 것이다.

한국연구재단에서 지원받은 연구에서는 비제도권 교회들에 대한 이론과 관련된 문헌을 연구하였고, 서른 개에 가까운 비제도권 교회들의 지도자들을 만나서 면접을 하였다. 그리고 이들 교회에 속한 사람들과 일반 개신교인들을 대상으로 설문 조사를 하여 두 개의 논문으로 제출하였다. 제목은 「비제도권 교회의 유형에 대한 연구」[1]와 「비제도권 교회의 특징에 대한 연구」[2]이다. 이 연구에 유익한 심사를 해준 심사위원들에게 감사 드린다.

이 책의 구성은 다음과 같다. 1장에서는 기존의 교회들과는 다른 탈제도적 교회들이 등장하는 상황과 특히 코로나 상황에서 이것이 더 두드러지고 있는 것에 대하여 살펴보았다. 그리고 비제도권 교회와 탈제도적 교회라는 용어에 대하여 설명하였다. 2장에서는 비제도권 교회들의 실태를 파악하기 위해 설문 조사를 중심으로 그 결과들을 분석하였다. 제도권 교회들과 비제도권 교회에 속한 교인들의 인식 차이, 그리고 비제도권 교회들 중에서도 평신도 교회와 목회자가 있는 교회의 차이들을 상세하게 분석하였다. 3장에서는 비제도권 교회들의 지도자들을 면접한 결과들에 대하여 사례 분석을 하였다. 이를 바탕으로 유형을 분류하여 그 특징들을 기술하였다. 4장에서는 비제도권 교회들에 대한

---

1. 『현상과 인식』 44권 1호(2020년 3월).
2. 『신학과 실천』 74호(2021년 5월).

이론적 배경으로 제도화의 딜레마 문제와 최근에 나타나고 있는 탈제도화된 종교성, 그리고 무종교인의 증가가 어떻게 비제도권 교회와 관련되는지를 살펴보고 어려움에 처한 제도교회의 상황에 대하여 논의하였다. 5장에서는 비제도권의 교회 갱신 운동이라고 할 수 있는 가나안 성도 현상에 대하여 살펴보았다. 이에 대해서는 이미 책으로 출판했지만 책이 출판된 이후의 변화와 코로나 상황에서 가나안 성도가 더 증가할 가능성에 대하여 살펴보았다. 6장에서는 제도권 교회들이 제도화의 딜레마를 극복하기 위한 방안들에 대하여 논하였다. 실제로 다수를 차지하고 있는 제도권 교회들이 비제도권 교회들의 특징을 참고하여 관습적인 틀에 갇히지 않고 교회 본래의 사명을 감당할 수 있는 방안들을 제시하였다.

앞에서 말한 바와 같이 이러한 연구 방법은 신학의 방법과는 매우 다르다. 신학은 진리를 추구하고 옳은 방향을 찾아가려고 하기 때문에 정답을 찾는 과정과 유사하다. 정답을 찾기 위해서는 옳고 그름을 따져야 하고 옥석을 가려내야 한다. 이러한 과정에 사회과학의 연구들이 도움을 줄 수 있다. 사회과학자들은 현장 연구에 익숙하고 경험적인 자료들을 통해서 현상을 설명하려고 하기 때문에 신학자들은 부분적으로 사회과학자들에게 도움을 받기도 한다. 이 연구에 대해서도 앞으로 많은 신학적인 논의와 목회적인 적용에 대한 토론이 이루어지기를 기대한다.

2021년 12월

글쓴이

비제도권 교회 인터뷰 1

대전에 있는 한 교회는 제도권 장로교단 소속이었으나 10여 년 전부터 목회자를 청빙하지 않고 교단을 탈퇴하여 평신도 교회로 모이고 있다. 이 교회는 처음에 대학교 안에서 시작하여 학생과 교수들 중심으로 150명 정도가 모이다가, 350명까지 늘어나면서 인근 신학교 교수를 초청하여 설교를 맡겼다. 그런데 그 교수가 목회를 할 수는 없었기 때문에 스스로 어려움을 느끼고 그만두었다. 그 후에 장로교단 출신 전도사가 들어와서 사역을 하고 안수를 받으면서 자연히 교회가 그 교단으로 들어가게 되었다.

이 교회에는 미국 유학 중에 신앙생활을 한 사람들이 많았는데, 이들은 목사에 대한 인식이 한국 신자들의 그것과는 달랐다. 목사를 목회자로서 존중하지만 본질적으로는 신앙공동체 안에서 동등한 동료로 인식했다. 교회 재정에 대해서도 전체 예산의 70퍼센트 이상을 선교에 사용하기로 하고 목회자 사례비는 상대적으로 적게 책정했다. 목사도 이에 대해서 잘 알고 합의하여 들어왔으나, 곧 생각을 바꾸기 시작했다. 목사는 성도들과의 동등한 관계를 불편하게 여기고 제자 훈련을 통해 자신을 특별히 따르는 자기 사람들을 키우기 시작했다. 이로써 기존 구성원들과의 사이에서 큰 논란이 일어났다. 이렇게 상호간의 신뢰가 깨지자 많은 사람들이 교회를 떠나게 되었다. 한 번에 100명이 떠나기도 하고, 지도자 그룹에 있는 사람이 떠나기도 하였다.

그 와중에 학교 공간을 더 이상 사용할 수 없게 되어 학교 밖에 있는 지하 공간을 얻어서 예배를 드렸는데, 이 과정에서 또 많은 교인들이 떠나게 되었다. 논란을 야기했던 목사는 이 시기에 다른 교회의 청빙을 수락하여 교회를 떠났다. 교회는 협동목사로 섬기던 목회자에게 이어서 담임을 맡겼는데, 그도

곧 다른 교회의 청빙을 받아서 떠났다. 다른 목사를 세 번째로 청빙했으나 그의 설교를 힘들어 하는 구성원들이 많았다. 교회는 그의 설교를 중지시켰지만 교회를 떠나도록 요구하지도 않고 사례비도 계속해서 지급했다. 소명을 받아서 목회하는 목사를 인간적인 판단으로 그만두거나 떠나라고 요구할 수 없다고 생각하는 구성원들이 많았기 때문이다.

교회의 평신도 지도자들은 20년간 세 명의 목회자가 떠나는 과정들이 너무 힘들다고 느꼈다. 전임 목사가 교회의 뜻과 상관없이 다른 교회의 청빙을 수락하고 이를 노회에서 일방적으로 결정하는 것은 정말로 받아들이기가 힘든 일이었다. 이렇게 교회를 진실로 존중하지 않는 목사들의 문제점을 인식하면서 신학교에 대한 회의감도 들었다.

목회자들에게 실망했던 점은 이뿐만이 아니었다. 먼저 설교 준비가 많이 부족하다고 느꼈다. 성경을 깊이 이해하기 위해서는 당시 시대와 문화적 배경이나 언어 등을 잘 알아야 하는데, 이를 위한 노력이 부족해 보였다. 새롭게 발견된 내용들에 대한 이해 없이 너무 오래전에 공부한 내용을 바탕으로 관습적으로 설교를 하니 기대에 미치지 못한 경우가 많았다. 목회자 재교육을 교회가 지원하겠다고 제안했지만 세 목사 모두가 자신들은 충분히 잘 알고 있다고 말하며 거절했다. 이런 모습에 크게 실망하고 교회를 떠나는 사람들이 많아진 것이다.

학문을 가르치는 교수들도 학회나 세미나에 가서 공부하고 계속 연구를 하는 것처럼 신앙을 가르치는 목회자들도 끊임없이 연구를 하고 공부를 해야 하는데, 그러지 않으면서 심지어 교인들 위에 군림하려는 모습을 견디기 어려워하는 성도들이 많았다. 이것은 단순히 목회자 개인에 대한 실망이 아니라 교단 신학교에서 길러내는 목회자들의 자질에 대한 회의로 이어졌다. 때문에 이 교회는 더 이상 청빙을 하지 않기로 결정하고, 더 이상 목회자에게 의지하지 않고 스스로 서 가는 교회가 되기로 결심하고 먼저 그 길을 걸어 온 교회들의 좋은 사례들을 참고하며 노력해 왔다.

목회자 없이 교회를 운영하면서 목회자로 말미암은 갈등들은 자연히 해소되었다. 또 한편으로 교회의 일을 성도들이 스스로 책임을 지니 부족하더라도 더 노력하고 함께 해결하려고 하는 좋은 모습도 얻었다. 교회들에서 보통은 성도들이 청빙한 목회자를 많이 의존하다가 몇 년이 지나면 갈등이 생기기 시작하는데, 교인들의 문제조차도 목회자에게 책임을 돌림으로써 교회가 덕을 세우지 못할 때가 있었다. 그런데 목회자를 청빙하지 않은 것이 책임을 전가할 데를 없앰으로써 성도들이 긴장감을 갖고 교회 생활을 하도록 긍정적으로 작용한 것이다.

한편 전국에 목회자 없는 교회들이 많이 있어서 함께 교단을 만들자는 의견도 있었다. 그러나 현재 반대 의견도 있어서 이 교회는 교단 가입이나 설립을 추진하지 않고 있다.

I. 비제도권 교회들의 등장

1. 비제도권 교회들의 증가

모든 종교는 제도화制度化에 따라 일정한 관행이 만들어진다. 제도화는 종교의 유지와 존속을 위해 매우 중요하다. 제도화가 이루어지지 않는다면 모든 종교는 창시자 당대의 운동으로 끝나게 되기 때문이다. 제도화를 통해서 지도력이 전달되고 가치와 정신이 전수되어야 후세대를 통해서 유지되고 지속될 수 있는 것이다. 그러나 종교 운동이 조직화되고 제도화되면 이에 따라 발생하는 문제도 적지 않다. 조직의 운영을 위해 만들어진 제도와 규정들이 본래의 정신보다 더 강조되는 관료주의官僚主義가 나타나기도 하고 심지어는 다른 무엇보다 조직의 유지가 최우선의 가치가 되는 목적 전치轉置 현상이 나타나기도 한다.

이것은 기독교의 역사를 통해서도 알 수 있다. 사회학자인 로드니 스타크는 『기독교의 발흥The Rise of Christianity』이라는 책에서 신흥종교였던 초기 기독교가 어떻게 신자들을 끌어들이면서 주요 종교로 성장하게 되었는지를 잘 보여주고 있다. 전염병이 돌던 당시에 이교도들은 전염병에 대한 지식이 없었고 자신의 신앙에 따라 의미를 부여하지도 못했기 때문에, 단순히 전염병으로부터 도피하면서 환자들을 배척할 수밖에 없었다. 그러나 기독교인들은 하나님의 섭리 안에서 전염병을 이해했을 뿐만 아니라 이웃 사랑의 규범을 가지고 있었기 때문에 전염병 환자들을 적극적으로 돌보았다. 당시에는 의학 기술이 발달하지 않았지만 최소한의 돌봄만으로도 전염병의 확산을 막는 데 큰 도움이 되었고, 이것이 사람들에게 긍정적인 영향을 미치면서 기독교가 위대한 종교로 성장하는 주요 요인이 되었다는 것이다.[1]

그러나 중세 기독교는 달랐다. 국교가 된 이후에 거대 왕국을 이룬 중세 기독교는 전염병이 발생하자 하나님께 도움을 구한다며 사람들을 교회당에 모았지만, 의도와는 달리 도리어 전염병을 급속하게 확산시키는 결과를 낳았다.[2] 초기 기독교인들이 자신을 돌보기보다 자기보다 더 어려운 상황에 처한 사람들을 돌보고 헌신한 것과는 매우 다른 모습이다. 이번 코로나19 사태에서도 이와 유사한 현상이 나타났다. 이탈리아, 이란, 한국은 바이러스 확산 초기에 중심에 있었던 국가인데, 이 세 나라의 공통점이 종교가 전염병 확산에 중요한 역할을 했다는 점이다.[3] 제도화된 종교는 본래의 정신보다 기존의 관습을 따르는 속성이 강하기 때문에 나타난 결과이다.

이러한 점에서 제도화된 관행을 극복하고 교회 본래의 정신과 모습을 회복해야 한다는 주장이 설득력을 갖는 것이다. 한국 현대사에서 기독교는 주류 제도권 종교로서의 역할을 굳건히 해 오며 성장해 왔다. 한국교회는 근대화를 형성하는 데 주된 축을 담당했으며, 2015년 인구센서스에서 1위 종교가 됨으로써 이제 대표종교의 위치를 확보했다. 2021년 5월에 발표된 한국갤럽의 '한국

1. 로드니 스타크/손현선 역, 『기독교의 발흥: 사회과학자의 시선으로 탐색한 초기 기독교 성장의 요인』(서울: 좋은씨앗, 2016).
2. 안명준 외, 『전염병과 마주한 기독교』(서울: 다함, 2020), 36.
3. 김용섭, 『언컨택트』(서울: 퍼블리온, 2020), 253.

인의 종교 1984-2021'에서도 개신교는 신자 수 1위의 자리를 굳건히 지켰고, 불교는 더욱 약화되었다.[4] 그러나 전체 개신교 인구의 증가와는 달리, 한국 교회의 주류 교단은 여전히 교세 약화와 확장성의 한계, 게다가 기존 신도들의 이탈이라는 위기를 겪고 있다.[5] 그래서 이른바 가나안 성도 현상이 큰 이슈가 되고 있다.[6]

제도권 교회들의 성장 정체 속에서 건물, 성직자, 교단 등 기존의 교회 형성의 문법을 따르지 않는 실험적인 새로운 기독교 공동체들이 한국의 대도시를 중심으로 21세기에 등장하고 있음을 주목하게 된다. 바로 비제도권 교회들의 출현이다. 보기를 들자면 이미 오랫동안 진행되어 온 가정 교회들 외에도, 평소에는 카페를 운영하며 일요일에 예배를 겸하는 유형, 지역에서 아이들과 가족을 위한 도서관 운영과 함께 교회를 실험하는 유형, 인디밴드나 어쿠스틱 그룹을 초청하여 음악을 나누며 공동체를 추구하는 하우스 콘서트형, 사무실이나 학원의 비는 시간을 이용하여 기독교 공동체가 모이는 일터 교회 유형도 있다.

이러한 외형뿐 아니라 교단이나 교회 정치체제governance를 벗어나서 독립적으로 교회 조직의 틀을 갖추는 교회들, 성직자에게 의존하지 않고 평신도 중심으로 모임을 갖는 교회들, 일요일 오전이라는 교회의 전통적인 시간대를 탈피하여 모이는 공동체들도 있다.[7] 제도권 교회의 틀에서는 의미 있는 생존이 어렵다고 보고, 또는 포스트모더니즘의 영향 가운데 새로운 가능성을 찾아서, 또한 이러한 모양을 원하는 교인들의 욕구에 부응하여 기존 교회의 모습에서

---

4. <한국갤럽> 홈페이지 https://www.gallup.co.kr/gallupdb/reportContent.asp?seqNo=1208를 볼 것.

5. 조성돈, 「통계로 본 한국 기독교 교세 분석」, 『기독교사상』, 2020년 12월호.

6. 가나안 성도란 기독교인의 정체성을 가지고 있으면서 교회에 출석하지 않는 사람들을 가리키는 말이다. 이에 대하여는 정재영, 『교회 안 나가는 그리스도인』(서울: IVP, 2015)을 볼 것.

7. 평신도라는 말은 논쟁 중에 있다. 신학적으로 바람직하지 않은 표현이라는 견해가 많으나 마땅하게 대체할 단어가 없어서 여전히 통용되고 있다. 이에 대하여는 3장에서 자세하게 살펴볼 것이다.

탈피한 신앙공동체들이 등장하는 것이다. 이 글에서는 이를 기존 제도권 교회의 틀로서는 설명할 수 없기 때문에 비제도권 교회들이라고 명명한다. 이 현상은 또한 개인 중심의 영성 추구, 형식적 종교의식보다는 의미와 관계 중심의 신앙 표현, 명목상 그리스도인의 증가에 대한 저항 등과 같은 새로운 가치 등을 반영하고 있다.[8]

이러한 현상의 원인으로는 종교 사회학적인 측면에서 탈물질주의와 실존적 안정감의 증가를 들 수 있다.[9] 이는 기독교 대중의 종교 욕구가 곧 번영신학을 의지한 '축복형'에서 '의미형'으로 변환되는 과정을 겪고 있는 것으로 볼 수 있다.[10] 이에 사회 철학자 찰스 테일러Charles Taylor는 그의 저서 『세속 시대A Secular Age』에서, 대중들이 정치적 중립성과 무관심을 나타내면서 기존 종교 공동체가 아닌 자기 자신의 표현이 핵심이 되는 개인들의 영성을 추구하는 것이 최근 서구 사회의 특징이라고 진단하였다.[11] 이러한 점에서 비제도권 교회의 등장은 한국 사회 구성원들의 종교적 욕구의 변화가 반영된 것이라고 볼 수 있다. 더 나아가 후기 산업사회로 가는 길목에서 나타나는 비제도권 교회의 등장은 한국 사회의 개인들이 점점 더 정당, 종교 단체 등의 전통적 사회 기관들로부터 피로감을 느끼고 이탈하여 개인화, 파편화되어 가는 포스트모더니즘 현상과 무관하지 않다고 진단한다.

이렇게 교회들이 제도권에서 벗어나는 탈제도화 현상은 우리보다 앞선 기독교 국가들에서는 이미 겪어 온 일이다. 미국에서는 제도화된 교회가 몰락하

---

8. 최현종, 「탈교회현상에 대한 종교사회학적 분석」, 김동춘 편, 『탈교회: 탈교회 시대, 교회를 말하다』(서울: 느헤미야, 2020),
9. 최현종, 「탈물질주의와 포스트모더니즘을 통해 살펴본 다음 세대의 종교이해」, 『다음세대 교회 교육, 새틀짜기』(제 19회 바른교회 아카데미 연구위원 세미나, 2015), 55.
10. 윗글, 56.
11. Charles Taylor, *A Secular Age*(Cambridge, MA: Harvard University Press, 2007), 468.

면서 새롭게 영성을 추구하는 탈제도화된 신앙 운동이 활성화되고 있다. 탈제도화를 보여 주는 대표적인 형태는 독립교회獨立教會 운동인데, 최근에 양적으로 성장하거나 활력을 얻고 있는 교회들 중에는 특정 교파에 소속되기를 거부하는 독립교회들이 두드러진다. 여기서는 교리도 중요하지 않고 위계 조직도 필요 없다. 이론적 신학 체계도 많은 비중을 차지하지 않는다.[12] 그래서 도날드 밀러는 이제 기독교는 후기 교파주의post-denominationalism 시대에 접어들었다고 말한다.[13]

성공회 선교사이자 종교사회학자인 바렛D. Barrett 역시 1900년대에서 2000년대까지의 기독교 성장의 뚜렷한 특징 중 하나를 교파주의에서 후기 교파주의로의 변화라고 보았다.[14] 교파주의에서 후기 교파주의로 기독교의 패러다임이 변화하고 있다는 바렛의 주장은 기존 교파에서 벗어나 비제도권에 속하는 독립교회의 성장이 지난 1세기 동안 교회 성장을 주도했다는 실증 자료에 근거하고 있다. 1970년에 독립교회에 속하는 교인들의 숫자는 전체 기독교 인구의 8퍼센트에 불과했는데 30년 만인 2000년에는 이 숫자가 20퍼센트로 늘어났다. 미국에서도 이러한 현상이 뚜렷하게 나타나고 있다. 독립교회로 분류되는 교인은 2005년에 미국 전체 기독교인의 36퍼센트를 차지하고 있다. 이는 1900년대의 11퍼센트에서 크게 증가한 것이다.

신학적으로 보면, 이렇게 교파주의를 벗어나 비제도권에 존재하는 교회들의 증가 현상은 교회론에 새로운 반성거리를 던진다. 교회론은 "교회란 무엇인가"라는 물음에 대한 대답이다. 이것은 교회의 본질과 관련해서 대답될 수 있

---

12. 이원규, 『종교사회학의 이해』(서울: 나남, 2015), 767.
13. 도날드 밀러, 『왜 그들의 교회는 성장하는가?』(이원규 옮김)(서울: kmc, 2008), 16.
14. David Barrett, *World Christian Encyclopedia: A Comparative Survey of Churches and Religions AD 30-AD 2200*(New York: Oxford University Press, 2001), 10.

을 것이다. 그러나 교회의 본질에 대해서는 신학자들 사이에조차 분명한 합의가 없다. 물론 대체로 합의하는 교회의 특성들을 나열할 수는 있으나, 교회를 보는 관점에 따라 강조점이 달라지는 것이다. 교회에 대한 관점은 또한 시대에 따라 달라지기도 한다. 시대마다 특정한 역사 상황에서 특정한 교회의 생활과 형식이 나왔고, 역사상 특정한 신학자들이 되돌아보거나 내다보는 교회관이 있었다. 따라서 근본으로부터 교회라는 개념은 주어진 각 시대의 교회의 형태에 의존하는 것이다.

가톨릭 신학자 한스 큉Hans Küng은 교회의 '본질'이 존재하지만 그것은 형이상학으로 움직일 수 없는 것이 아니라 항상 변화 가능한 역사의 형태로만 나타난다고 말한다.[15] 이런 측면에서 교회론은 끊임없이 변하는 역사 상황에 대한 응답인 동시에 요구인 것이다. 교회론은 교회 자체와 더불어 필연으로서 계속되는 변화의 영향을 받고 있으며 따라서 언제나 새로이 시도되어야 한다. 종교개혁자들이 자신들이 처한 시대를 개혁하기 위해 성경을 가지고 모든 것을 시험하고 그 원리를 적용하면서 그 당시의 문제에 답하는 데 전력을 쏟았던 것처럼, 이 시대에는 현재의 상황에 맞는 교회론이 필요한 것이다.

이러한 점에서 비제도권 교회들의 증가는 현재 제도권 교계에 형성되어 있는 주류 교회론에 대한 일종의 반작용 현상으로 이해될 수 있다. 한국교회는 현대 한국 사회에서 대표적인 기성종교로 발돋움했으나, 최근에 들어 일부 제도권 대형 교회와 목회자들이 한국 사회가 기대하는 역할에서 일탈하는 현상

---

15. 한스 큉, 『교회란 무엇인가?』(이홍근 옮김)(왜관: 분도출판사, 1992), 17쪽. "교회론이란—교회 자체가 인간을 위한 인간의 것이고, 시간과 세계 안에, 곧 끊임없이 변하는 인간 세계의 반복 없는 현재 안에 존재하는 것인 이상—본질적으로 역사적이라는 것이다. 교회의 본질은 …… 역사 안에 있다. 현실 교회는 비단 역사를 가지고 있을 뿐 아니라 역사가 발생하는 가운데 존재한다. 교회론은 불변하는 형이상학적·존재론적 체계로서 존재하는 것이 아니라 오직 교회사와 교의사와 신학사와의 관계 속에서 본질적으로 역사의 제약을 받는다."라고 한스 큉은 말한다. 윗글, 28쪽.

을 보여 왔다. 종교심리학자 루이스 램보Lewis Rambo는 기독교화가 진행된 이후에 다음 세대가 그들의 사회와 인생에서 앞선 세대의 기독교적 관습이 과연 유용한지를 묻는 역평가Retroversion를 한다고 한다.[16] 이러한 측면에서 제도권 교회들이 후속 세대의 역평가에서 낮은 점수를 받고 있는 지표들이 도처에 나타나고 있다.[17] 이는 근본적으로 교회의 기능과 유형에 대한 새로운 성찰의 과제를 요청한다.

또한 1970년대부터 로잔 세계 복음화 대회에서 지적해 온 명목상 그리스도인의 팽배도 이와 무관하지 않다.[18] 기독교가 서구 문명의 제도권으로 흡수되고 그 지배 체제로서의 위치를 굳히자 기독교는 제도화된 문화적 관습이 되었다. 그로 인해서 제도 교회의 시스템을 유지하는 관료적 교회로의 전환이 빠르게 이뤄지고 있는 것을 보게 된다.[19] 그러나 앞에서 말한 바와 같이, 최근의 후기 기독교 시대post-Christendom 현상과 더불어 서구에서도 제도권 교회에서 문화적 그리스도인이 되기보다는 실제적인 영성의 경험과 인격적 공동체를 추구하는 새로운 비제도권 교회들이 늘어나고 있다.

한국 사회는 엄밀히 말해서 기독교 세계권에 속하지는 않으나, 서구 기독교를 충실히 모방해 온 탓에 이와 유사한 위기를 뒤이어 경험하고 있다. 한국 사회는 지금 종교 사회학적 관점에서 종교와 사회의 해체적 현상을 경험하고 있다. 필자는 이에 대한 대응으로 비제도권 기독교 공동체들이 출현하는 것이라는 가설에 이르게 되었다. 그러나 학계에서는 이러한 비제도권 교회의 활성화

---

16. Lewis R. Rambo, *Understanding Religious Conversion* (New Heaven, CT: Yale University Press, 1993), 100-101.
17. 한국갤럽, "한국인의 종교 1984-2021"의 비종교인의 종교 호감도와 '기독교윤리실천운동'의 사회신뢰도 조사 결과를 볼 것.
18. Lausanne Committee, "Statement on the Churches on Nominality" *Lausanne Committee for World Evangelization* (High Leig, Hoddesdon, December 1998), 1.
19. Martin. F Saarinen, *The Life Cycle of Congregation* (New York, NY: Alban Institute 1986), 2.

에 대한 연구가 이뤄지지 않았다. 따라서 현재 한국에서 나타나는 비제도권 교회 현상에 대해 원인과 배경에 대한 연구와 종교 사회학적 분석은 한국의 제도권 교회의 갱신을 위한 평가 도구로 사용될 수 있을 것으로 본다.

또한 교회 갱신을 위해서 교권주의의 해체를 지향하며 제도권을 벗어난 교회들이 한국 교계에서 발아하고 재집결하고 있다는 것은 신학적으로도 중요한 문제를 제기한다. 가나안 성도라 불리는 명목상 그리스도인들에게서 진정한 그리스도인이 되기 위한 영성 추구로서 비제도권 교회의 등장과 확산을 경험하고 있다면 제도권 교회들에게는 큰 도전이 될 것이다. 따라서 비제도권 기독교 신앙공동체들이 그 병리적 현상의 결과물인지 아니면 새로운 가치를 생성하는 촉매제가 되어 한국 교회와 기독교가 새로워질 수 있는 교회 갱신의 역할을 감당할지에 대해 이해할 필요가 있다.

물론 이러한 교회들이 반드시 교회 본질에 더 부합한다고 섣불리 단정하기는 어렵다. 이것은 신학적인 평가나 판단이 아니라 이러한 현상을 객관적으로 드러내는 종교사회학적 접근을 하고자 하는 이 연구의 목적을 넘어서는 것이기도 하다. 다만 이러한 활동들이 어떤 계기로 일어나고 있고 어떤 양상으로 전개되고 있는지를 보여 줌으로써 현대 한국 개신교인들의 신앙에 대한 새로운 욕구를 이해할 수 있고 기성 교회들이 스스로를 돌아보는 데에도 도움이 될 것이다.

2. 코로나 사태가 제기하는 문제

이러한 탈제도화의 문제는 코로나 상황에서 더 부각되고 있다. 코로나 사태 속에서 한국 교회는 큰 어려움을 겪고 있다. 대면 예배가 중단되거나 크게 제한되면서 일제강점기와 한국전쟁기에도 중단된 적이 없었던 예배가 중단되어 큰 위기에 처했으며 교회의 존립 자체가 위협받고 있다고 느끼고 있다. 그러나 역설적으로 현장 예배가 중단되면서 예배의 본질에 대한 관심이 커지고 있고, 교회 활동 자체가 제한되면서 교회란 과연 무엇인가에 대한 관심이 높아지는 현상이 나타나고 있다. 어느 목회자가 SNS에 올린 내용 중에 "예배가 중단되니 예배가 보이기 시작한다."는 말은 큰 울림을 주었다. 또한 그동안 교회당 건물 중심으로 신앙생활이 이루어져 온 것에 대해서도 반성이 일면서 '건물이 교회가 아니라 성도 한 사람, 한 사람이 바로 교회'라는 인식이 퍼지고 있다.

여기서 교회 안에서 이루어지는 활동 중에는 신앙의 본질에 해당하는 요소들과 본질적이지 않은 요소들이 혼재해 있다는 점을 생각해 볼 필요가 있다. 곧 본질은 아니지만 오랫동안 제도화되어 온 관행으로 굳어지면서 구성된 일정한 틀이 우리 신앙의 많은 부분을 지배하고 있는 것이다. 주일에 예배를 드리는 것은 신앙의 본질에 해당하는 것이지만 그 예배의 형식은 다양할 수 있다. 전통적으로 엄숙한 예배를 드릴 수도 있지만 찬양 중심의 열린 예배를 드릴 수도 있고 뜨거운 성령 집회를 할 수도 있다. 한 세대 전만 해도 교회당에서 기타를 치는 것은 쉽게 용납될 수 없었지만, 요즘에는 전자 기타를 칠 뿐만 아니라 강대상 바로 옆에 드럼 세트가 놓여 있는 경우도 드물지 않다. 사실 피아노가 처음 교회당에 들어올 때에는 그 소리가 가볍고 경망스러워서 예배 악기로 어울리지 않는다고 생각해서 저항이 심했지만 요즘에 교회를 개척하면 피아노 헌금을 가장 먼저 할 정도로 인식이 바뀌었다.

마찬가지로 주일에 예배를 교회당에서 드려야 한다는 것도 일종의 전통으로 이해될 수 있다. 성경에 초대교회는 교회당 건물에서 시작되지 않았고 가정에서 시작되었다. 한국의 초기 교회 역시 건물이 지어지기 전에는 집에서 모였었다. 물론 지금과 같이 제도화되어서 건물을 가지고 있다는 것이 잘못되었거나 비성경적이라고 볼 수는 없지만 반대로 교회당에서 모이지 않는다고 해서 이것이 잘못 되었거나 비성경적이라고 말할 수 없다는 것이다. 여전히 가정교회의 전통을 따라서 가정에서 모이는 교회들도 있다. 그리고 필요에 따라서 그리고 특별한 사정이 있을 때에는 교회당에 모이지 않고 온라인 예배로 대체하거나 가정 예배로 전환하는 것은 전혀 문제될 것이 없다고 생각한다. 그렇다면 어떤 것이 훼손하면 안 되는 본질적인 요소이고 어떤 것은 수정이나 보완이 가능한 비본질적인 요소인지 대해서 숙고가 필요하다.

헌금을 드리는 것은 성경의 가르침이자 신앙의 본질이라고 할 수 있지만 어떤 방식으로 드릴 것이냐 하는 것은 제도의 문제이다. 헌금을 미리 새 돈으로 바꾸어서 예배 시간에 헌금함에 넣어야 한다는 전통적인 생각이 오랫동안 지배해 왔지만, 이미 코로나 이전에도 계좌이체로 헌금하는 교회들이 있었다. 십일조 헌금의 경우 자동이체를 설정해 놓기도 하는데 그럴 경우에는 본인이 사정이 있어서 교회에 가지 못해도 정해진 날에 자동으로 십일조 헌금이 드려지게 된다. 뿐만 아니라 교회들마다 가끔씩 불거지는 헌금 사고 문제를 미연에 방지할 수도 있고 주일 오후마다 헌금을 계수하느라 야근 아닌 야근을 해야 했던 수고도 크게 덜 수 있다.

필자가 10여 년 전에 헌금에 대하여 조사했을 때에는, 일반 성도들의 80퍼센트가 온라인이나 신용카드로 헌금을 드리는 것에 반대하는 입장이었는데 목회자들은 과반수가 찬성하여 의식의 차이를 나타냈었다.[20] 일반 성도들이 목회자들보다 더 전통적인 신앙관을 가지고 있었던 것이다. 그런데 2020년 코로나 1차 대유행기에 조사한 결과에서는 일반 성도들도 온라인 헌금에 대해서 "찬

20. 정재영, 「교회 헌금에 대한 개신교인의 의식」, 『한국 교회의 종교사회학적 이해』(서울: 열린출판사, 2012), 219-220.

성" 60.8퍼센트, "반대" 18.7퍼센트로 찬성 의견이 훨씬 높게 나타났다.[21] 10여 년의 시간 차이도 있지만 코로나로 인해 기존의 방식으로 헌금을 할 수 없게 되면서 인식의 변화가 나타난 것이다.

또한 주일 성수 방식에 대한 견해도 변하고 있다. 주일 성수에 대해 응답자의 54.6퍼센트가 "온라인예배 또는 가정예배로도 대체할 수 있다"고 응답하여 "주일 성수 개념에서 주일 예배는 반드시 교회에서 드려야 한다"는 의견(40.7%)보다 높았다. 그리고 이러한 생각은 코로나 사태가 1년 이상 지속되는 동안 더 증가하여 지난 6월 조사 결과에서는 66.3퍼센트로 가장 높게 나왔다.[22] 작년 조사에서는 주일 현장 예배 중단 교인들을 대상으로 이번 코로나 사태를 겪으면서 주일 성수(예배 출석)에 대한 생각의 변화가 있었는지 물어보았는데, "주일에 꼭 교회에 가서 예배를 드리지 않아도 된다는 생각을 하게 됐다"가 22.9퍼센트로, 네 명 중 한 명 정도는 주일 성수에 대해 인식 변화를 겪고 있는 것으로 나타났다.[23]

전통적으로 예배는 반드시 교회당에 모여서 드려야 올바르게 주일 성수를 하는 것이라고 생각했고 그렇게 제도화되어 왔다. 이것이 강조되면서 교회는 반드시 본인이 평소에 출석하던 교회에서 예배를 드려야 하고 다른 교회에서 예배를 드리면 안 된다고 생각하기도 하였다. 그래서 명절 기간에조차 본교회에서 예배를 드리고 고향에 가야 한다고 주장하던 목회자도 적지 않았다. 그런데 이러한 인식은 크게 변하고 있다. 코로나 이전에도 일부 교회에서는 병환이나 출장 등으로 인해서 예배당에서 예배를 드리지 못하는 사람들을 위해 예배 전체를 동영상으로 제공하기도 하였다. 이런 교회들은 코로나 상황에서

---

21. 지앤컴리서치, 「코로나 19로 인한 한국 교회 영향도 조사 보고서」(2020년 4월 9일), 43.
22. 지앤컴리서치, 「코로나19 이후 한국교회 변화 추적조사 결과 보고서 (개신교인 대상)」(2021년 7월 21일), 27.
23. 지앤컴리서치, 윗글, 29-32.

도 큰 어려움을 겪지 않았다. 그러나 전통적인 방식을 고수하던 교회들은 그야말로 예배가 중단되는 초유의 사태 앞에서 어찌할 바를 몰라서 당황할 수밖에 없었다.

이러한 상황에서 나타나고 있는 큰 문제 가운데 하나는 예배와 교회에 대한 목회자와 교인간의 인식 차이가 매우 크다는 것이다. 일반 신자들은 주일 예배를 온라인예배나 가정예배로 대체할 수 있다는 데에 66퍼센트가 동의를 했지만, 목회자들은 26퍼센트만 동의를 했다. 온라인 교회에 대해서도 가나안 성도뿐만 아니라 중직자를 포함한 일반 신자들은 높은 참여 의향을 나타냈지만 목회자들은 60퍼센트가 온라인 교회를 인정할 수 없다고 응답하여 분명한 인식 차이를 나타냈다. 또한 코로나 이후에 중점 과제로 일반 신자들은 온라인 활성화를 첫 번째로 꼽았는데 목회자들은 대면 예배 강화를 꼽아서 대비되었다.

코로나 상황에서 목회자들과 신자들의 인식 차이가 이렇게 크게 나타나고 있는데, 이것을 어떻게 줄일 것이냐가 코로나 이후 교회 생활에서 매우 중요한 쟁점이 될 것이다. 이러한 간극을 극복하지 못하면 교회 안에서 큰 갈등 요소가 될 것이기 때문이다. 목회자 입장에서는 목회하기가 더욱 어려워질 것이고 교인 입장에서는 교회 다니기가 더 힘들어지게 된다. 그렇지 않아도 심각한 상황인 탈교회 현상이 더 심화될 우려가 크다.

여기서 기독교 신앙은 교회당 안에서만 이루어지는 것이 아니고 어떤 면에서는 일상생활 자체를 살아 있는 예배로 드리는 것이 더 중요하다는 점을 인식해야 한다. 이것이 개신교가 따르는 종교개혁의 정신이기 때문이다. 따라서 교회당 중심의 신앙생활보다는 자립적인 신앙과 일상에서의 생활 신앙을 확립해야 한다. 그리고 모이는 교회와 흩어지는 교회로서의 균형 잡힌 역할을 감당할 수 있도록 전환하는 것이 한국교회가 코로나 위기를 극복할 뿐만 아니라 제도화된 관습을 넘어서 신앙의 본질을 회복하는 일이 될 것이다.

이러한 주장은 코로나 사태로 인해 더 강화되고 있기는 하지만 코로나 사태 때 처음 나온 것은 아니다. 앞에서 살펴본 바와 같이 이미 교회 여러 면에 걸쳐서 제도화로 인해 왜곡된 현상이 나타나면서 교회 갱신에 대한 요구가 커지고 있었고, 일부에서는 기성 교회를 떠나서 새로운 형태의 교회를 세우고 여기서 본질적인 교회와 기독교 신앙을 추구하고자 하는 움직임이 일어나고 있었다. 이것이 코로나 사태로 인해 더 가속화되고 있고 이로 인해서 한국 교회의 지형이 크게 재편될 가능성이 있다.

많은 세계의 석학들은 코로나로 인한 위기를 기회의 시간으로 바꾸어야 한다고 말한다. 인류 사회에는 오랫동안 해결되지 못했던 환경 문제, 그리고 재난과 위기 상황에 더 취약한 계층들을 위한 사회 불평등 해소 등의 문제가 있음에도 현재의 관성을 벗어나지 못해서 유지되어 왔다. 그래서 한 목소리로 이 시기가 그동안 이루지 못한 개혁을 감행할 시간이라고 말한다. 코로나 시기에 적지 않은 변화가 일어나는 만큼 이를 기회 삼아 인류를 위한 대전환을 이루어야 한다고 주장한다. 마찬가지로 교회도 이 위기를 변화의 기회로 삼아야 한다. 기독교 신앙의 본질을 훼손시키지 않으면서 사회 변화에 따라 어떻게 적실성 있는 신앙생활을 이루어 갈 수 있을지에 대한 깊은 고민이 필요한 시기이다.

3. '비제도권'의 개념

비제도권 교회와 관련해서 필자는 '비제도권 교회에 대한 연구'를 2년간 수행하였다. 그런데 '비제도권'이라는 말이나 '탈제도적'이라는 말이 학문적으로 정의된 개념은 아니다. 현재의 새로운 교회 현상을 표현하기 위해 사용하는 말이다. 이것은 앞에서 말한 바와 같이 교회를 구성하거나 설립하는 데 필요한 조건으로 여겼던 것들과 관계없이 매우 파격적으로 설립된 교회들을 가리키는 말로 사용한 것이다. '탈제도적'이라는 말은 전형적인 제도 교회를 탈피하려고 한다는 면에서 사용하는 것인데, 학술적인 연구를 위해서는 상대적으로 접근이 용이한 '비제도권'이라는 용어를 더 일반적으로 사용하고자 한다. 탈제도적이라는 말은 다소 모호하지만, 제도권과 비제도권을 구분하는 것은 경험적으로 어느 정도 가능하기 때문이다.

'제도권'이라는 말은 사전적으로 '기존의 규범이나 사회 제도를 벗어나지 아니하는 영역이나 범위'를 의미한다. 이러한 규범이나 제도에 따라 만들어진 것이 바로 교단이다. 교회를 설립하기 위해서는 대부분 교단에 소속하고 교단에서 정한 법과 규칙에 따라서 형식을 갖춘다. 따라서 교단에 소속하지 않은 교회들을 비제도권으로 분류할 수 있는 것이다. 교단에 소속되지 않음으로써 교권이나 교단의 위계질서, 교단 교리와 전통으로부터 자유롭게 신앙생활을 하고 교회 운영이 이루어지는 것이다. 앞에서 살펴보았듯이, 종교사회학자인 이원규 역시 탈제도화를 설명하면서 대표적인 보기로 교단 소속이 없는 독립교회들을 들고 있다.

잘 알려진 대로 개신교 교회들은 교단을 중심으로 형성되어 있고, 교단에 의해 다양한 규제를 받기도 한다. 천주교와 달리 개신교는 단일한 집단이 아니라 여러 교단으로 이루어져 있으며 어떠한 기구도 이 교단들에 정치력을 행사하지 못한다. 장로교, 감리교, 성결교, 침례교, 구세군, 루터교 등 개별 교단은 어떤 상위기구의 영향을 받지 않는 독자적 종교집단이다.[24] 바꾸어 말하면 개신교 교회들은 오로지 교단에 의해서만 영향을 받는데, 교단에 따라 차이는 있지만 목회자 안수도 교단 안에서 이루어지고 교회 재산 소유나 재정 사용도 교

24. 이진구, 「한국 개신교 지형의 형성과 교파정체성: 장로교, 감리교, 성결교를 중심으로」, 『종교문화비평』. 20권 (2012년 9월).

단의 통제를 받는다. 따라서 한국 개신교에서 제도권이라는 말은 교단에 소속되어 있다는 말로 이해된다.

이러한 점에서 비제도권 교회는 교단에 속하지 않은 교회로 규정될 수 있다. 외형상 새롭거나 파격적인 교회라고 해도 교단에 속해 있다면 어떤 형태로든 교단의 영향을 받게 마련이기 때문이다. 따라서 이 연구에서 비제도권 교회의 사례는 기본적으로 소속 교단이 없는 교회들로 한정하여 이루어졌다. '한국학중앙연구원'이 문화체육관광부 연구 용역을 받아서 발표한 '2018 한국의 종교 현황'에 따르면, 개신교 교단은 총 374개로 집계되었다. 한국에 있는 개신교회들은 장로교, 감리교, 성결교 등 주류 교단을 포함하여 다양한 교단에 속해 있다. 7만 개가 넘는 것으로 추산되는 개교회들이 교단에 속하여 있으나 교단에 소속되지 않고 나름대로의 정체성을 가지고 신앙 모임과 활동을 하는 교회들도 존재하는 것이다.

교단에 속하지 않음으로 인해 생기는 불편은 크게 두 가지로 요약되는데, 하나는 곧잘 이단 시비에 걸린다는 점이다. 교단이 없는 교회라고 하면 주변에서 이단 교회로 의심하는 경우가 많다. 또 한 가지 현실적인 불편은 교인들이 세금과 관련해서 연말 정산을 할 때 교단이 없으면 기부금 증빙을 해 주기가 어렵다는 것이다. 드물게 개교회에서 증빙을 해 주는 경우도 있지만 이것이 쉽지 않기 때문에 실제로 교단이 없는 교회 교인들이 이것을 불편해 하고 교단에 가입하기를 요청하는 경우도 있다. 이러한 이유들 때문에 교단 소속을 필요로 하지 않거나 기존 교단에 대한 불만을 가진 교회들은 '독립교회 연합회'에 가입하기도 한다.

이 연합회는 교단을 표방하지 않으면서도 개교회에 교단과 같은 틀을 제공하고 종교 법인으로서 세금 정산을 해 줄 수 있다. 이 연합회는 교회 운영에 대해서 강제력을 행사하지는 않기 때문에 기존의 교단 중심의 제도권과는 다르다고 볼 수 있지만, 교계에서는 이 연합회가 목사 안수를 시행하는 등 사실상 교단의 역할을 한다고 보기도 한다. 따라서 이 연구에서는 이 연합회에 속한 교회들은 연구 대상에서 제외하였다. 앞에서 언급한 독립교회로서의 불편에도 불구하고 어떤 교단이나 교단의 역할을 대신하는 연합회에도 속하지 않은 교회를 비제도권 교회로 상정하였다. 그리고 교인들과 교회 지도자가 이러한 비제도권으로 남아 있는 데는 특별한 이유가 있을 것이라고 보고 이들을 주요 연구 대상으로 삼은 것이다.

그러나 때로는 형식상 제도권 안에 있느냐 밖에 있느냐보다도 내용면에서 얼마나 기존의 격식이나 틀을 벗어나 있느냐가 더 중요할 수도 있다. 교단에 속해 있지 않으면서도 전통적인 교회의 틀을 그대로 유지하는 교회가 있을 수 있고, 반대로 교단에 속해 있으면서도 교단 법이나 방침에 구애받지 않고 자유롭게 운영되는 교회가 있을 수 있기 때문이다. 필자가 수행한 경험 연구에서는 교단에 속해 있지 않은 비제도권 교회들을 대상으로 하였지만, 이 글의 논의를 위해서 교단 소속 여부와 상관없이 교단이나 기존 교회들의 규범과 다르게 운영되는 교회들에 대해서는 '탈제도적'이라는 표현을 같이 쓰도록 하겠다.

비제도권 교회 인터뷰 2

지방 대도시에 있는 이 교회 역시 목회자가 설립한 비제도권 교회이다. 선교단체 간사 출신인 이 교회의 담임목사는 중견교회에서 수석부목사로 사역하는 중에 교회의 본질과 목회자의 정체성에 대하여 심각한 고민을 하게 되었다. 나이가 들면서 계속 이런 사역을 해야 하나 고민하다가 사임을 결심했다. 특별한 목회 계획은 없었지만 '일단 배에서 내려야' 뭘 해야 할지 떠오를 것 같아서 무작정 사임을 했다. 그리고는 미국 유학을 계획하고 있었는데 이전 교회에서 제자 훈련을 받은 두 부부가 교회 개척을 제안했다. 마침 일반적인 사회 경험도 해 보고 싶었기 때문에 자비량 목회를 하면 되겠다 싶어서 그렇게 교회를 개척했다. 평일에는 주로 리더십에 대한 강의를 하면서 돈을 벌었고, 주일에는 모여서 같이 예배드리고 오후에는 QT나눔이나 기도회를 했다. 교인들이 수요일에도 모이자는 제안을 해서 수요일에는 교회에 대한 공부를 같이 했다.

청년 때부터 교회 개혁에 대해서 관심을 가졌고 전도사와 부목사를 하면서도 노력을 했으나 개척 초기에 대안적인 교회를 이루어 가는 일은 쉽지 않았다. 교인들에게 이미 나름대로의 신앙 논리와 교회 작동의 원리가 있어서 담임목사가 개혁을 제안해도 의도대로 움직여지지 않았다. 그래서 담임목사는 교인들에게 이런 질문을 스스로에게 던졌으면 좋겠다고 제안을 했다. "이 지역에 기독교인이 우리 여섯 명밖에 없다면, 우리는 어떤 식으로 교회를 이뤄 가야 되고 어떻게 선교의 사명을 감당할 것인가?" 이 질문의 답은 어느 교회에서 써 보니 좋더라는 것이 아니라 교회 스스로가 묻고 얻은 것이기를 원했고, 그래서 그 질문과 관련하여 예배를 어떻게 할지 등에 대해서도 의논하자고 제안했다.

누가 우리를 대신해 주지는 않는다고도 덧붙였다.

그래서 초장기 때는 여섯 명이 돌아가면서 주일 예배 형식을 만들어 와서 인도하면서 여러 유형으로 예배를 드렸다. 한 달에 한 번씩 성도들이 돌아가면서 설교도 했다. 그때는 초등학교 1학년 아이도 있었는데, 그 아이도 함께 둘러앉아서 나눔을 하기도 했다. 이렇게도 해 보고 저렇게도 해 보면서 시간이 지나자 조금씩 예배가 정돈되어 갔다. 교회에 대한 그림이 점차 그려져 가면서 예배 순서도 정해 가게 되었다. 지금도 새로운 시도의 필요성이 있으면 전체가 의논하여 실행하고, 피드백을 받아서 다시 순서를 잡고 3개월을 진행해서 괜찮다 싶으면 계속 진행한다.

이 교회의 리더십은 여섯 명을 한 그룹으로 하는 복수의 리더십으로 세워졌다. 목회자와 교인의 관계를 성직자와 평신도로 규정하는 패러다임은 잘못된 것이기 때문에 목사도 교회 구성원으로서 같이 리더십을 구성하면 좋겠다고 생각한 것이다. 복수 리더십을 채택한 이유는 목사가 모든 것을 다 알 수도 없고 대변할 수도 없기 때문이다. 이러한 성찰을 어떻게 교회에 반영시킬까 고민하고 노력했다. 이를 위해 담임목사라고 해서 특별한 권한이 있는 게 아니라 대표이자 전문가의 입장에서 방향을 잡아 줄 뿐 모든 것은 회의를 통해서 만들어 가도록 교인들을 계속 훈련시키며 10년의 시간을 지냈다.

그 과정에서 어려움도 있었다. 외부의 개혁적인 평신도 모임에서 연합 교회 구성을 제안해 와서 수락했는데, 연합하고 보니 뜻밖에 그 사람들은 나이를 내세워 대접받으려 하고 고집이 셌다. 특히 목사에 대한 불신이 아주 심한 경우가 많았다. 반성직주의 의식이 강하고 개혁적인 것은 받아들일 수 있었지만, 설교하기를 좋아하고 자신의 주장을 너무 강하게 내세우고 다른 사람의 의견을 수용하려고 하지 않은 점은 받아들이기가 어려웠다. 결국은 그들도 자신들이 생각했던 연합 교회와는 맞지 않다고 생각했는지 하나 둘씩 빠지다 모두 교회를 떠나게 되었다.

교인들 중에는 제도권 교회의 관행에 젖어서 목사에게 이런저런 요구를 하는 사람들도 있었다. 권사와 장로들은 왜 교회가 새벽기도를 하지 않느냐며, 목사라도 새벽기도를 해야 되지 않느냐고 했다. 이에 대해 담임목사는 솔직하게 자기는 잠을 늦게 자는 편이고 새벽에 잘 못 일어나서 새벽 기도를 하기 어렵다고 말했다. 새벽기도회를 하지 않는 것은 교회 성도들 중에 어린아이를 양육하는 등 고생스러운 생활 가운데 새벽기도에 가자니 짐스럽고 안 가자니 죄책감 느낄 사람들을 배려해서였기도 했다. 또한 참석한 사람에게 안 온 사람의 신앙을 판단하는 교만한 마음이 생기는 것도 문제였다. 그러므로 교인 모두가 기꺼이 새벽에 모여서 기도하고자 할 때 새벽기도회를 시작하면 좋겠는데, 지금은 그런 시기가 아니라고 생각한 것이다. 그렇지만 새벽기도가 있어야 한다는 주장이 계속되어 결국 월삭기도회를 하기로 했는데, 나중에는 주장했던 사람들도 힘들어서 기도회에 나오지 않는 날이 많아지다 결국 기도회를 안 하게 되었다. 새벽기도가 한국교회의 전통이라고 해서 무조건 해야 좋은 것이 아니라, 하나님께 가까이 가고 싶을 때 우리 생활방식을 고려하여 하는 게 좋은 것임을 확인할 수 있었다.

한번은 수요 성경강해 모임을 하기로 했다. 성도들이 성경 공부에 열심히 참여하도록 이끌고자 했다. 그런데 원래 열심이고 전통적으로 교회 생활이 몸에 배인 사람들은 꼬박꼬박 왔지만 정작 꼭 말씀을 듣고 지혜와 힘을 얻었으면 좋겠다 싶은 젊은 세대들은 오지 못했다. 대부분 멀리 살고 있었기 때문이었다. 그래서 담임목사는 그러한 교인들 가까이 사는 사람들끼리 집에서 모이거나 일터에서 만나자고 제안했다. 평신도들의 선교지인 가정이나 일터를 방문해서 삶의 어려움 등에 대한 이야기를 듣고 그 가정이나 회사에 대해서 기도해주는 것으로 대체를 했다. 수요일마다 돌아다니면서 방문을 했는데, 시간 되는 사람만 오라고 했는데도 교회에서 모일 때보다 훨씬 많이 참여했다. 10분 남짓의 짧은 메시지를 통해서 바로 여기가 선교지라는 점을 강조하고 여기서 사람들의 삶의 이야기를 들으니 모두들 좋아했다.

지금 이 교회에서는 성인 70명, 아이들 20명 정도가 예배를 드린다. 교인들의 80퍼센트 정도는 교회에 대해서 고민을 많이 하던 사람들로, 다른 교회를 다니다 이 교회에 대해서 소문을 듣거나 소개를 받아서 온 사람들이다. 기존 교회와 달라서 불편을 느끼는 사람들도 종종 있는데, 그런 이들에게는 출석을 강권하지 않고 편한 교회를 찾아가라고 권한다. 점심 식사 준비도 돌아가면서 하고 있다. 새가족이나 비혼자들도 담당이 되면 밥과 반찬을 해 와야 한다. 그러나 다들 여러 불편을 감수하고도 이 교회가 좋아서 오고 있는 것이다.

주일학교가 있지만 예배를 따로 드리지는 않는다. 그렇게 하는 이유는 아이들이 어릴 때부터 어린이부터 할아버지까지 예배 자리에 다 함께 있으면서 교회가 어떤 것인지를 전체적으로 경험했으면 했기 때문이다. 또 그렇게 함으로써 남녀노소 할 것 없이 예배 장소에서 서로 배려하는 훈련을 할 수 있기 때문이다. 그래서 아이들도 성경 봉독이나 헌금위원을 할 수 있게 참여시킨다. 부모들 중에는 주일학교 예배를 따로 드리기를 원하는 사람도 있지만 담임목사는 자녀들의 신앙 교육은 목사나 교회가 대신 해 주는 것이 아니라는 점을 강조한다. 그리고 아이들에게 그들도 어른들과 똑같은 예배의 구성원이고 예배에 책임이 있다는 것을 가르친다. 성찬도 매주 예배 때마다 하는데 세례 여부와 상관없이 하나님의 은혜가 필요한 사람에게는 누구나 개방한다. 먹고 싶은 사람, 받고 싶은 사람 모두가 참여하도록 하니 특히 아이들이 성찬 시간을 많이 기다리고 좋아한다.

이 교회의 담임목사는 미국 침례교에서 안수를 받았지만 교회는 처음부터 교단 등록을 하지 않았다. 초기에는 연말정산 기부증 영수증 발급 문제 때문에 교단에 가입하자는 의견도 있었으나 교단 가입 없이 영수증 발급이 가능한 방법을 찾았다. 독립교회 협의회에 가입하려고도 생각했었지만 결국 하지 않았는데, 협의회 가입을 위한 질의문답의 내용에 동의가 되지 않았기 때문이다. 연합회가 일반 교단과 차이점이 없다고 생각되었다. 소속 교단이 없으니 이단이 아니냐는 질문도 많이 받았다. 그렇게 의심하는 사람이 있을 수 있지만, 그게 마음에 걸리는 사람들은 우리 교회 올 필요가 없다고 생각했다. 전통도 중요하지만 그 전통에 맞지 않는다고 해서 이단 시비를 거는 것이야말로 편협한 사고이기 때문이다.

기성 교단에 안 들어가서 좋았던 점이 있는데, 하나는 예배를 두고 교인들이 함께 고민한 결과를 실제로 실험해 볼 수 있었다는 것이다. 교단에 속해 있으면 그렇게 자유롭게 실험할 수가 없다. 두 번째는 사회적으로 민감한 이슈에 대해서 교회가 소신 있게 말할 수 있는 자유가 있다는 것이다. 세월호 문제나 예멘 난민 문제에 대해서 소신대로 말하고 그들을 초대하기도 했다. 동성애 문제에 대해서도 급진적으로 말하는 강사를 초대하기도 했다. 신앙 양심에 따라서 전통적 신앙을 잘 지켜 나가되 못박아 놓은 듯한 문자적 성경 해석으로 전통의 발전을 멈춰 버리는 것이 아니라, 시대와 상호작용하면서 어떤 원리로 다시 옷을 입히고 표현하고 실천해야 하는지 고민하도록 권유했다.

그런 점에서 이 교회의 담임목사는 설교도 '케리그마'라는 선포적 의미보다는 '나눔'이라고 한다. 목회자로서 공동체를 바라보면서 하나님이 무슨 얘기를 들려주고 싶어 하실까 묵상한 것을 나누는 것이다. 목회자가 틀린 이야기를 하거나 약간 지나칠 수도 있지만 교회 공동체가 그리스도의 몸으로서 이를 함께 감당하고 있다.

담임목사가 한 가지 아쉬워하는 점은 목회자 사례비가 너무 적어 후임 목사를 청빙하기가 어렵다는 것이다. 개척 초창기부터 담임목사가 일을 하면서 목회를 했기 때문에 사례비를 많이 받지 않았던 것이지만, 미래를 위해 은퇴 전에 사례비를 현실화하려고 한다.

Ⅱ. 비제도권 교회의 특징

여기에서는 한국의 비제도권 교회들에 대하여 살펴보도록 하겠다. 앞에서 말한 바와 같이, 우리 사회의 비제도권 교회에 대한 연구는 전무하다고 할 정도이다. 그리고 다양한 형태의 비제도권 교회가 있을 수 있으나, 1장에서 설명한 대로 탈제도화의 중요한 특징을 후기 교파주의로 보고 교단에 속하지 않은 교회들을 대상으로 연구를 진행하였다. 외형상 새롭거나 파격적인 교회라고 해도 교단에 속해 있다면 어떤 형태로든 교단의 영향을 받게 마련이다. 교단에 속하지 않음으로써 발생하는 여러 가지 문제의 소지에도 불구하고 어떤 교단이나 교단의 역할을 대신하는 연합회에도 속하지 않은 교회를 비제도권 교회로 상정하였다.

우리 사회에 형성된 비제도권 교회들의 실체를 파악하기 위한 현장 연구로 설문 조사와 면접 조사를 실시하였는데, 이 두 방법은 사회과학자들이 경험 연구를 하기 위해 가장 많이 사용하는 방법이다. 이전에 가나안 성도에 대한 책에도 썼듯이, 일반적인 사회 조사에서는 어느 한 가지 방법에만 의존하지 않고 될 수 있는 대로 다양한 방법을 동원하여 조사를 한다. 어떤 현상에 대하여 이해하고자 할 때 다양한 방법을 통해서 접근하는 것이 보다 실체에 가까워질 것이기 때문이다. 가나안 성도에 대한 연구와 마찬가지로, 이 연구에서도 사회 조사에서 사용하는 면접 조사와 설문 조사 그리고 참여 관찰 방법을 모두 동원하는 다차원적인 접근 방법을 시도하였다.[1]

조사 대상을 분석해 보면 먼저, 비제도권 교회의 응답자들은 227명 중에 목회자가 있는 교회에 속한 사람이 124명(54.6%), 목회자가 없는 평신도 교회 소속이 103명(45.4%)였고 남성이 43.2퍼센트, 여성이 56.8퍼센트였다. 나이는 20대 이하가 15.9퍼센트, 30대가 24.2퍼센트, 40대가 25.1퍼센트, 50대가 20.7퍼센트, 60세 이상이 14.1퍼센트로 비교적 고르게 분포하였다. 학력은 제도권교회 응답자들과 달리 92.5퍼센트가 대학교 재학 이상으로 고학력자들이 많았다. 직업은 화이트칼라가 49.3퍼센트로 거의 절반을 차지하였고, 다음으로 주부가 11.5퍼센트였으며 무직/기타가 20.3퍼센트였다. 스스로 응답한 이념 성향은 진보라는 응답이 65.2퍼센트로 거의 3분 2를 차지한 것이 특징적이다.

제도권 교회 응답자들은 남성 42.6퍼센트, 여성 57.4퍼센트였고, 나이는 20대 이하가 15.0퍼센트, 30대 18.0퍼센트, 40대 21.6퍼센트, 50대 19.8퍼센트, 60세 이상이 25.6퍼센트였다. 직업은 화이트칼라가 56.0퍼센트로 절반이 넘었고 다음으로 주부가 18.2퍼센트였다. 이념 성향은 중도가 39.0퍼센트로 가장 많았으나 보수 30.6퍼센트, 진보 30.4퍼센트로 균등한 편이었다.

1. 구체적인 조사 방법에 대해서는 정재영, 「비제도권 교회의 특징에 대한 연구」, 『신학과 실천』 74호(2021년 5월) 참고.

1. 교회 출석 관련 조사

1) 출석 빈도, 기간, 동기 및 이동 경험

먼저 교회 출석과 관련하여 출석 빈도에 대하여 알아보았는데, 비제도권 교회는 매주 출석한다는 응답이 89.0퍼센트, 제도권 교회는 77.8퍼센트로 비제도권 교회 교인들의 출석율이 더 높았다. 그리고 현재 교회에 출석 기간은 제도권 교회에서 20년 이상이라는 응답이 43.2퍼센트로 가장 많았으나 비제도권 교회는 5년 이하라는 응답이 42.3퍼센트로 가장 많아서 대조를 이루었다. 5년 이하가 다수라는 것은 교회를 다닌 기간이 짧다는 뜻이지만, 비교적 최근에 비제도권 교회가 많이 생기고 있기 때문이라고 볼 수도 있다. 평균도 제도권 교회는 21.1년이었고, 비제도권 교회는 13.5년으로 큰 차이가 있었다. 비제도권 교회들이 비교적 최근에 설립한 교회들이 많기 때문으로 추정되는데, 20년 이상이라는 응답도 23.3퍼센트가 나와서 비제도권 교회들 중에도 오래된 교회들이 어느 정도 있다는 것을 알 수 있다. 그런데 비제도권 교회들 중에서도 목회자가 세운 교회가 10.1년으로, 평신도 교회는 17.5년으로 목회자가 세운 비제도권 교회들의 출석 기간이 더 짧았다. 목회자들이 세운 비제도권 교회들의 등장이 더 최근 경향이기 때문으로 보인다.

<그림1> 교회 출석 후 평균 경과 연수

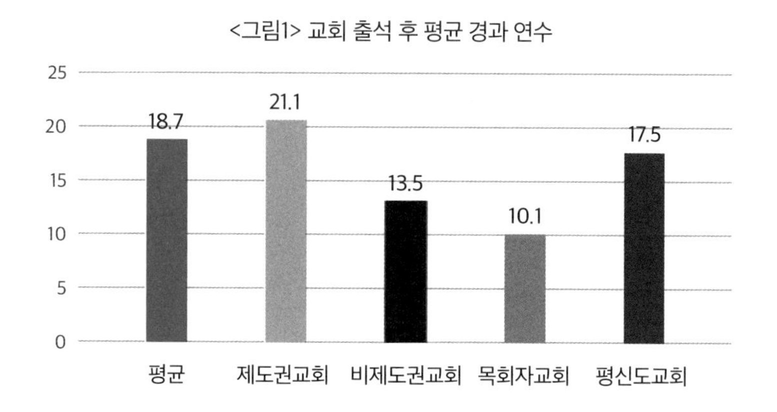

교회 출석 동기에 대해서는 제도권 교회의 경우 가장 많은 61.8퍼센트가 "가족의 권유나 인도"라고 응답했는데 비제도권 교회의 경우 "본 교회 성도의 권유나 전도"가 30.8퍼센트, 그리고 "가족의 권유나 인도"도 29.1퍼센트로 비슷하게 나왔다. 제도권 교회의 경우 가족이 먼저 출석하고 가족 단위로 출석하는 경우가 많은 데 비해, 비제도권 교회는 그 교회에 다니는 사람이 권유한 경우가 많고 상대적으로 가족이 같이 다니지 않는 경우도 적지 않은 것으로 보인다.[2]

그리고 비제도권 교회의 경우 "그 교회에 다니지 않는 사람의 소개"로 출석하게 된 경우도 11.5퍼센트로 제도권 교회(3.6%)에 비해 훨씬 많았다. 일반 교회와는 다른 유형의 교회라는 점에서 그 비제도권 교회에 출석하지 않는 사람이 그 교회를 소개하는 경우가 적지 않음을 알 수 있다. 마찬가지로 "언론, 인터넷, SNS에 소개된 내용을 보고 출석"한 사람도 비제도권 교회는 7.9퍼센트로 제도권 교회 1.0퍼센트에 비해 훨씬 많았다. 따라서 제도권 교회와 비제도권 교회에 출석하는 경로가 매우 다르다는 것을 알 수 있다. 비제도권 교회들 중에서도 목회자가 세운 교회는 이런 경우가 10퍼센트가 넘어서 더 많았고, 본 교회에 다니지 않는 사람의 소개로 출석한 경우도 평신도 교회나 제도권 교회들보다 훨씬 더 많았다.

---

2. <한목협>에서 조사한 바에 따르면, 개신교인이 교회에 출석한 동기는 30.1%가 모태 신앙이었고 59.4%가 다른 사람의 전도였는데 전도한 사람 중 가족의 비율이 47.6%로 거의 절반을 차지하였다. 이것은 전체에서 28.3%로, 이 둘을 합하면 가족에 의해 출석한 비율은 58.4%로 매우 높다. 이에 대하여는 한국기독교목회자협의회, 『한국기독교 분석리포트』(서울: URD, 2018), 91~94쪽을 볼 것.

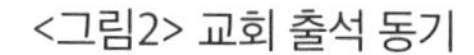

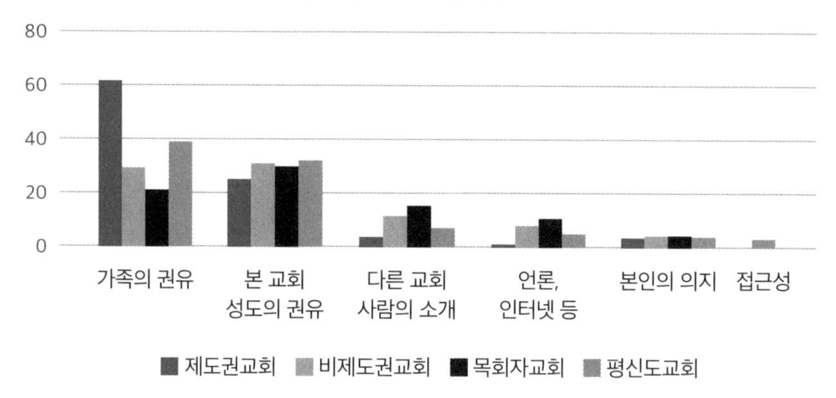

교회를 옮긴 경험에 대해서는 "다른 교회에 다닌 적이 있다"는 응답이 제도권 교회에서는 74.8퍼센트였는데 비제도권 교회는 94.7퍼센트로 나와서 비제도권 교회의 경우 대부분의 교인들이 다른 교회에 다니다가 옮겨 온 것으로 나타났다. 현재 교회가 몇 번째 교회인지에 대해서 제도권 교회는 평균 3.4번째, 비제도권 교회는 평균 3.9번째로 나와서 비제도권 교회의 교인들이 교회를 옮긴 경험이 약간 더 많았다. 평신도 교회는 평균 4.0번째로 제도권 교회들에 비해서 더 많은 교회들을 옮겨 다닌 후에 이 교회로 출석하고 있는 것으로 나타났다.

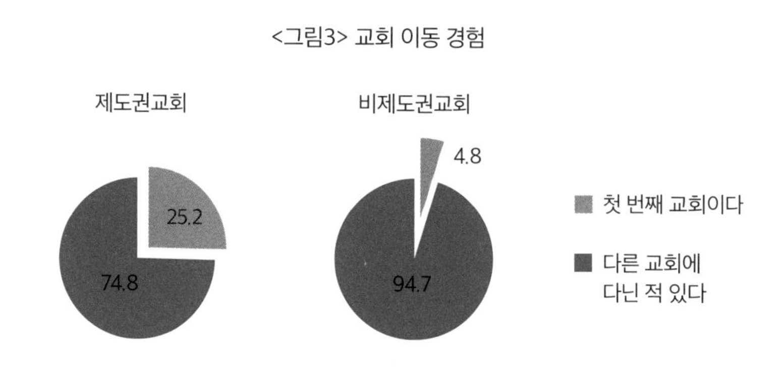

2) 교회 출석 이유/신앙생활 이유

교회 출석 이유(복수 응답)에 대해서 비제도권 교회 교인들은 "목회자가 인격적으로 신뢰가 가서"가 43.2퍼센트가 가장 많았고, 다음으로 "성도들 서로 간에 관심과 배려가 있어서"가 38.3퍼센트로 압도적이었으나, 제도권 교회 교인들에게서는 전체적으로 고르게 "설교가 좋아서"(30.6%)와 "가족들이 다녀서"(29.0%)가 많이 나왔다.[3] 비제도권 교회 중에서도 목회자가 있는 교회에서는 "목회자가 인격적으로 신뢰가 가서"가 49.2퍼센트로 더 높았고, 평신도 교회에서는 "성도들 서로 간에 관심과 배려가 있어서"가 40.8퍼센트로 가장 높아서 비제도권 교회 안에서도 차이가 있었다. 1순위 응답만 보면, 비제도권 교회는 "목회자가 인격적으로 신뢰가 가서"가 34.4퍼센트로 가장 많았으나, 제도권 교회는 이 응답은 13.4퍼센트로 낮은 편이었고 "가족들이 다녀서"가 21.0퍼센트로 가장 많아서 대조가 되었다.

<그림4> 교회 출석 이유(복수 응답)

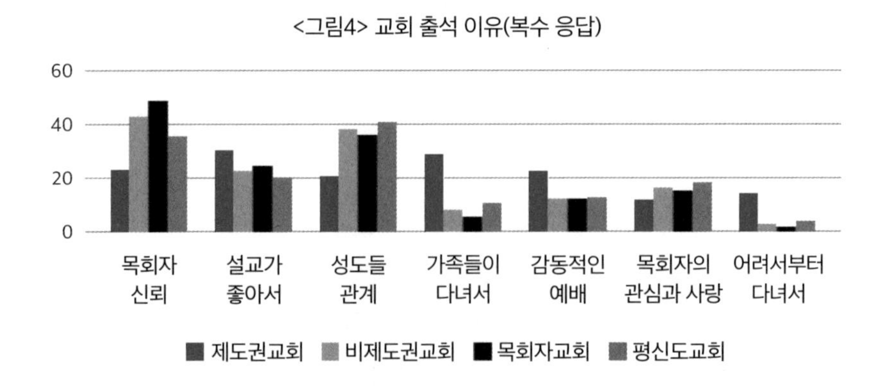

3. 비제도권 교회들 중에는 목회자가 없는 경우가 있어서 질문에 "목회자가 없는 경우 평신도 리더"라고 표현하였다. 다른 문항에서도 똑같이 표현하였다.

신앙생활의 이유에 대해서 제도권 교회 교인들은 "구원과 영생을 위해서"가 48.4퍼센트로 가장 많았는데 "마음의 평안을 위해서"도 36.8퍼센트로 많은 편이었다. 이에 반해 비제도권 교회의 교인들은 "마음의 평안을 위해서"는 7.5퍼센트에 불과하였고 "구원과 영생을 위해서"가 59.0퍼센트로 훨씬 많았다. 비제도권 교회들 중에서도 평신도 교회에서는 "구원과 영생을 위해서"라는 응답이 68.0퍼센트로 3분의 2를 차지했다. 한편 비제도권 교회 교인들은 "기타"에 응답한 경우가 31.3퍼센트로 많았는데, "하나님과의 교제를 위해", "예수의 삶을 따르기 위해", "진리를 추구하고자" 등 자신의 신앙 이유를 적극적으로 표현하였다. 따라서 비제도권 교회 교인들이 보다 적극적으로 신앙을 추구하고 있다고 볼 수 있다.

<그림5> 신앙생활의 이유

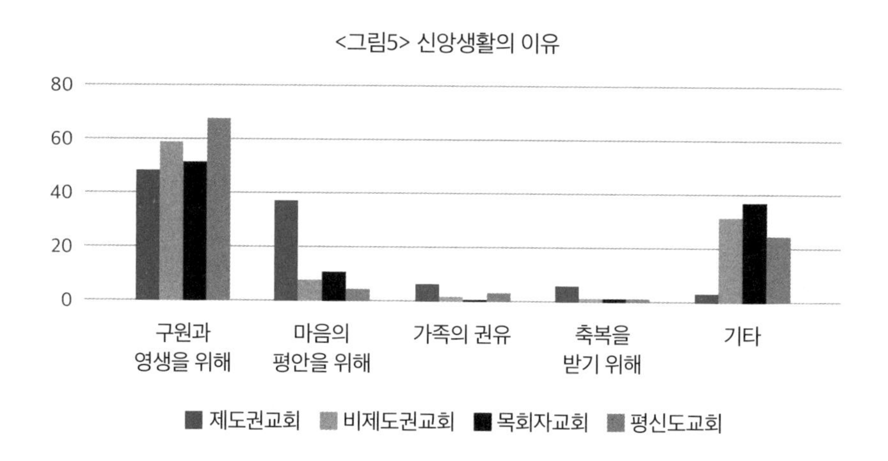

2. 출석 교회에 대한 평가

1) 전체적 만족도

교회에 대한 평가에서 전체적인 만족률이 비제도권 교회 교인들은 85.0퍼센트였고 그중에 "매우 만족"이 50.2퍼센트로 절반을 차지했다. 이에 비해 제도권 교회는 만족률이 72.8퍼센트였고 "매우 만족"은 27.8퍼센트였다. 5점 평가(5점에 가까울수록 만족)의 평균도 비제도권 교회는 4.37점으로 제도권 교회의 3.95점보다 높게 나왔다. 이 값을 100점 만점으로 환산하면 각각 87.4점과 79.0점으로 차이가 크다. 그리고 비제도권 교회 중에서도 평신도 교회는 "매우 만족" 62.1퍼센트를 포함하여 만족률이 87.4퍼센트로 더 높았고, 평균 점수도 4.54점으로 더 높았다. 목회자가 있는 교회는 만족률이 83.1퍼센트, 평균 점수가 4.24점이었다.

만족하는 이유는 비제도권 교회의 경우 "목회자가 인격적으로 신뢰가 가서"가 32.1퍼센트로 다른 이유들보다 두 배 이상 많았고, 다음으로 "설교에서 영성이 느껴져서"(14.0%), "성도들 서로 간에 관심과 배려가 있어서"(13.5%) 순이었다. 제도권 교회의 경우는 대체로 고른 응답이 나와서 "목회자가 인격적으로 신뢰가 가서"가 20.6퍼센트, "설교에서 영성이 느껴져서" 14.0퍼센트, "성도들 서로 간에 관심과 배려가 있어서"가 15.1퍼센트가 나왔다.

<그림6> 교회에 대한 만족도

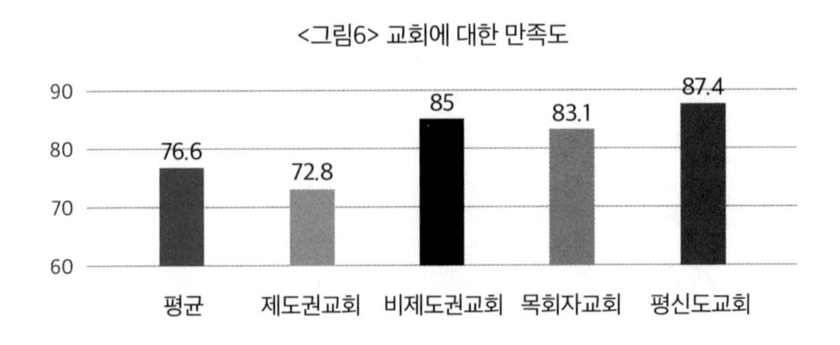

2) 목회의 방향성과 목회자의 도덕성

조사에서 제시한 교회에 대한 여덟 개의 평가 항목에서, 먼저 "우리 교회/목회의 방향은 잘 정립되어 있다"에 대해서 제도권 교회는 72.2퍼센트의 만족률을 보였는데, 비제도권 교회는 84.6퍼센트로 더 높은 만족률을 보였다. 5점 평가 평균은 3.92점과 4.26점으로 약간의 차이가 있다. 비제도권 교회가 목회관이나 정체성이 더 뚜렷하다고 평가된다. 그런데 비제도권 교회들 중에서도 평신도 교회는 만족률이 87.4퍼센트로 더 높았고, 평균 점수도 4.42점으로 더 높았다. 평신도 교회들이 상대적으로 더 뚜렷한 목적의식을 가지고 모였기 때문으로 해석된다.

<그림7> "우리 교회/목회 방향은 잘 정립되어 있다"에 대한 동의 정도

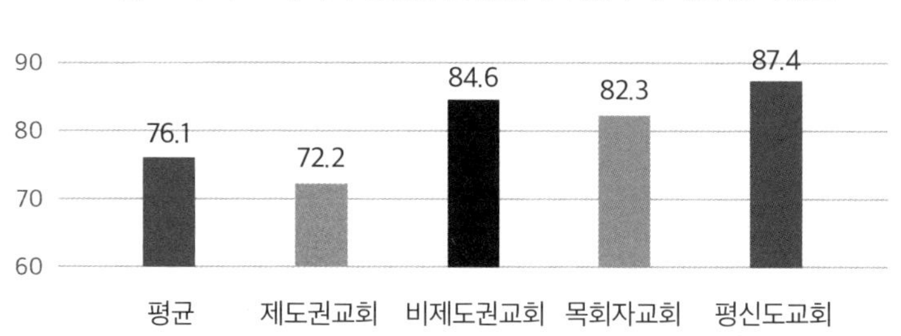

담임목회자의 도덕성에 대해서 제도권 교회는 75.0퍼센트의 만족률을 보였는데, 비제도권 교회는 93.8퍼센트로 훨씬 높은 만족률을 보였다. 비제도권 교회에서는 "매우 만족"이 70.5퍼센트에 달해 제도권 교회(33.0%)보다 두 배 이상 많았다. 5점 평가 평균도 4.02점과 4.66점으로 비제도권 교회가 훨씬 높다. 그리고 비제도권 교회들 중에서도 평신도 교회의 만족률이 76.7퍼센트로 목회자가 세운 교회보다 10퍼센트포인트 이상 더 높았다. 면접 조사에서도 나오지만 평신도 교회들이 대부분 목회자들의 비도덕성이나 권위주의의 문제로 세워

졌기 때문에 교회 지도자들이 이 부분에서 문제가 되지 않도록 더 노력하고 있는 결과로 보인다.

<그림8> "우리 교회 담임목회자는 도덕적이다"에 대한 동의 정도

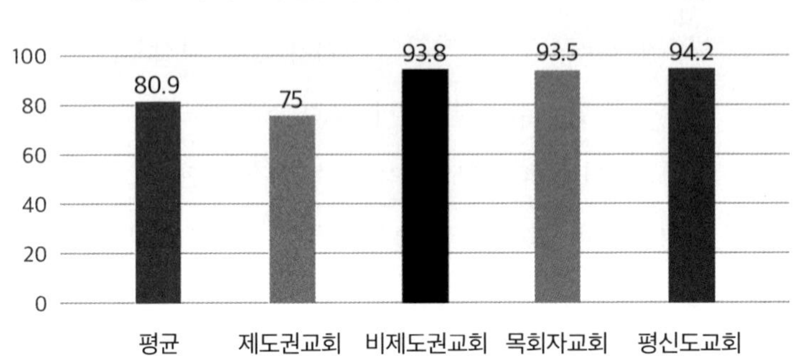

3) 평신도의 의사 결정 참여

의사 결정에 대한 평신도의 참여도에 대해서 제도권 교회는 52.6퍼센트의 낮은 만족률을 보였는데, 비제도권 교회는 89.9퍼센트로 높은 만족률을 보였다. "매우 만족"이 각각 59.0퍼센트와 16.8퍼센트로 세 배 이상 차이가 났다. 5점 평가 평균 점수도 3.54점과 4.51점으로 비제도권 교회가 훨씬 높다. 그리고 비제도권 교회들 중에서도 평신도 교회에서는 "매우 만족한다"는 비율이 65.0퍼센트로 목회자가 세운 교회보다 10퍼센트포인트 이상 더 높았고 점수도 약간 더 높았다. 따라서 비제도권 교회가 보다 민주적인 교회 운영을 하고 있는 것으로 볼 수 있다. 이것은 비제도권 교회 지도자들의 교회관이 보다 민주적인 방식을 선호하기 때문이기도 하고, 비제도권 교회들의 경우 교인 수가 적은 소형 교회인 경우가 많아서 의사 결정에 교인들이 참여할 기회가 더 많기 때문으로도 해석될 수도 있다.

필자가 실시한 한 조사에서는 교회 의사 결정에 관하여 중형 교회(교인 수

300~999명)와 중대형 교회(1,000명 이상)에서는 절반이 넘는 응답자(각각 57.5%와 51.0%)가 "중직자들과 담임목회자가 의논하여 결정한다"고 응답한 반면에, 소형 교회(교인 수 100명 미만)와 중소형 교회(100~299명) 목회자들은 "전체 교인들과 목회자가 함께 토론한 다음에 결정한다"와 "책임을 맡은 위원회에 속한 교인들의 의견을 중심으로 결정한다"에 상대적으로 높은 응답을 하였다. 이것은 교회 규모가 커짐에 따라 보다 많은 회중들이 의사 결정에 참여할 수 있는 기회가 줄어든다는 사실을 나타내고 있는 것이다. 따라서 사회학에서 말하는 '과두제의 철칙'이 교회에서도 나타나고 있다고 할 수 있겠다.[4]

<그림9> "우리 교회는 평신도가 교회 의사결정에 충분히 참여할 수 있다"에 대한 동의 정도

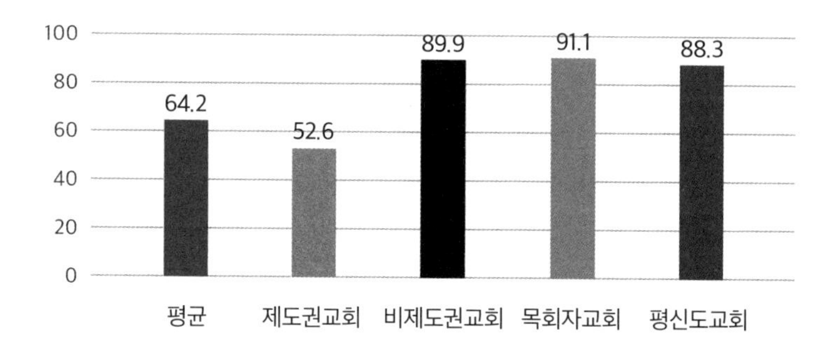

4) 설교와 재정 운용

설교 만족도에 대해서 제도권 교회는 73.6퍼센트의 만족률을 보였는데, 비제도권 교회는 85.5퍼센트로 더 높은 만족률을 보였다. "매우 만족"이 각각 54.6퍼센트와 31.6퍼센트로 두 배 가까이 차이가 났다. 평가 점수는 3.97점과 4.41점으로 비제도권 교회가 높다. 앞에서 '교회 출석 이유' 항목에서는 제도권

---

4. 정재영, 『한국 교회의 종교사회학적 이해』(서울: 열린출판사, 2012), 154.

교회들보다 비제도권 교회들에서 "설교가 좋아서"라는 응답이 적었다. 그러나 설교 만족도 자체만 보면 비제도권 교회의 교인들이 오히려 더 설교에 대해서 만족하는 것으로 나타났다. 이런 결과가 나온 것에 대해서는 추가적인 연구가 필요하지만, 면접 조사 결과에서 그 단초를 볼 수 있다. 곧 비제도권 교회에서는 일방적인 설교보다는 설교 후 토론을 하거나 심지어는 설교 자체를 대화식으로 하는 등 다양한 방법을 통해 소통하는 방식을 취하기 때문에 설교에 대해서 더 만족스러워 하는 것으로 추정된다.

<그림10> "우리 교회 설교 내용이 좋다"에 대한 동의 정도

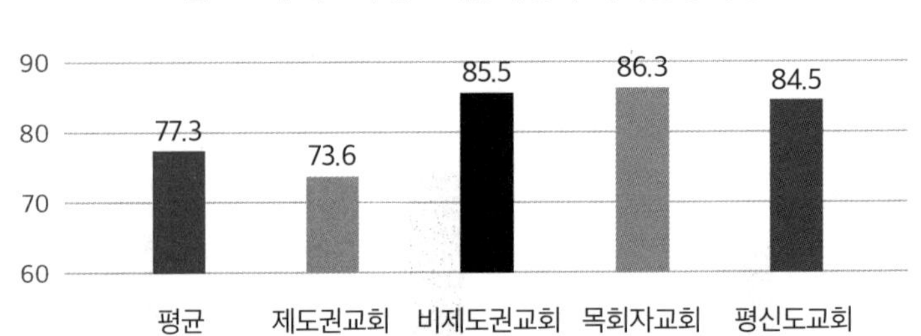

재정 운용의 투명성에 대해서 제도권 교회 교인들의 만족도는 60.0퍼센트의 비교적 낮은 만족률을 보였는데, 비제도권 교회는 91.2퍼센트로 매우 높았다. 특히 비제도권 교회들에서는 "매우 불만족"과 "약간 불만족"을 합한 불만족률이 0퍼센트로 불만족이 전혀 없는 것으로 나타난 것이 매우 특징적이다. 그리고 평가 점수 평균이 3.71점과 4.69점으로 비제도권 교회가 훨씬 높다. 비제도권 교회들 중에서도 평신도 교회는 만족률이 94.2퍼센트로 교인들 절대 다수가 만족하는 것으로 나타났다. 이것은 비제도권 교회들의 지도자들과 교인들이 투명한 재정 운용에 대해서 더 많은 관심과 의지를 가지고 있기 때문으로 해석된다. 그리고 평신도 교회는 목회자들의 재정 부정 사용에 대해서 더 높은 경

각심을 가지고 운영하고 있기 때문에 이러한 결과가 나온 것으로 보인다.

<그림11> "우리 교회 재정 운용은 투명하다"에 대한 동의 정도

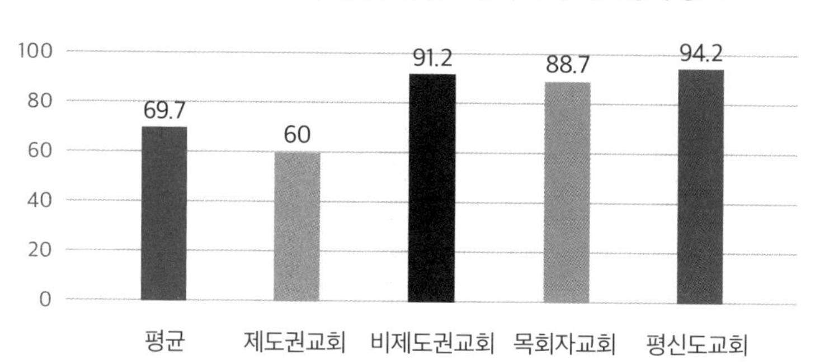

5) 양육 및 훈련

반면에, 양육 및 훈련에 대해서는 제도권 교회 교인들의 만족도가 더 높았다. 제도권 교회는 63.6퍼센트의 만족률을 보였는데, 비제도권 교회는 55.1퍼센트로 낮은 만족률을 보였다. 그러나 제도권 교회 교인들의 만족도도 높은 편은 아니었고, 평가 점수가 각각 3.77점과 3.68점으로 차이가 별로 없다. 비제도권 교회들 중에서도 목회자가 세운 교회는 만족도가 평신도 교회보다 10퍼센트포인트 정도 더 낮았다. 평신도 교회의 만족률은 제도권 교회와 별로 차이가 없었는데, 이것은 비제도권 교회의 목회자들이 스스로의 목회 방식에 따라 기존 교회의 양육 시스템을 차용하지 않거나 아예 양육 시스템을 운용하지 않기 때문으로 보인다.

면접 조사에서 비제도권 교회 목회자들은 기존 교회의 양육 시스템에 대하여 회의적인 경우가 많았다. 이것이 교인들을 교회에 붙잡아 두려고 하는 의도로 이용되고 있다고 생각하기 때문이다. 그래서 교회에서 많은 양육 프로그램을 운영하려고 하지 않고 교인 스스로 신앙을 유지하고 일상생활에서 신앙을 실천하는 것을 강조하는 경우들이 많았다.

<그림12> "우리 교회는 양육 및 훈련이 잘 이루어지고 있다"에 대한 동의 정도

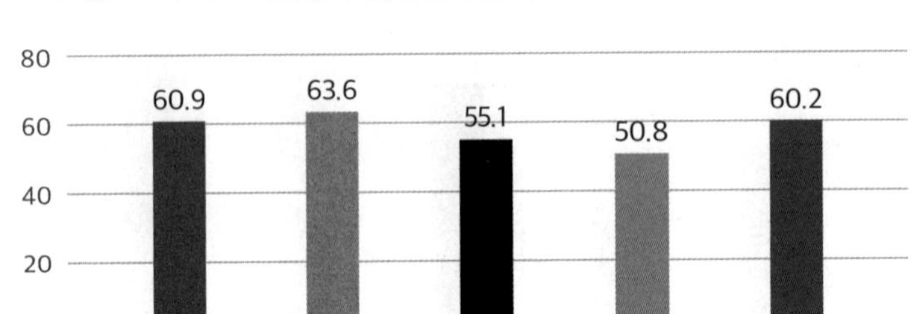

어린이 및 청소년 교육에 대해서도 제도권 교회 교인들의 만족도가 더 높았다. 제도권 교회는 65.4퍼센트의 만족률을 보였는데, 비제도권 교회는 47.1퍼센트로 낮은 만족률을 보였다. 이 역시 제도권 교회 교인들의 만족도도 높은 편은 아니었고, 평가 점수 평균이 3.79점과 3.43점으로 차이가 크지 않다. 이것은 비제도권 교회들의 경우 대부분 소형 교회로서 교회 학교를 별도로 운영하는 경우가 거의 없어서 상대적으로 만족도가 더 낮은 것으로 해석된다.

면접 조사에서 비제도권 교회의 지도자들은 기존 교회들의 성인 양육과 훈련뿐 아니라 교회 학교에 대해서도 회의적으로 평가하는 경우가 많았다. 부모가 정작 자기 자녀들의 신앙 교육에 큰 관심도 없고 노력하지도 않으면서 교회 학교에 아이들을 맡기기 때문에 교회 학교에서의 신앙 교육도 잘 이루어지지 않는다는 것이다. 그래서 비제도권 교회들은 대부분 세대 통합 예배를 드리면서 보다 공동체적인 자녀 교육을 하려고 노력하고 있다. 그러나 조사 결과에서는 이에 대하여 교인들이 그리 만족스러워하지 않는 것으로 나타났다.

<그림13> "우리 교회는 어린이/청소년 교육이 잘 이루어지고 있다"에 대한 동의 정도

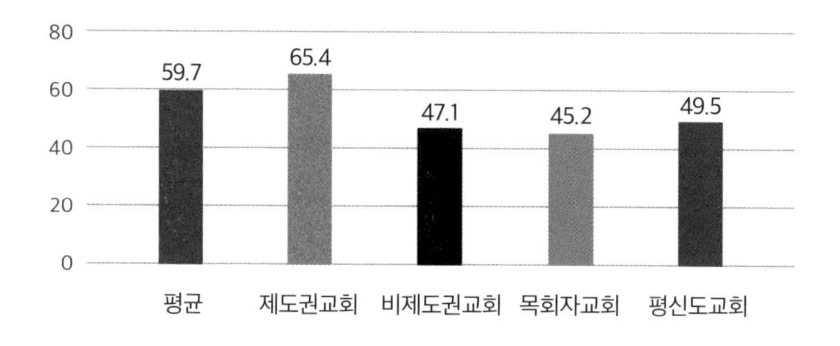

6) 사회 참여 및 봉사

사회 참여 및 봉사에 대해서도 제도권 교회 교인들의 만족도가 더 높았다. 제도권 교회는 64.8퍼센트의 만족률을 보였는데, 비제도권 교회는 45.8퍼센트로 모든 항목 중에 낮은 만족률을 보였다. 특히 평신도 교회는 만족도가 37.9퍼센트로 매우 낮았다. 이 역시 제도권 교회 교인들의 만족도도 높은 편은 아니었고, 평가 점수도 3.84점과 3.50점으로 차이가 크지 않다.

비제도권 교회들은 대개 대안적인 교회에 대한 관심으로 설립된 교회들이 많고 지역 주민들이 출석하기보다는 비교적 먼 곳에서 찾아오는 경우가 많아서 지역성을 갖기 어렵다고 판단된다. 그리고 면접 조사의 내용을 볼 때, 대개 교회 개혁에 대한 관심은 많으나 상대적으로 지역 사회와 소외된 이웃에 대한 관심은 부족한 경우가 많다고 여겨진다. 특히 평신도 교회는 자신들의 공동체에 더 집중하는 경향이 강하다. 그리고 앞에서 살펴본 '신앙생활을 하는 이유'로 "구원과 영생을 위해서"에 응답한 비율이 목회자가 세운 교회보다도 평신도 교회에서 더 높았는데, 이러한 경우 하나님과의 관계에 대한 수직적인 신앙은 강조되지만 이웃과의 관계에 대한 수평적인 신앙은 덜 강조될 수 있다.

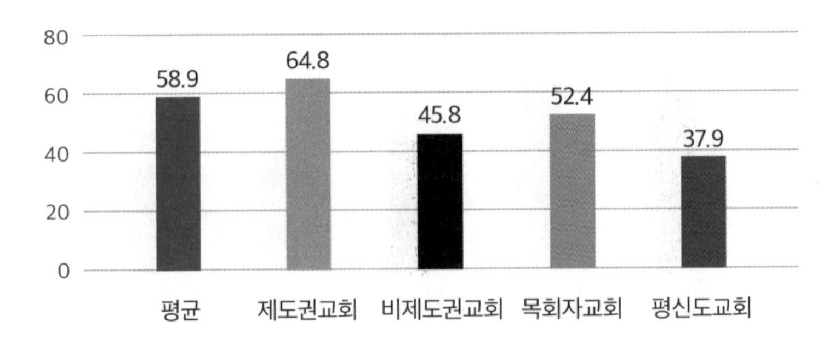

<그림14> "우리 교회는 이웃을 돌보는 사회 참여 및 봉사가 활발하다"에 대한 동의 정도

7) 신앙의 순수성과 영성

다음으로 교회의 특징을 드러내는 속성에 대해서 여덟 가지 항목을 제시하였다. 먼저, 신앙의 순수성에 대해서 "우리 교회는 신앙적 순수성이 퇴색되었다"로 부정적인 표현으로 제시하였다. 이에 대하여, 제도권 교회 교인들의 비동의율이 59.8퍼센트로 낮은 편인 데 반해 비제도권 교회는 비동의율이 87.7퍼센트로 매우 높았고, 동의율은 3.1퍼센트로 매우 낮았다. 5점 평가(5점에 가까울수록 강하게 동의) 점수 평균이 각각 2.31점과 1.57점으로 비제도권 교회가 훨씬 낮다. 따라서 비제도권 교회의 교인들은 대부분 자신들의 교회가 신앙의 순수성을 유지하고 있는 것으로 평가하였다.

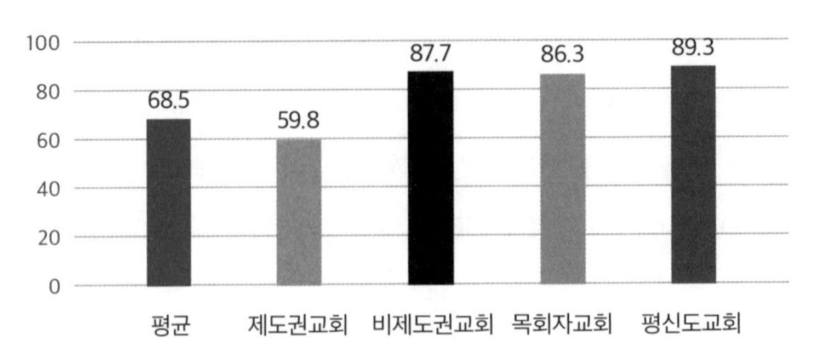

<그림15> "우리 교회는 신앙적 순수성이 퇴색되었다"에 대한 비동의 정도

마찬가지로, "우리 교회에서 영적인 답답함을 느낀다"는 부정적인 표현에 대해서 제도권 교회 교인들의 비동의율이 56.0퍼센트로 낮은 편이었다. 이에 반해 비제도권 교회는 비동의율이 79.3퍼센트로 더 높았고, 동의율은 7.5퍼센트로 매우 낮아서 영적인 답답함을 별로 느끼지 않는 것으로 나타났다. 점수 평균은 2.47점과 1.81점으로 비제도권 교회가 훨씬 낮다.

<그림16> "우리 교회에서 영적인 답답함을 느낀다"에 대한 비동의 정도

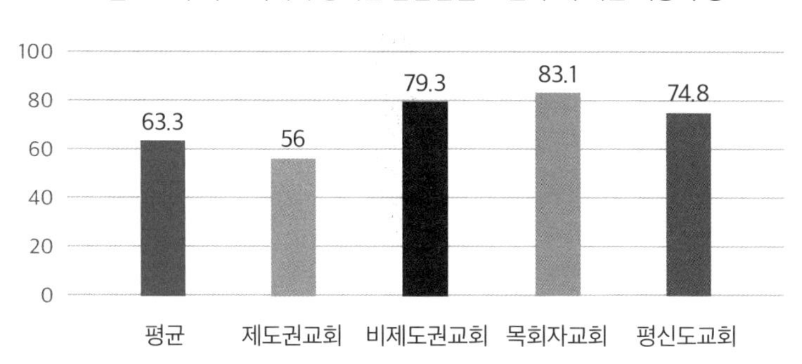

8) 신앙생활의 형식과 진정성

"우리 교회 예배는 틀에 박혀있다"는 표현에 대해 제도권 교회 교인들의 비동의율이 53.0퍼센트로 낮은 편이었다. 이에 반해 비제도권 교회는 비동의율이 83.7퍼센트로 훨씬 높았고, 동의율은 4.4퍼센트로 매우 낮았다. 평가 점수가 2.59점과 1.66점으로 비제도권 교회가 훨씬 낮다. 그리고 위의 항목과 함께 이 경우에 목회자가 있는 비제도권 교회의 비동의율이 평신도 교회보다 더 높았다.

이것은 앞에서 양육 프로그램과 관련하여 이야기한 바와 같이 목회자가 세운 비제도권 교회들의 경우에 기존 교회의 틀을 넘어서 다양한 시도를 하고 있기 때문으로 보인다. 평신도 교회들의 경우에는 평신도 교회라는 것 자체만으로 이미 기존 교회와는 매우 다른 형태이기 때문에 교회 운영에서 기존 교회의 틀을 벗어나는 데 대한 부담을 느끼는 경우가 있다. 따라서 기존 교회와 틀을 어느 정도 유지함으로써 교회의 전형에서 크게 벗어나지 않으려는 경향이 보이기도 한다.

<그림17> "우리 교회 예배는 틀에 박혀있다"에 대한 비동의 정도

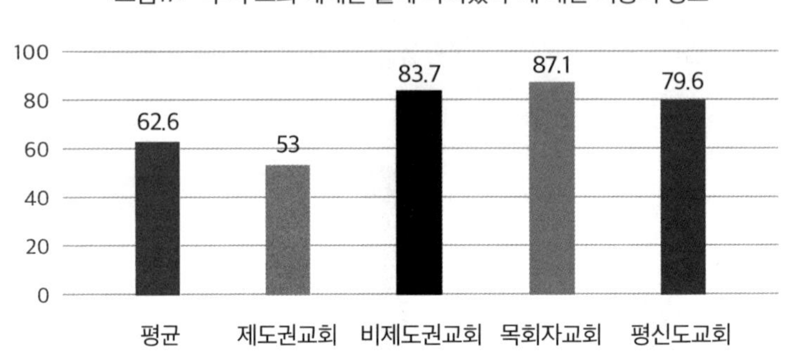

"우리 교회에는 형식적인 교인이 많다"에 대해서 제도권 교회 교인들은 비동의율이 32.6퍼센트로 매우 낮은 편이다. 이에 반해 비제도권 교회는 비동의율이 83.3퍼센트로 두 배 이상 높았고, 동의율은 3.1퍼센트로 매우 낮았다. 5점 평균도 2.91점과 1.77점으로 비제도권 교회가 훨씬 낮다. 앞에서 교회 출석 이유에서도 보았듯이, 비제도권 교회들의 경우 출석 동기나 신앙생활의 이유가 보다 더 적극적인 특징을 띠기 때문에 상대적으로 형식적인 교인이 적다고 평가되었을 것으로 해석된다.

<그림18> “우리 교회에는 형식적인 교인이 많다”에 대한 비동의 정도

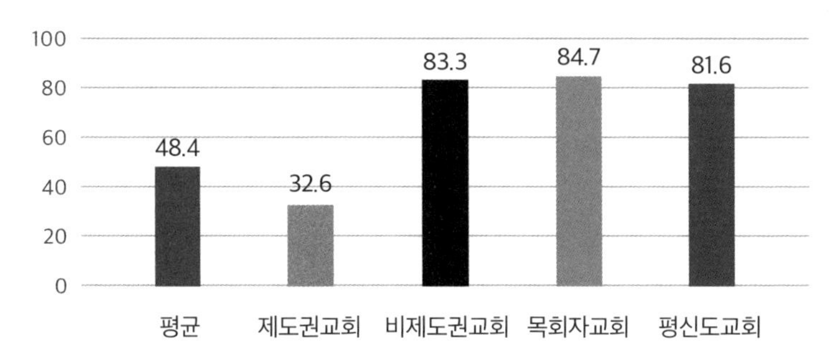

“우리 교회는 성도들 간의 관계가 형식적이다”에 대해서 제도권 교회 교인들은 비동의율이 52.8퍼센트로 절반 정도에 불과했다. 이에 반해 비제도권 교회는 비동의율이 81.9퍼센트로 훨씬 높았고, 동의율은 1.8퍼센트로 가장 낮은 수준이었다. 점수 평균도 2.53과 1.80으로 비제도권 교회가 훨씬 낮다.

<그림19> “우리 교회는 성도들 간의 관계가 형식적이다”에 대한 비동의 정도

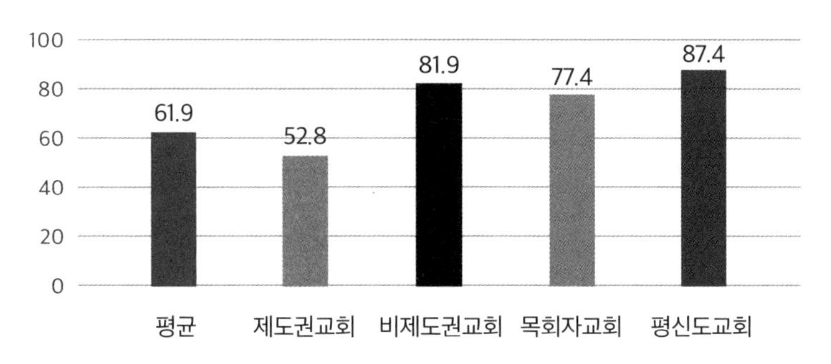

8) 권위주의

“우리 교회 목회자는 권위주의적이다”에 대해서 제도권 교회 교인들의 비동의율은 61.4퍼센트로 낮은 편이었다. 이에 반해 비제도권 교회는 비동의율이 90.3퍼센트로 매우 높았고, 동의율은 1.8퍼센트로 이 역시 가장 낮은 수준이었다. 5점 평균이 2.35점과 1.37점으로 비제도권 교회가 훨씬 낮다.

한편 이 항목에 대해 평신도 교회가 목회자가 세운 교회에 비해서 비동의율이 더 높았다. 따라서 앞선 항목을 고려하면 평신도 교회가 틀은 다소 형식적인 면이 있지만 교인들 사이의 관계는 훨씬 더 깊고 친밀하고, 교회 지도자에 대해도 훨씬 덜 권위주의적으로 느끼고 있다고 볼 수 있다.

<그림20> "우리 교회 목회자는 권위주의적이다"에 대한 비동의 정도

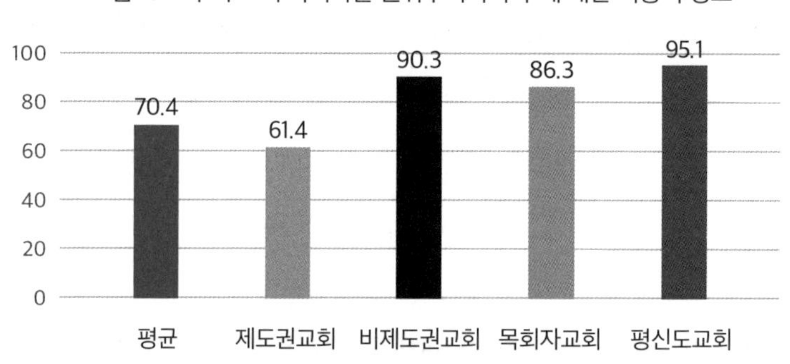

"우리 교회는 직분이 계급화되어 있다"에 대해서 제도권 교회 교인들의 비동의율이 39.8퍼센트로 매우 낮았다. 그리고 동의율이 35.4퍼센트로 부정적인 표현을 제시한 항목들 중에서 가장 높았고 비동의율과 비슷하였다. 이에 반해 비제도권 교회는 비동의율이 91.6퍼센트로 제도권 교회보다 2배 이상 높았고, 동의율은 1.8퍼센트로 가장 낮은 수준이었다. 5점 만점의 평가 평균이 2.87점과 1.34점으로 비제도권 교회가 훨씬 낮다. 면접 조사에서 보면, 비제도권 교회들의 경우에 아예 직분이 없이 형제, 자매나 형, 동생으로 부르는 경우가 많았기 때문에 이런 결과가 나온 것으로 보인다.

<그림21> "우리 교회는 직분이 계급화되어 있다"에 대한 비동의 정도

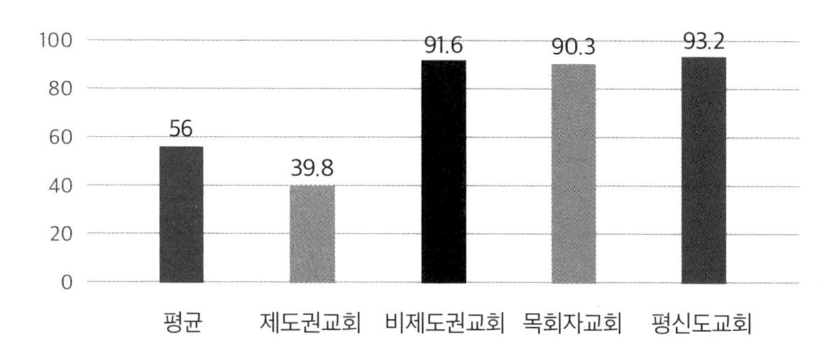

요약해 보면, 교회에 대한 평가는 항목에 따라 차이가 있었는데, 교인 양육, 어린이/청소년 교육, 사회 봉사 등 규모와 체계를 갖춘 교회에 유리한 항목에 대해서는 제도권 교회가 비제도권 교회에 비해 높은 평가를 받았지만, 제도권 교회에서도 만족도가 높은 편은 아니었다. 그리고 이를 제외한 항목들, 곧 공동체와 관련된 측면에 대해서는 비제도권 교회가 훨씬 높은 평가를 받았다. 다만 사회봉사에 대해서는 비제도권 교회가 낮은 평가를 받았다. 그리고 비제도권 교회들에서 목회자 설립 교회가 형식의 면에서 더 자유롭고, 평신도 교회가 관계의 면에서 더 격식이 없이 친밀함을 느끼는 것으로 나타났다. 이것은 이 교회들에서 탈제도적 특성이 나타난다 하더라도 목회자의 존재 자체가 일정 정도로 위계질서를 나타내기 때문일 것이다.

3. 교회 구성 요건에 대한 인식

다음으로 교회 구성 요건에 대한 인식을 살펴보았는데 앞에서 설명한 바와 같이 비제도권 교회들은 소속 교단이 없고 평신도 교회들도 많아서 전통적으로 교회를 구성하는 데 필수라고 생각해 온 요소들에 대해서 매우 다른 견해를 가질 것이라고 가정하고 문항을 구성하여 열한 개 항목을 제시하였다.

1) 목회자와 설교

먼저, 교회 구성에서 목회자의 부재에 대해서 제도권 교회는 비동의가 75.4퍼센트인 데 반해, 비제도권 교회는 동의가 67.0퍼센트로 정반대의 입장을 가지고 있었다. 비제도권 교회에서는 교회를 구성하는 데 목회자가 반드시 필요한 것은 아니라는 생각이 우세한 것이다. 5점 만점의 평가 점수 평균도 1.96점과 3.72점으로 인식의 차이가 매우 크다. 비제도권 교회 중에서도 평신도 교회에서는 동의율이 79.6퍼센트로 목회자가 세운 교회보다 훨씬 더 높았고, 점수 평균도 4.24로 크게 높았다.

평신도 교회에서 목회자의 존재를 필수로 생각하지 않는 것은 당연한 결과이다. 하지만 목회자가 세운 교회에서도 절반 이상이 동의하여 기존 교회보다 크게 높게 나온 것은 다소 의외로 보일 수 있다. 그런데 면접 조사에서 보듯이, 비제도권 교회를 세운 목회자들은 교회의 본질과 목회자의 정체성에 대해서 근본적인 고민을 한 경험들이 많다. 목회자의 권위를 강조하지 않고 모든 성도들이 스스로 교회라는 점을 강조하기 때문에, 목회자가 있는 교회에 출석하는 경우라도 교회의 구성에서 목회자의 존재를 필수 요건으로 생각하지 않는 경우가 많은 것이다.

<그림22> "교회에는 '목사/전도사 등' 목회자가 없어도 된다"에 대한 동의 정도

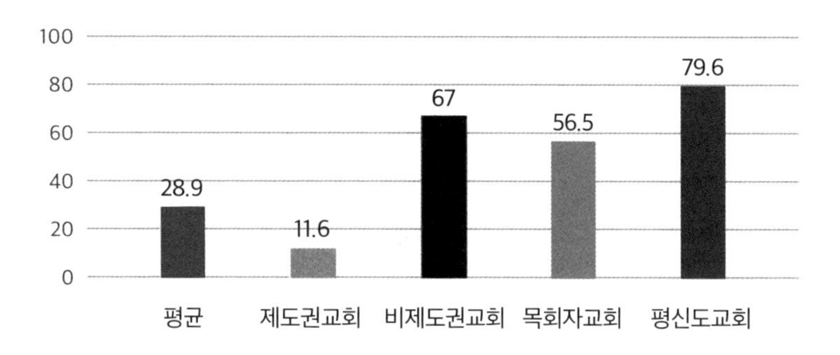

"1명의 담임목사 대신 동등한 권한을 갖는 여러 명의 담임목사를 두는 것도 문제없다"는 공동 목회에 대해서는 제도권 교회 교인들의 동의율이 41.6퍼센트로 다른 항목들에 비해서는 높은 편이었다. 비동의율 31.0퍼센트보다도 높았다. 비제도권 교회 교인들의 동의율은 더 높아서 78.0퍼센트였고, 비동의는 6.2퍼센트로 매우 낮았다. 5점 평가 평균이 3.08점과 4.26점으로 비제도권 교회의 평균이 훨씬 높았다. 비제도권 교회들 사이에 인식의 차이는 없었다.

드물긴 하지만 제도권 교회에서도 공동 목회를 하는 경우가 있기 때문에 이에 대한 거부감이 크지 않은 것으로 보인다. 평신도 교회의 경우에는 거의 모든 경우에 1인 리더십을 인정하지 않고 수평적인 리더십을 강조하고 의사결정도 만장일치로 하는 경우가 많기 때문에 당연한 결과로 보인다. 특히 일부 교회에서는 1인 지도체제는 성경의 가르침에 맞지 않는다고 보고 복수의 장로들이 공동 목회를 하는 경우가 있었다. 이에 대해서는 다음 장에서 더 살펴볼 것이다.

<그림23> "동등한 권한을 갖는 여러 명의 담임목사를 두는 것도 문제없다"에 대한 동의 정도

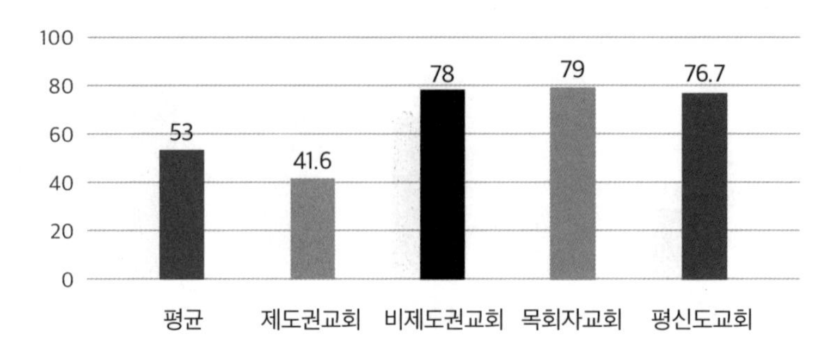

다음으로 목회자의 역할과 관련하여 "교회에 목회자를 두지 않고 평신도가 설교해도 된다"에 대해서 물어보았다. 이에 대하여 제도권 교회 교인들은 비동의가 67.0퍼센트로 15.8퍼센트의 동의보다 네 배 이상 많았으나, 비제도권 교회 교인들은 반대로 동의가 78.0퍼센트로 비동의(10.6%)보다 여덟 배 가까이 많게 나와서 극명한 대조를 이루었다. 5점 평가 평균이 2.16점과 4.09점으로 인식의 차이가 매우 컸다.

설교권은 대부분의 교회에서 목회자의 고유 권한이다. 설교권은 누구에게도 침해받지 않는 권한으로 여겨지기도 한다. 그러나 최근에는 목회자의 설교 능력에 대해서 불만을 제기하는 교인들이 적지 않다. 게다가 설교 표절 문제가 심심치 않게 불거지면서 설교권이 오로지 목회자에게만 주어지는 것에 대해서도 문제가 제기되고 있다. 특히 장로들 중에서는 장로에게도 설교권이 있다는 주장이 나오기도 한다. 이것은 목사 역시 장로 중의 하나라는 인식에서 나오는 것이다. 이러한 인식으로 비제도권 교회들은 장로를 비롯하여 평신도가 설교하는 경우가 많다. 비제도권 교회 중에서도 평신도 교회에서는 동의율이 83.5퍼센트로 더 높았고, 5점 평가 평균도 4.39점으로 더 높았다는 것이 이를 나타낸다.

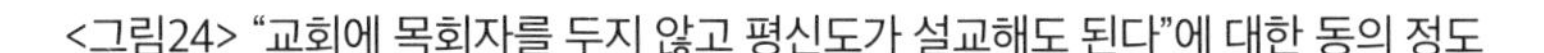

<그림24> "교회에 목회자를 두지 않고 평신도가 설교해도 된다"에 대한 동의 정도

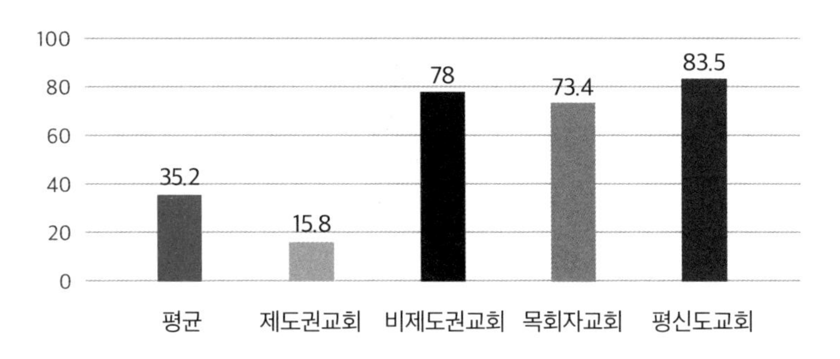

주일 예배에서 설교 없이 기도와 친교, 성경 공부만 하는 것에 대해서도 제도권 교회 교인들은 59.0퍼센트가 동의하지 않았고 25퍼센트 정도만 동의했다. 그러나 비제도권 교회 교인들은 절반에 가까운 48.9퍼센트가 동의하여 비동의(39.6%)보다 많았다. 5점 평가 평균도 각각 2.42점과 3.10점으로 인식의 차이가 크다. 비제도권 교회 중에서는 목회자가 있는 교회에서 동의율이 52.4퍼센트로 더 높았고, 5점 평가 평균도 3.16점으로 더 높았다.

개신교는 전통적으로 말씀의 종교라고 인식되어 왔고, 예배에서 설교는 가장 기본적이고도 중요한 요소라고 생각되어 왔다.[5] 그러나 최근에 일방적인 설교에 대한 거부감으로 기존 예배에 불편함을 느끼는 이들 중에서 다양한 대안들이 나오고 있고, 일부는 예배 중에 말이 없는 퀘이커교 예배에 출석하는 것으로 알려져 있다. 또한 면접 조사한 사례 중에서도 설교를 하지 않고 일종의 성경 공부나 묵상 나눔으로 대신하는 사례가 있었다. 이러한 상황에서 비제도권 교회의 교인들에게는 예배에 설교가 없어도 문제가 없다는 인식이 생각보다 널리 퍼져 있음을 확인할 수 있다.

---

5. 이와 관련하여, 최진봉, 「말씀의 송축으로서의 개혁교회 예배에 대한 이해」, 『신학과실천』 28(2011), 143-167과 김병석, 「예배와 설교의 일치와 통합적 접근」, 『신학과실천』 66(2019), 75-98를 볼 것.

<그림25> "주일 예배를 설교 없이 기도와 친교, 성경공부만 하는 것도 문제없다"에 대한 동의 정도

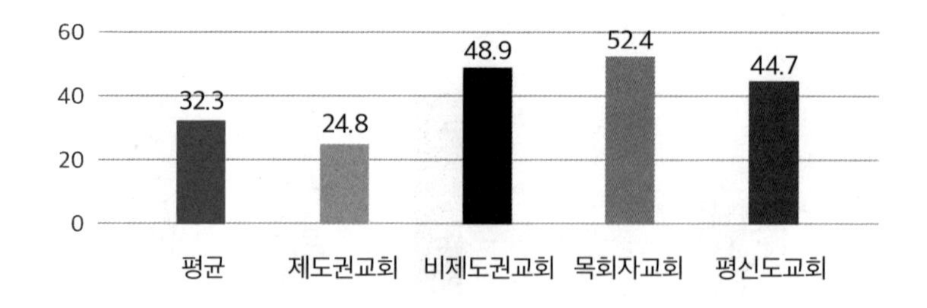

2) 성례의 집례

목회자의 또 다른 중요한 역할인 성찬 집례와 관련해서, 목회자 대신 평신도가 성찬을 집례해도 되는지 물어보았다. 이에 대해서도 제도권 교회 교인들은 비동의가 63.2퍼센트로 동의(18.0%)보다 세 배 이상 많았으나, 비제도권 교회 교인들은 반대로 동의가 71.8퍼센트로 비동의(10.1%)보다 일곱 배 이상 많아서 극명한 대조를 이루었다. 5점 평가 평균이 2.22점과 3.99점으로 인식의 차이가 매우 크다. 비제도권 교회 중에서도 평신도 교회에서 5점 평가 평균이 4.15로 더 높았다.

성찬의 집례는 전통적으로 목회자의 역할로 이해되고 자격이 없는 사람이 집례하는 것은 이단시되기도 한다. 그런데 최근 코로나 사태가 벌어지면서 이것이 이슈가 되었다. 코로나로 인해서 대면 예배를 드릴 수 없었기 때문에 성찬을 집행하는 것도 어렵게 되었고, 이러한 상황에서 온라인으로 성찬을 집례를 하고 교인들이 집에서 스스로 성찬을 하도록 하는 것이 신학적으로 문제가 되는가 하는 논쟁이 벌어진 것이다. 신학자들 사이에서도 입장이 크게 엇갈려서 이것을 인정하는 이들도 적지 않았다. 초기 기독교에서는 긴급한 경우나 특별한 경우에는 세례를 받은 회중도 성례를 집례할 수 있었고, 종교개혁의 전통은 만인제사장을 주창하며 집례자의 권위를 축소했다는 것이다. 그러나 그 후

개신교회 전통은 오히려 성찬 집례 권한을 목회자에 한정하는 쪽으로 가고 있다는 주장도 있다.[6]

대부분의 평신도 교회에서는 이미 평신도 지도자가 성찬을 집례하고 있다. 뿐만 아니라, 목회자가 세운 비제도권 교회에서는 목회자의 권위를 최소화하면서 평신도가 성찬을 집례하도록 하는 경우도 있었다. 이러한 경험이 반영되어서 비제도권 교회에서는 평신도가 집례할 수 있다는 의견이 훨씬 많이 나온 것이다.

<그림26> "교회에서 목회자 대신 평신도가 성찬을 집례해도 된다"에 대한 동의 정도

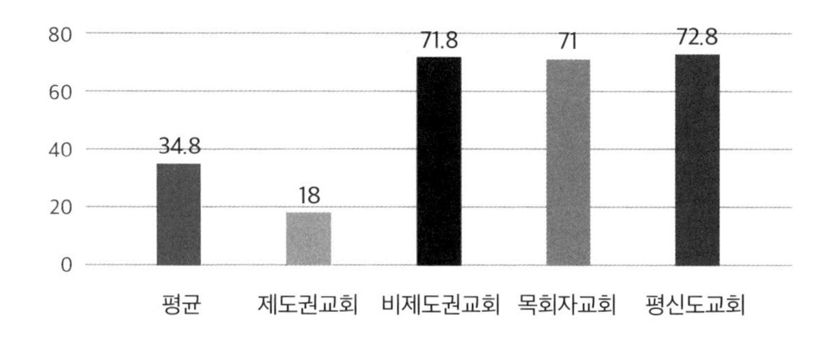

마찬가지로 "교회에서 목회자 대신 평신도가 세례를 베풀어도 된다"에 대해서도 제도권 교회 교인들은 비동의가 71.2퍼센트로 동의(12.4%)보다 다섯 배 이상 많았으나, 비제도권 교회 교인들은 반대로 동의가 50.2퍼센트로 비동의(24.7%)보다 두 배 이상 많게 나왔다. 5점 평가 평균이 2.01점과 3.46점으로 인식의 차이가 매우 컸으나, 다른 항목에 비해서 비제도권 교회에서도 동의율이 상대적으로 낮았다.

---

6. 차명호, 「성례성의 발전과 적용에 대한 고찰」, 『부산장신논총』 11(2011), 243-244.

평신도의 세례 집례에 대한 동의율이 평신도의 성찬 집례에 대한 동의율(71.8%)보다 훨씬 낮은 것은 평신도가 세례 주는 것에 대해 부담감이 더 큰 것을 의미한다. 면접 조사에서도 평신도 교회에서 세례를 줄 때에는 다른 교회 목회자에게 받도록 하는 경우가 있었다. 그러나 비제도권 교회 중에서도 평신도 교회에서는 동의율이 62.1퍼센트로 목회자가 세운 교회보다 훨씬 더 높았고, 5점 평가 평균도 3.76점으로 더 높았다.

<그림27> “교회에서 목회자 대신 평신도가 세례를 베풀어도 된다”에 대한 동의 정도

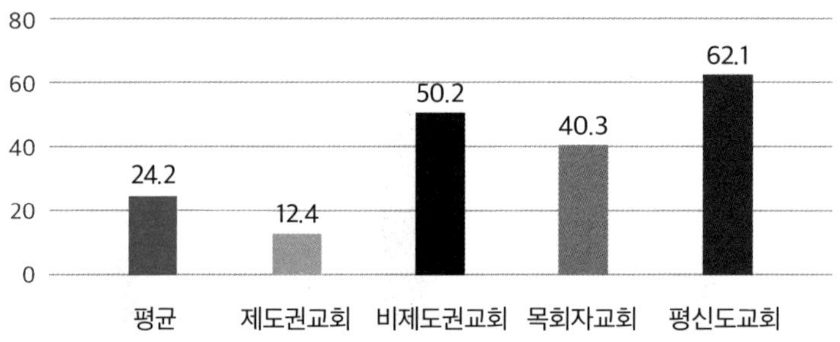

80
60
40
20
0
24.2
12.4
50.2
40.3
62.1
평균 제도권교회 비제도권교회 목회자교회 평신도교회

3) 주일 성수와 예배당

“주일 예배를 폐지하고 평일에 예배드려도 된다”에 대해서도 제도권 교회 교인들은 61.8퍼센트가 동의하지 않았다. 그런데 비제도권 교회 교인들은 동의와 비동의가 각각 41.4퍼센트와 42.7퍼센트로 비슷하였고, 동의율이 제도권 교회(20.0%)보다 두 배 이상 많았다. 5점 평가 평균도 각각 2.26점과 2.91점으로 인식의 차이가 크다. 비제도권 교회 중에서는 동의율은 차이가 없었고, 5점 평가 평균이 평신도 교회에서 2.98점으로 더 높았다.

기독교 전통에서 일요일은 주의 날로서 거룩하게 지켜야 한다고 여겨져 왔다.[7] 그래서 주일이 아닌 요일에 예배를 드리는 경우에는 이단으로 여기기도 한다. 그런데 비제도권 교회에서는 이러한 인식이 제도권 교회에 비해 낮게 나타난 것이다. 소수이지만 비제도권 교회 중에서는 평일에 모이는 경우가 있었다. 특히 가나안 성도들의 경우에는 기존 교회에 대한 실망으로 인해 주일에는 교회에 나가지 않고 평일에 교회나 예배를 대체하는 모임에 나가는 경우들이 있기 때문에 이러한 결과가 나온 것으로 보인다.

<그림28> "주일예배를 폐지하고 평일에 예배드려도 된다"에 대한 동의 정도

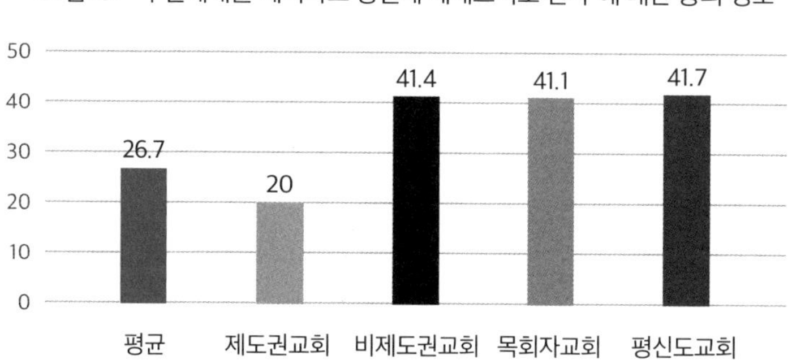

"교회는 예배를 위한 별도의 전용 예배 공간이 아닌 곳에서 예배를 드려도 된다"에 대해서는 모든 항목 중에서 제도권 교회 교인들의 동의율이 가장 높게 55.0퍼센트가 나왔고, 비동의는 절반 수준이 28.4퍼센트였다. 비제도권 교회 교인들은 동의율 역시 모든 항목 중에 가장 높게 90.7퍼센트였고, 비동의는 가장 낮게 2.6퍼센트였다. 5점 평가 평균이 3.32점과 4.61점으로 비제도권 교회의 평균이 훨씬 높았다.

요즘에는 학교 강당이나 카페나 도서관 등 예배 전용 공간이 아닌 곳에서

7. 한성진, 「주일성수에 대한 역사신학적 접근」, 『신학정론』, 29권 2호(2011년), 335-357.

예배를 드리는 경우가 많기 때문에 제도권 교회에서도 이 항목에 대한 거부감이 가장 적게 나온 것으로 해석된다. 비제도권 교회에서는 전용 예배 공간에서 예배를 드리는 경우보다 가정에서 예배를 드리거나 다른 단체의 공간을 빌려서 예배를 드리는 경우가 훨씬 많기 때문에 이에 대한 동의율이 더 높게 나온 것이 당연하다. 평신도 교회보다 목회자가 세운 교회에서 동의율이 더 높게 나온 것은 앞에서 말한 바와 같이 교회의 틀을 유지하는 것에 대한 생각 차이로 보인다.

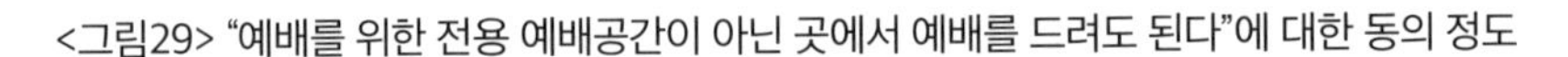
<그림29> "예배를 위한 전용 예배공간이 아닌 곳에서 예배를 드려도 된다"에 대한 동의 정도

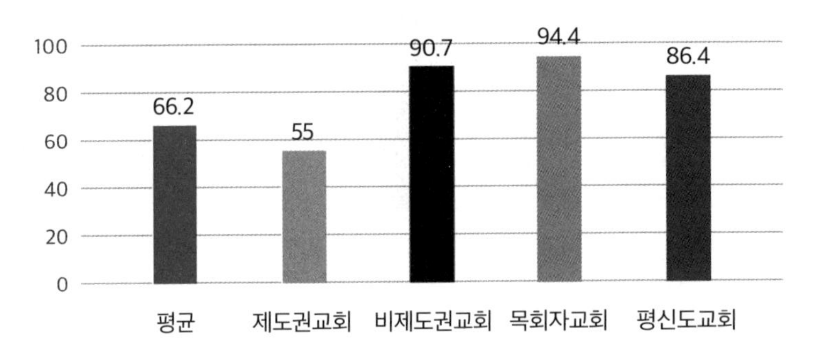

4) 직분과 여성 안수

"교회에는 장로/권사/집사 등 직분 제도가 없어도 문제없다"에 대해서도 제도권 교회 교인들은 비동의가 41.8퍼센트로 36.0퍼센트의 동의보다 많았으나 비제도권 교회 교인들은 동의가 78.9퍼센트로 12.8퍼센트의 비동의보다 압도적으로 많았다. 5점 평가 평균도 2.88점과 4.09점으로 인식의 차이가 매우 컸다. 직분 제도는 교회 조직의 핵심이기도 하고 개신교회의 역사와 함께 발전되어 왔다.[8] 특히 각 교단의 직분 제도는 성경을 근거로 삼고 있는 경우가 많기 때문에 직분으로 인한 부작용이 있다고 하더라도 직분 자체를 없애는 것은 바람직하지 않다는 인식이 강하다. 그러나 비제도권 교회들의 경우에 직분 제도가 없거나 제도권 교회에 비해 간소한 것을 보면 이에 대한 인식의 차이가 큰 것으로 보인다.

그런데 비제도권 교회 중에서는 목회자가 있는 교회에서 동의율이 85.5퍼센트로 더 높았고, 5점 평가 평균도 4.25점으로 더 높았다. 따라서 평신도 교회 교인들은 목회자는 크게 필요하다고 생각하지 않으나 상대적으로 직분 제도는 더 필요하다고 생각하는 것으로 나타났다. 이것 역시 평신도 교회들에 기존의 틀을 어느 정도 유지하려고 하는 속성이 있는 것으로 이해된다.

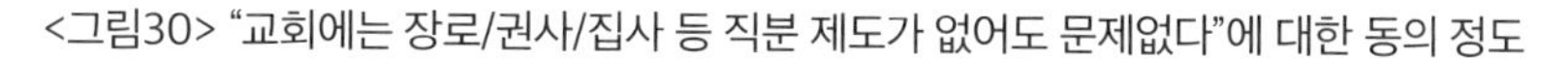
<그림30> “교회에는 장로/권사/집사 등 직분 제도가 없어도 문제없다”에 대한 동의 정도

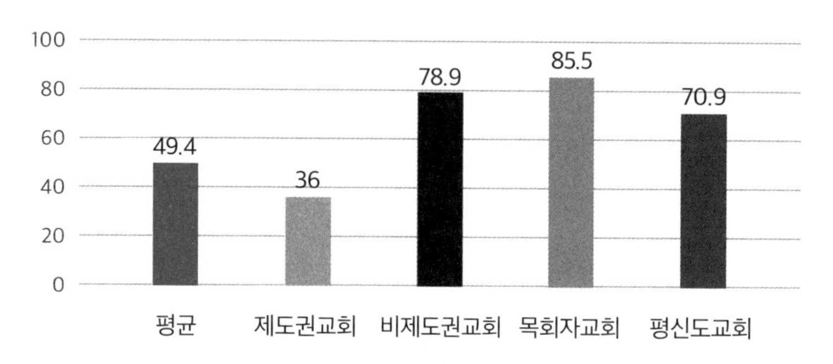

“여성을 목사/장로로 안수해도 문제 없다”에 대해서는 큰 차이가 없이 동의율이 높았다. 제도권 교회 교인들도 72.2퍼센트가 동의하였고, 비제도권 교회 교인들은 이보다 많은 81.5퍼센트가 동의하였다. 5점 평가 평균도 3.89점과

8. 송인설, 「개혁교회 직제의 역사」, 바른교회아카데미 엮음, 『교회 직제론』(서울: 예영커뮤니케이션, 2012), 175-176.

4.29점으로 인식의 차이가 크지 않았다. 20년 전만 해도 여성 안수를 주는 교단이 많지 않았으나 최근에는 여성 안수를 허락하지 않는 교단이 더 적을 정도로 인식이 크게 바뀌었다. 따라서 일반 신자들 중에서도 여성 안수에 대한 동의율이 높게 나온 것이다.

그런데 비제도권 교회 중 평신도 교회에서는 동의율이 68.0퍼센트로 목회자가 세운 교회에 비해서는 물론이고 제도권 교회보다도 오히려 더 낮았다. 그러나 이 비율은 오차 범위 안에 있으므로 차이가 없다고 보아야 한다. 그리고 5점 평가 평균도 3.91점으로 제도권 교회 성도들과 차이가 없었다. 이것을 전체 평신도 교회의 특징으로 일반화할 수 있을지는 분명하지 않은데, 이번 조사에 표집된 평신도 교회들 중에는 성경을 매우 보수적으로 해석하여 여성 리더십을 인정하지 않는 경우들이 다수 있었다. 장로들이 공동으로 목회를 하면서도 여성 장로는 인정하지 않기도 한다.

<그림31> "여성을 목사/장로로 안수해도 문제 없다"에 대한 동의 정도

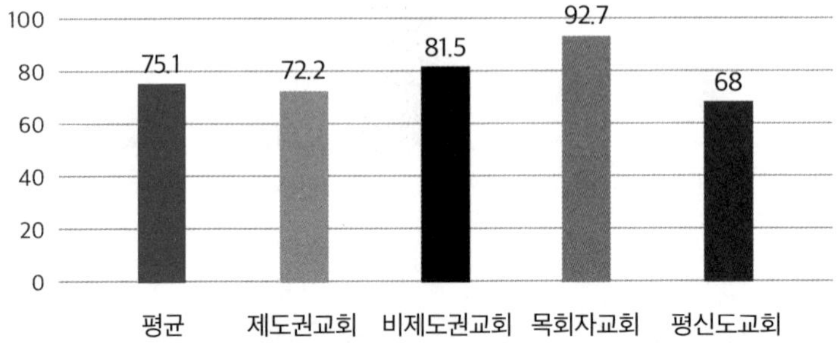

평균	제도권교회	비제도권교회	목회자교회	평신도교회
75.1	72.2	81.5	92.7	68

5) 교단 소속

"교회는 교단에 소속하지 않아도 된다"에 대해서 제도권 교회 교인들은 비동의가 42.8퍼센트로 동의(30.0%)보다 다소 많았으나 비제도권 교회 교인들은 반대로 동의가 86.8퍼센트였고, 비동의는 4.4퍼센트로 모든 항목 중 두 번째로 낮았다. 5점 평가 평균이 2.77점과 4.42점으로 제도권과 비제도권 사이의 인식 차이가 매우 크다.

한편 제도권 교회 교인들의 동의율과 비동의율의 차이가 크지 않았는데, 최근에 교인들 사이에서 교단의 중요성에 대한 인식이 점차 약해지고 있는 현실을 반영한 것이라고 해석된다. 실제로 교인들 중에서는 자신이 출석하는 교회가 속한 교단을 모르는 경우도 많다. 그리고 비제도권 교회들의 경우 모두 교단 소속이 없기 때문에 이러한 인식이 더 강할 것이다. 비제도권 교회 중에서는 목회자 있는 교회에서 동의율이 91.1퍼센트로 더 높았으나, 5점 평가 평균에서는 차이가 없었다.

<그림32> "교회는 교단에 소속하지 않아도 된다"에 대한 동의 정도

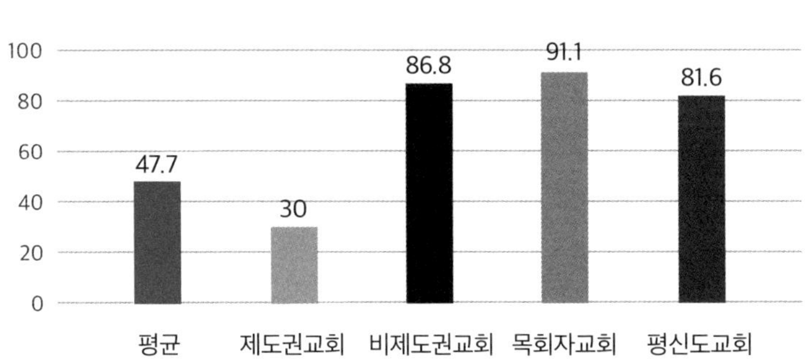

요약해 보면, 교회의 구성 요건과 관련해서 제시한 항목들 중에 제도권 교회 교인들이 동의를 많이 한 항목은 여성 안수와 공동 목회, 그리고 예배 공간에 대한 것들이다. 이것은 앞에서 말한 바와 같이 기존 교회의 전통에서 크게 문제가 되지 않고 큰 거부감을 느끼지 않는 내용들이다. 그러나 이 부분에 대해서도 제도권 교회 교인들의 동의율이 비제도권 교회 교인들에 비해 많이 낮

았다는 것은 제도권 교회 교인들이 훨씬 더 전통적인 교회의 형태를 선호하고 새로운 형태의 교회에 대해 열려 있지 않다는 것을 알 수 있다.

이에 반해 교단 소속이나 목회자의 역할, 주일 성수나 예배 중의 설교 등은 교회를 구성하는 데 매우 중요한 요소들로서 결여된다면 이단시될 수도 있는 내용들이다. 그럼에도 비제도권 교회의 교인들은 이러한 요소들을 교회를 이루는 필수 요소라고 생각하지 않는 것으로 나타났다. 다만 주일 예배 폐지와 설교 없는 예배에 대해서는 동의율이 50퍼센트 미만으로 낮게 나왔다.

4. 종합 논의

이상의 내용에서 볼 때, 비제도권 교회에 속한 교인들과 제도권 교회에 속한 교인들 사이에는 뚜렷한 인식의 차이가 있다. 교회에 대한 만족도와 대부분의 평가 항목에서 비제도권 교회 교인들이 더 높은 만족도를 나타냈다. 특히 규모와 체계를 갖춘 교회에 유리한 항목을 제외하고 교회의 주요한 속성 중 하나라고 할 수 있는 공동체적인 측면에 대해서 비제도권 교회가 훨씬 높은 평가를 받았다. 이것으로 비제도권 교회들이 오늘날 개신교 신자들이 요구하는 신앙적 욕구에 더 부합한다고 해석할 수 있다. 비제도권 교회 교인들은 신앙생활의 이유에서도 보다 본질적인 차원의 관심을 가지고 있는 것으로 나타났다.

물론 이러한 차이가 비제도권 교회의 우월함을 의미하는 것은 아니다. 그리고 이러한 차이가 비제도권이라서, 곧 소속 교단이 없기 때문에 나타나는 것도 아닐 것이다. 교단이 없어서라기보다는 교단의 방침이나 이해관계를 넘어서 교인들의 종교적 필요에 보다 민감하게 반응하며 교회 본연의 모습을 추구하려는 경향 때문이라고 판단된다. 실제로 교인들 중에는 본인이 속한 교회가 교단이 있는지 없는지 또는 어떤 교단인지 전혀 알지 못하고 다니는 경우들이 많다. 따라서 교단 소속 여부와 상관없이 교회 본연의 모습을 추구하며 보다 공동체적인 교회를 이루려고 하는 교회라면 이와 비슷한 결과가 나올 것이라고 예상할 수 있다.

그런데 비제도권 교회에 속한 교인들이 교회에 대하여 가지고 있는 생각은 제도권 교회 교인들과는 매우 다르다. 전통적으로 교회 구성의 중요한 요소라고 생각해 온 사항들에 대해서 별로 중요하게 여기지 않고 있다. 특히 목회자의 역할에 대해서 매우 소극적인 입장을 취하고 있다. 이것이 기존의 목회자들에 대한 부정적인 인식 때문인지, 아니면 이와 상관없이 교회에 대하여 가지고 있는 그들 나름대로의 생각이 반영된 것인지는 알 수 없다. 그러나 서로 다른 지역에 속해 있고 서로 연관성이 전혀 없는 각각의 비제도권 교회 교인들이 이렇게 공통된 견해를 가지고 있다는 것은 시사하는 바가 매우 크다.

여기서 비제도권 교회들 사이에서도 목회자 있는 교회와 평신도 교회 교인들 사이에 약간의 인식 차이가 있는 것으로 나타났다. 평신도 교회 교인들이 신앙에 대해 보다 본질적인 관심을 가지고 있으면서도 다소 보수적인 신앙관을 보이고 있다는 점이 특징적이다. 직분 제도나 여성 리더십 인정, 그리고 예배당 아닌 곳에서 예배를 드리는 것에 대해서는 더 전통적인 견해를 나타낸 것이다. 이에 대해서는 후속 연구가 필요한 부분이지만, 평신도 교회들이 성경에 대해 더 근본주의적인 해석을 하기 때문으로 여겨진다.

이러한 차이에도 불구하고 비제도권 교회들이 대체로 기존 제도권 교회의 교인들과는 다르게 교회 구성 요소에 대해서 매우 개방적으로 생각하고 있다는 것은 가나안 성도 현상과 결부지어 생각해 볼 때 중요한 의미를 갖는다. 가나안 성도가 지속적으로 증가하고 있다는 것은 기존의 신앙생활이나 목회 방식이 성도들의 신앙적 필요를 채워 주지 못하고 있을 뿐만 아니라 한국 교회가 이런 현실에 대해 전혀 대응하지 못하고 있다는 것을 나타낸다. 이러한 상황에서 최근 기존의 교회 형태와는 다른 새로운 교회들이 등장하고 있고 이러한 교회에 출석하는 교인들이 늘어나고 있다는 것은 한국 교회에 큰 도전이 된다. 교회 성장 이후기, 엄밀히 말하면 제도 교회의 쇠퇴기에 새로운 유형의 교회가 등장하고 있고 이들이 새로운 신앙적 욕구를 채워 주고 있다는 뜻이기 때문이다.

그러나 비제도권 교회들이 사회 봉사나 참여와 같은 이웃 사랑에 대해서는 제도권 교회보다 평가가 낮다는 한계도 가지고 있다. 이번 조사로 쉽게 단정할 수는 없지만, 만일 이것이 우리 사회에 대한 비제도권 교회의 무관심을 나타내는 것이라면 그 문제는 매우 심각한 것이다. 비제도권 교회의 문제의식이나 교회 갱신 노력의 결과가 자신들만의 공동체 안에 머무르는 것이 되면 보다 온전한 공동체를 이루는 데 큰 제약을 얻게 될 것이기 때문이다. 비제도권 교회들이 자기들만의 공동체로 전락하거나 외부와는 단절한 배타적인 공동체가 되지 않으려면 최근 주목받고 있는 선교적 교회들의 특징을 수용할 필요가 있다.

앞에서 언급한 바와 같이, 비제도권 교회를 신학적으로 판단하거나 정당화하고자 하는 것이 이 연구의 목적이 아니다. 이에 대하여 가치 판단을 하기보다는 이러한 현상 자체를 객관적으로 서술하고 발견적 진술을 하는 것이 종교사회학의 연구 방법이다. 기존의 형태와는 매우 다른 새로운 유형의 교회들이 등장하고 있고 이들이 기존 교회가 충족시켜 주지 못하는 신앙적 욕구를 채워 주고 있다면, 그것을 파악하고 드러내는 것은 제도권 교회들에게도 참고할 만한 정보를 생산하는 일이 될 것이다. 다음 장에서는 비제도권 교회들의 다양한 사례들을 구체적으로 살펴보고 유형화함으로써 이 교회들의 실체와 그 근간이 되는 새로운 신앙적 욕구에 대한 이해해 더 다가가고자 한다.

비제도권 교회 인터뷰 3

평신도 교회로는 꽤 널리 알려진 한 교회는 외국 선교단체의 한국 총무를 맡아 오랫동안 신학 강좌를 해 온 지도자가 성경의 가르침에 맞는 교회를 세우고자 1997년에 설립한 교회이다. 그는 기존 교단 중 한 곳에서 장로 고시를 보았으나 노회는 인터뷰 과정에서 그가 가진 신학 내용을 문제 삼아 안수를 주지 않았다. 그는 나중에 이 교회에서 자체적으로 장로 안수를 받았다. 이 교회는 독립교회연합회에도 속하지 않았는데, 굳이 가입할 필요가 없다고 생각하기 때문이다. 연말 정산이 되지 않는 문제가 있지만 현재 교인들은 그런 불편을 감수하고 있다.

이 교회는 목회자 재교육을 위한 성경연구원을 동시에 설립하였는데, 나중에 대학원대학교로 발전하였다. 이 인터뷰를 한 사람은 이 교회의 장로로, 교회가 설립한 대학원대학교의 교수이기도 했다. 이 교회는 목사가 없이 장로들이 이끈다. 단독 목회는 성경의 가르침에 맞지 않는다고 하여 여러 장로들이 복수의 리더십을 수행하고 있다. 설교도 세 명의 장로를 포함한 네 명의 설교자가 돌아가면서 강해설교를 하고 있다. 한 번에 두 주씩 설교를 하는데, 다른 얘기는 일절 하지 않고 성경 내용만 설명한다. 이렇게 설교하는 것은 요즘 한국 교회에서 흔한 주제 설교는 하나님의 말씀 자체는 일부만 전달하고 설교자의 생각과 의견을 많이 전달하여 말씀의 능력이 약화된다고 생각하기 때문이다.

이렇게 목회자 없이 장로 중심으로 교회를 운영하는 것도 이것이 성경의 가르침에 맞다고 생각하기 때문이다. 이 교회의 지도자들은 장로가 단순히 교회 행정만을 담당하는 것이 아니라 가르치는 책무가 있으며 복수의 지도력을 갖추는 것이 성경의 뜻에 부합한다고 생각한다. 우리나라의 장로교회에서는 흔히 장로가 이른바 이중직제로 이해되고 있다. 목사와 치리 장로가 모두 장로이지만, 목사는 가르치는 것과 다스리는 일을 함께 맡고 치리 장로는 다스리는 일만 맡는 것이다. 그런데 이 교회의 지도자들은 제도권 장로교회가 치리 장로의 근거로 삼는 디모데전서(3:1)와 디도서(1:5-9) 말씀이 오용되고 있다고 본다. 이 본문의 내용은 장로의 치리하는 역할에 대한 내용이 아니라 가르치는 역할을 매우 강조하고 있기 때문이다. 따라서 신약성경에서 교회의 치리 장로직을 말하는 부분은 없고, 성경에서 말하는 장로는 모두 가르치는 장로라고 본다. 그리고 장로직은 가르침을 통해 교회를 돌보고 다스리는 역할을 맡은 목회자라고 설명한다.[1]

그리고 이 교회에서 중요시되는 것이 복수 지도력이다. 목사와 장로의 동역이 필수적이며 장로들이 복수로 지도력을 발휘해야 한다고 여긴다. 한 사람의 위임목사가 교회를 담임하고 다른 사람들은 그 담임목사를 돕는 것이 아니라 복수의 장로들이 함께 사역하는 것이 성경의 가르침에 부합한다는 것이다. 지도자들 중에 대표 사역자가 있을 수가 있지만 한 사람이 담임하는 체제는 성경이 보여 주는 모델이 아니라고 한다.[2]

또한 일반 장로교회에서는 당회의 대표로 당회장이라는 말을 쓰고 대개 담임 목사가 이 역할을 하는데 이 교회에서는 당회장이 잘못된 용어라고 생각한다. 미국 북장로교회 헌법을 번역할 때 '당회의 사회자'를 뜻하는 'moderator of the session'이라는 말을 '당회장'으로 잘못 번역하면서 고정된 수장이 되었다는 것이다. 그러나 원래 회의의 사회자는 돌아가면서 하는 게 맞기 때문에 이 교회는 2년마다 셋이 돌아가면서 사회장로를 바꾼다. 그리고 의사결정은 장로회에서 만장일치제로 한다. 한 사람이라도 반대하면 결정하지 않는데 그

1. 이에 대하여는 이진섭. "치리장로 개념은 성경적인가?," 「성경과교회」, 5권 1호(2007)를 볼 것.
2. 윗글, 252-253쪽.

것이 초대교회가 가진 정신이고 성경이 요구하는 정신이라고 생각한다. 교회가 목회자 단독 지도체제가 되어 목회자 한 사람에게만 의존하다가 그 사람에게 문제가 생기면 교회 전체가 무너져 버리는 일이 생긴다. 그래서 교회의 문제는 거의 80퍼센트 이상이 목회자의 문제이지 교인들의 문제가 아니라고 본다. 교인들은 문제가 있으면 가르쳐서 끌고 갈 수 있지만, 목회자 단독 지도체제에서는 목회자가 잘못하면 해결할 방법이 없어서 많은 교회들이 어려움을 겪고 있다는 것이다.

또한 원형적으로 보면 목회자는 회중에서 나와야 된다고 생각한다. 지도자는 많은 사람들이 한 교회에서 같이 자라면서 '저 사람은 우리의 지도자가 될 만하다'고 묵시적인 인증이 되었을 때 투표를 해서 뽑아야 한다고 여긴다. 그 후에 그 사람이 신학교에 가는 것이 좋겠다고 하면 교회에서 지원을 해서 신학 공부를 마치고 다시 돌아와서 모母교회에서 지도자를 해야 신뢰 관계가 형성되면서 목회를 할 수 있다는 것이다. 그렇지 않고 청빙 제도로 목회자를 세울 때에는 그 사람에 대해서 인증할 방법이 없기 때문에 문제가 생기기 쉬울 수밖에 없고, 따라서 외부에서 목회자를 청빙하는 것은 바람직하지 않다고 본다. 마찬가지로 목회자가 주도해서 교회를 설립하기보다 회중들이 교회를 개척해서 설립하고 후에 그 안에서 목회자가 나오는 것이 바람직하다고 여긴다.

이 교회의 장로들은 실제로 목회자 역할을 하고 목회자로서의 정체성을 가지고 있다. 장로는 여느 교회 목회자들과 같이 세례와 성찬 집례를 할 수 있다. 그렇다고 해서 평신도와 구별되는 특별한 신분은 아니다. 장로나 목사로서 안수를 받는 것은 일반 성도 중에서 직임을 받는 것이다. 이것이 이 교회에 있는 유일한 위계질서이고, 직임을 수행하는 동안만 이 질서에 교인들이 순응을 하는 것이다. 그리고 장로가 은퇴를 하면 일반 성도의 자리로 돌아간다. 은퇴를 하면 장로회에는 들어가지 못하지만 성경 교사 등의 사역은 할 수 있다.

그리고 이 교회의 장로들은 모두 무보수, 자비량으로 일한다. 심방, 경조사 등 모든 활동에서 교회 재정을 전혀 쓰지 않는다. 매우 인상적이었던 것은 이러한 장로의 역할을 하기 위해서는 가급적이면 출세를 포기하고 적정한 시간이 확보되는 자리를 찾아가야 한다는 것이다. 출세가도를 달리려면 바빠서 목회를 위한 시간을 낼 수 없기 때문이다. 장로들은 설교자 훈련, 성경공부반 관리, 장로회를 위해 일주일에 세 번은 기본적으로 시간을 내야 하기 때문에 생업으로 너무 바쁘면 장로직을 수행할 수가 없다. 인터뷰 시점에서 이 교회의 장로들은 공무원 두 명과 연구원 한 명인데, 그간 출세를 도모하지 않고 현상유지를 하면서 저녁 시간이 확보되는 일을 찾아다녔다. 그러고 직장생활은 성실하게 하되 저녁을 먹더라도 2차는 가지 않는 것을 원칙으로 하면서 토요일은 거의 도서관에서 보낸다. 설교 준비를 잘하기 위해서이다.

이 교회가 처음 시작했을 때에는 칠팔 명이 모여서 예배를 드렸는데 20여 년이 지난 지금은 250여 명으로 비교적 큰 규모로 성장하였다. 그런데 이 교회 설립 멤버들은 교인 수가 100명이 넘지 않도록 한다는 원칙을 정했다. 초대교회와 같은 교회, 교회다운 교회가 되려면 가족과 같은 공동체가 되어야 하고, 교인 수가 100명을 넘으면 그런 공동체는 불가능하다고 보았기 때문이다. 때문에 지금은 교회를 셋으로 나누어 각각 팔구십 명씩 모이고 있다. 교회를 분립하는 것이 쉽지 않았는데, 서울 지도를 놓고 동서로 선을 그어서 지역을 정해서 거주지에 따라 교회를 정했고 교인들이 모두 이 결정에 따랐다.

그러나 여전히 교회는 하나라는 생각을 가지고 있다. 하나의 교회를 유지하기 위해 가르침을 통일시키고 있고 이를 위해 매달 아홉 명의 장로가 한 번씩 모임을 갖는다. 여기에서 각 교회의 일을 보고하고 교회 상황을 다 같이 나누고, 재정도 서로 공개해서 모자란 부분은 서로 보태 주고 어려운 사람이 있으면 헌금을 해서 돕는다. 그리고 1년에 한 번은 같이 모여서 수련회를 한다.

한편 지방의 몇몇 교회들과 관계를 맺고 있는데, 기존 교회에서 나온 사람들이 이 교회의 모범을 따르고자 모인 교회들이다. 안동에 세 개, 구미와 대전에 하나씩이다. 이 중에 한 교회는 설교로 도와주기도 하고 설교 본문도 같은 곳으로 할 정도로 밀접한 관계를 맺고 있다. 수련회 때는 이런 교회들도 같이 모여 대략 250명 정도가 모인다. 지금 한국 교회는 같은 교단 내 교회에서도 가르침이 서로 다르고 필요에 따라서 교단을 넘나들며 안수를 주는 일도 있다. 그러나 이 교회의 지도자들은 하나의 가르침 안에서 하나의 정신으로 초대교회의 본을 따르려고 한다는 점에 자부심을 갖고 있다.

흥미로운 것은 교회의 예배 처소로 안식교 교회를 빌려서 쓴다는 것이다. 예배당을 갖지 않는 것을 원칙으로 하기 때문에 예배 공간을 빌려야 하는데, 안식교는 토요일에 모이기 때문에 주일에는 비어 있어서 안성맞춤이다. 안식교는 교단이 작고 교세가 약해서 이 교회가 비용을 지불하고 10년 이상 주인처럼 쓰고 있다.

III. 비제도권 교회의 유형

1. 비제도권 교회 사례 연구

여기서는 비제도권 교회들의 다양한 유형에 대해서 살펴보도록 하겠다. 이 내용은 비제도권 교회들의 실체를 파악하기 위해 비제도권 교회들을 방문하여 교회 지도자들을 면접 조사한 내용에 근거한다. 목회자가 있는 경우에는 목회자를 면접하였고, 목회자가 없는 평신도 교회의 경우 평신도 지도자를 면접하였는데 이 경우 한 명이 아니라 핵심 인사 두 명이나 세 명을 함께 면접하기도 하였다. 이를 위해 비제도권 교회들을 인터넷 및 개신교계 인사들을 통해 소개받아 섭외하였고, 이들을 통해 다시 비제도권 교회 사례를 소개받는 식으로 진행되었다. 2017년 9월 1일부터 2018년 8월 30일까지 약 1년의 기간 동안 비제도권 교회 사례 26곳을 방문하여 담당자를 면접 조사하였다. 심층면접을 위하여 개방형 질문지를 사용하였다. 개방형 질문지는 연구 대상자와 자유로운 대화를 통해 이 연구에서 밝히고자 하는 내용을 도출하기 위해서이다.

질문 내용은 먼저 교회 약력과 현황에 대하여 물었고, 중심 내용은 현재 교회의 약력과 현황, 교회의 리더십과 운영 방식, 교회가 갖는 장단점, 앞으로의 전망 등이었다. 자세한 내용은 <표1>에 정리하였다. 면접 내용은 연구 대상자의 동의를 얻어 모두 녹음하여 자료로 보관하였고, 면접 시간은 각각 한 시간에서 한 시간 30분 정도 진행하였다. 녹음 자료는 주요 내용을 요약하여 문서화하였다.

<표1> 면접 질문

항목	질문 내용
약력과 현황	교회는 어떻게 설립되었고 설립 동기는 무엇인가? 현재 교인 수와 재정 규모는 어떻게 되나?
교회 운영 방식	이런 형태의 교회를 하는 가장 큰 이유는 무엇인가? 교회 리더십과 의사 결정 과정은 어떻게 되나?
장단점	교회의 가장 큰 장점은 무엇인가? 교회의 가장 큰 단점은 무엇인가?
전망	이 교회의 미래에 대하여 어떻게 전망하는가? 이 교회가 지속 가능한 모델이 될 수 있는가?

이번 연구에서 조사한 사례를 요약하면 다음과 같다. 조사된 23개 비제도권 교회 사례의 소재지는 서울이 열한 곳, 경기도가 네 곳이었고 대전/충청권 세 곳, 인천 두 곳, 부산 두 곳, 강원도 한 곳이었다. 교회 역사는 10년 미만이 열세 곳, 10년 이상 20년 미만이 여섯 곳, 20년 이상이 네 곳으로, 10년 이상인 교회도 열 곳으로 적지 않았다. 다만 20년 된 교회 중의 하나는 12년 전에 교단을 탈퇴하여 비제도권 교회로서의 역사는 12년이다. 교회 규모는 대부분 교인 수 1백 명 이하의 소형 교회에 해당하였지만 100명 이상인 곳도 세 곳이 있었다. 이 중에 두 교회는 몇 년 전에 몇 개 교회로 분립하여 각 교회는 100명이 되지 않지만 전체 규모로는 100명이 넘었다.

이 교회들이 교단에 가입하지 않고 비제도권으로 남아 있는 이유는 크게 세 가지로 분류된다. 먼저 교회가 설립된 지 얼마 되지 않았고 교인 수도 적어서 교단 가입을 고려하지 않는 경우이다. 세 개 사례가 여기에 해당하는데, 이 교회들은 특별히 교단 가입을 거부하는 입장이 아니며 추후에 교단에 가입할 수 있는 여건이 갖춰지면 교단 가입을 하고 오히려 제도권에 들어가서 교단 개혁을 위해 노력하겠다는 의사도 가지고 있다.

두 번째는 목회자가 없는 평신도 교회이기 때문에 교단 가입이 어려운 경우이다. 대부분의 교단은 교회 대표자가 교단에서 안수 받은 목사여야 하기 때문에 평신도 교회는 교단 가입 자체가 불가능하다. 한 교회는 교인 중에 목사 안수를 받은 사람이 있어서 형식상 이 사람을 대표자로 해서 교단 가입을 할까 의논한 일이 있었으나 하지 않기로 결정했다. 평신도 교회들은 교단 가입을 필요로 하지 않는 경우가 대부분이었다.

세 번째는 교인들이나 교회 지도층에서 교단을 가입하지 않기로 결정한 경우이다. 가장 많은 사례들이 이 경우에 해당하였는데, 교회를 설립하는 단계에서 교단 가입의 필요성을 느끼지 않고 교단에 가입하지 않기로 결정하였다. 비제도권 교회들의 경우 설립할 때부터 기존 교회에 대한 문제의식을 갖고 기존의 형태나 틀 안에서 자신들이 추구하는 교회를 할 수 없다는 생각을 가지고 있는 경우가 많기 때문에 의도적으로 교단 가입을 하지 않는 것이다.

면접을 한 어느 교회 목사는 교계에서 널리 알려진 교회에 청빙을 받아서 담임 목회를 했었다. 그러나 이 교회의 모습이 자신이 생각하던 교회의 모습과 너무 다르다고 생각되어 스스로 교회를 사임하고 나와서 비제도권 교회로 모이고 있다. 그의 이야기를 들어 보자.

그때 ○○교회가 세습하니 그러고 있을 때였는데 이것이 ○○교회뿐 아니라 모든 교회가 가지고 있는 고질적인 문제구나 하는 생각이 들었어요. 목사는 그저 말하고, 평신도는 아무 생각 없이 듣고. 그냥 시키는 대로 하고. 기독교가 이런 거라면 교회가 이런 거라면 이게 정말 종교라고 할 수 있을까 하는 회의가 들었어요. 그래서 교회를 그만두고 제3의 길을 찾아봐야 되겠다 했지요. 제3의 길이라는 것은 기독교 자체도 다시 한 번 보는 거예요. 단순히 교회를 하는 것이 아니라 기독교가 정말 그 길을 걷고 있는가? 아니라면 어디서 어떻게 삐끗했는가 그걸 한번 찾아보려고 시작했지요.

마지막으로 소속 교단에서 탈퇴한 경우도 있다. 매우 드물기는 하지만 교단에 소속되어 있는 것에 큰 의미가 없다고 생각하고 탈퇴한 경우이다. 보수 교단에 속해 있었던 한 교회 목사는 교회 설립 때부터 이중직 목회를 하기로 마음먹고 실제로 그렇게 하고 있는데 교단에서는 이중직 목회를 허용하지 않고 있다. 그리고 여성 안수 문제를 포함해서 교리적으로도 교단 방침에 동의하지 않는 부분들이 있어서 소속 교단에서 탈퇴하였다. 자신이 교단 개혁에 관심을 가지고 있다면 교단에 남아서 개혁 운동을 하는 것이 맞지만 교단에 희망이 없어 보이기 때문에 교단에 남는 것이 의미 없어 보였다고 한다.

얼마 전에는 경기도에 있는 한 중견교회가 교단으로부터 탈퇴하여 큰 이슈가 되기도 하였다. 이 교회가 교단 탈퇴를 고려하게 된 것은 교회가 속한 교단의 노회가 이 교회에 협동목사로 있는 신학교 교수가 동성애자를 옹호한다며 사임을 요구했기 때문이다. 이와 함께 소속 교단은 여성 목사 안수를 주지 않는다는 이유로 이 교회에서 사역을 하고 있는 여 목사 역시 사임하도록 권고했기 때문이다. 이후에 이 문제를 조정하는 과정이 있었으나 조정이 되지 않았고 교회에서는 소속 교단을 탈퇴했다.

이번 사례에서는 많지 않았지만 교회들이 소속 교단에서 탈퇴하는 현상은 앞으로 더 증가할 것으로 보인다. 앞에서 설명한 바와 같이 한국 교회도 후기 교파주의 상황에 들어가고 있고 교단의 정책을 그대로 수용하기보다는 개교회의 판단이 점점 더 중요하게 여겨지고 있기 때문이다. 특히 동성애와 관련해서는 앞에서 살펴본 미국 교회들의 상황을 참고할 필요가 있다. 기독교인들이 동성애를 허용하지 않는 이유는 동성애가 성경의 가르침과 맞지 않는다는 것이다. 이것은 믿음에 대한 것이므로 타협이 불가능하다. 그런데 또 하나의 이유는 사회에서 동성애자들에 대한 관용이 증가함으로 인해 기독교 전통의 윤리가 흔들리게 되면 교회의 설 자리가 점점 더 좁아지게 되고 교세가 더 약화될 것을 우려하는 것이다. 그런데 이러한 배타적인 태도 때문에 점점 더 많은 사람들이 교회를 떠나게 된다면 의도와는 정반대의 결과를 가져오게 될 것이다. 성경의 가르침은 변하지 않는 진리이지만 이것을 어떻게 현실 상황에 적용할 것인지에 대해서 숙고가 필요하다.

독립교회연합회와 같이 일종의 교단 역할을 하는 연합회에 속한 교회들의 경우에 탈퇴를 고민하는 일이 더 많다고 알려져 있다. 교회들이 소속 교단으로부터 탈퇴하여 비제도권으로 나가는 과정에서 과도기적으로 거치는 곳이 이러한 연합회이다. 앞에서 설명한 바와 같이, 완전히 비제도권으로 나가는 것에 대해서 부담을 갖고 있기 때문이다. 그러나 이러한 연합회가 어느 정도의 울타리를 제공해 주기는 하지만 명확히 교단의 성격을 갖는 것은 아니기 때문에, 처음 가입했을 때와 달리 시간이 지남에 따라 굳이 소속되어 있을 필요가 없다고 생각하는 경우들이 생기고 있다.

비제도권에 있다가 독립교회연합회에 가입한 어느 교회의 목사는 다시 탈퇴할지를 고민하고 있다고 말하였다. 이 교회는 평신도들이 중심이 되어 교회를 설립한 경우였는데, 주변에 신앙적 돌봄이 필요한 사람들과 모여서 성경 공부를 하고 상담을 하면서 하나의 신앙공동체를 형성하게 되었다. 그리고 이들 중에 지도자 역할을 하는 사람이 신학 공부를 하면 좋겠다고 제안을 하였고 그는 신학교에서 공부를 하고 목회자 과정을 거쳐서 안수를 받았다. 그리고 이 신앙공동체는 정식으로 교회로 설립되었고 독립교회연합회에 등록을 하였다. 그런데 이 교회 목사는 이 연합회가 실제로 교단의 역할을 하는 것이 아니고 특별히 도움을 받는 것이 없기 때문에 이 연합회 안에 있는 것이 특별히 의미가 없다고 생각하고 있다. 그래서 다시 탈퇴할지를 놓고 고심 중이라고 한다.

기존 교단에서 탈퇴한 경우는 소속 교단이 지나치게 보수적이고 비합리적이라고 생각했기 때문에 탈퇴한 것이지만, 이와는 달리 교단이 비교적 합리적인 입장을 취하고 있음에도 교회가 특수한 이유를 들어 탈퇴하는 경우도 더러 있다. 그러나 이러한 경우는 이 연구에서 관심을 갖는 교인들의 새로운 필요에 따라서 비제도권으로 나간 사례가 아니므로 이 연구에서는 제외하였다.

2. 비제도권 교회의 유형

1) 목회자 존재 여부에 따른 유형

(1) 평신도 교회

교회의 유형에 대한 역사적 논쟁 속에서도 종교개혁 이후의 개신교 신앙고백서들은 목사의 설교와 성례를 특징으로 하는 교회의 제도성을 견지해 왔다. 따라서 개신교 전통에서 목사의 존재는 교회를 구성하는 데서 필수 요건이 된다. 이러한 점에서 비제도권 교회의 유형을 구분할 때 가장 중요한 것이 목회자 존재 여부이다. 이 기준에 따라 비제도권 교회는 목회자가 있는 교회와 목회자 없이 평신도들로 구성되었거나 목회자가 있어도 목회자로서 특별한 권한을 행사하지 않는 평신도 교회로 나뉠 수 있는데, 이번 연구에서 절반이 넘는 열세 개 사례가 평신도 교회에 속하였다.

흔히 신학대학을 나오지 않은 순수한 평신도들만으로 구성된 교회를 의미하는 평신도 교회는 말 그대로 평신도 집단이 교회 운영에 전면적으로 개입을 하고 교회 조직의 중심에 서 있는 교회를 지칭한다. 목회자가 교회의 비전을 제시하고 교회를 이끄는 것이 아니라, 평신도가 자발적 주체가 되는 것이다. 때로 안수 받은 목사가 교회에 참여하는 경우가 있으나 목회자로서의 권위를 인정하지 않고 다른 성도들과 동등하게 참여한다. 평신도 교회는 특정한 교단의 교리를 따르지 않고, 개교회주의적이며, 성직자와 평신도의 구분이 전혀 없다는 특징을 갖는다. 이 연구에서는 목회자가 주도하였으나 목회자가 최소한의 역할만 하고 평신도 중심으로 교회가 운영되는 교회도 세 곳 있었다.

'평신도'라는 말은 여전히 논쟁이 된다. 성경에는 평신도라는 말이 나오지 않는다. 성경에서 교회는 "하나님의 백성"으로 묘사되는데, 이 "하나님의 백성"의 희랍어 표현인 laikos와 laos에서 오늘날 평신도를 뜻하는 영어 단어 'laity'가 파생되어 나왔다. 그리고 평신도라는 말이 교회 내에서 지배계층인 목회자 또는 성직자와 구분되는 피지배계층처럼 여겨지기 때문에 바람직하지 않다는 견해도 많다. 실제로 교회 안에서는 평신도라고 하면 마치 회사에서 말하는 평사원과 같이 아무 직급이 없는 '말단 교인'과 같은 의미로 여겨지기도 하는 실정이다. 평신도 신학자들조차도 이런 사용이 잘못되었으므로 마땅한 표현을 강구할 필요가 있다고 주장하기도 하지만, 대체할 만한 다른 말이 없는 상황이어서 여전히 이 말이 사용되고 있다.

역사에서 볼 때, 성직을 전담하고 있는 교회 지도자의 성직과 평신도를 기능상 이원적으로 구분하는 것을 기독교 봉사의 본질 성격상의 구분으로 이해하는 것은 잘못된 것이다.[1] 성직자도 성직 기능을 수행하는 평신도로서의 신분을 가지고 있다고 볼 수 있는 것이다.[2] 신학자들에 따르면, 초대 교회 당시에는 오늘날과 같이 성직자와 평신도의 이원화 현상을 찾아볼 수 없었다. 그러나 교회가 성장하고 발전해 감에 따라 교회 운영과 조직의 필요성이 대두되어 교회에는 감독, 장로, 집사들이 나타나 세분화된 성직을 수행하였다.

이와 같은 성직의 변천 과정에서 교회에서는 교권 제도가 강화되어 성직자를 평신도와 구분된 계급으로서 신성불가침의 영역으로 여기게 되었다.[3] 이로써 초대 교회의 공동 목회의 유산과 개념이 무산되었고, 평신도는 교회 운영으로부터 소외되어 오히려 교회 운영을 독점한 성직자들에게 의존하는 피동적인 무기력한 계층으로 전락한 것이다.[4] 교회에서 교권주의 영향으로 성직자와 평신도로 양분화된 현상이 수세기 동안 지속해 오던 중 16세기 루터의 종교개혁 운동에 의하여 '만인 사제론'이 주장되었고,[5] 20세기에 들어와서 제2차 세계대전 이후 유럽 교회, 특히 가톨릭교회를 중심으로 평신도의 중요성과 그 위치를 재해석하려는 새로운 신학 운동이 태동하기 시작하였다.[6]

이와 같이 서구 교회에서 20세기 후반부터 시작된 평신도 신학의 필요성에 대한 새로운 인식은 세속화되어 가는 사회에서의 교회의 역할에 대한 새로운 자각과, 그것을 위해서는 평신도의 역할이 전략 측면에서 중요하다는 인식에

---

1. 앨빈 린그렌, 『교회개발론』(박근원 옮김)(서울: 대한기독교출판사, 1989), 188. 이 글의 원제는 Alvin J. Lindgren, *Foundations for Purposeful Church Administration*이다.
2. M. 깁스·T. R. 모튼, 『오늘의 평신도와 교회』(김성한 옮김)(서울: 대한기독교출판사, 1987), 16.
3. 헨드릭 크레머, 『평신도신학』(유동식 옮김)(서울: 대한기독교서회, 1960), 54-56. 평신도 신학의 새 기원을 마련한 카톨릭 신학자인 콩가르와 함께 개신교의 평신도 신학을 정립한 크래머는 1960년에 "만인 사제직" 사상에서 평신도 신학의 암시를 받아 「평신도신학」을 저술하였다.
4. 은준관, 『기독교교육 현장론』(서울: 대한기독교출판사, 1988), 239.
5. 만인 사제론이란 모든 그리스도인들은 제사장, 주교, 교황으로 봉헌되었으며, 실제로 직무의 차이를 제외하고서는 성직과 평신도 사이에 아무런 구분이 있을 수 없다는 것이다. 헨드릭 크레머, 윗글, 61쪽.
6. 은준관, 윗글, 243.

서 비롯되었다. 19세기부터 서구 사회가 종교적 권위를 앞세운 교회의 지도로부터 이탈하여 세속화됨에 따라 비교회화와 비기독교화라는 피할 수 없는 과정이 출현하게 되었으나,[7] 서구 교회는 세속화되어 가는 사회에 적극 참여해야 하는 종교의 역할을 포기하고 스스로 고립되어 "종교 욕구를 가진 사람들을 위한 보호소"가 되어 왔다.[8] 이에 세속화된 사회에서는 법으로 부과될 수 없는 기독교 윤리의 담지자로서의 평신도의 역할이 더욱 중요하게 된 것이다.[9]

최근 한국에서 평신도 교회가 속속 등장하고 있는 것도 바로 이러한 배경에 서였다고 할 수 있다. 그러나 목회자 없이 평신도로 구성된 교회는 또 다른 차원의 문제이다. 평신도의 중요성을 인식하고 이들을 교회 활동의 주체로 세우는 것과, 목회자 없이 평신도들이 목회자의 역할을 대신하는 것은 전혀 다른 일이기 때문이다. 사실 한국 최초의 개신교회인 솔내교회는 개신교 선교사들이 한국 땅에 들어오기도 전에 교역자 없이 평신도에 의해서 설립된 평신도 교회였다.[10] 그러나 이후 제도화 과정을 거치면서 한국 교회는 신학 교육을 받은 목회자들에 의해 세워지고 그들이 운영의 주체가 되어 왔다.

이러한 결과로 교회의 독특성인 말씀의 선포와 성례의 시행이 오직 제도적 신학 교육을 받고 정통 교단에서 안수 받은 성직자에게 귀속되어 왔다는 점에서, 평신도 교회는 기존 교회들과는 다른 생각을 가지고 있다고 볼 수 있다. 전통적인 교리 교육과 교회 체제에서 종교적 욕구를 해소하지 못하는 이들이 비전문가 영적 지도자와 함께 공동체형 교회를 시작한 것으로 여겨지기 때문이다. 평신도 지도자들은 안수나 신학 교육과 같은 제도적 권위가 아닌, 공감, 체

7. 헨드릭 크레머, 윗글, 28.
8. 윗글, 206.
9. Roger Mehl, "The Christian Community-Its Relations with the World-Secularization," *The Sociology of Protestantism* (London: SCM Press, 1970), 74-75.
10. 백낙준, 『한국개신교사』(서울: 연세대학교 출판부, 1973), 292.

험, 은사를 토대로 공동체를 이끌어 가고 있다고 간주된다.

(2) 한국의 평신도 교회

한국에서 현대적인 의미에서 평신도 교회를 처음 시작한 것은 향린교회로 알려져 있다. 이 교회는 70년에 이르는 역사를 통해 평신도 교회의 독특한 특성을 보여 주고 있다. 향린교회는 1953년에 신학을 전공하지 않은 열두 명의 젊은 신앙인들에 의해 창립되었다. 그러나 창립된 지 얼마 되지 않아서 교인 수가 150명 이상으로 늘어나면서 6년 만에 한국기독교장로회 교단에 가입하였고 1974년에 목회자를 청빙하면서 전임 목회자가 있는 교회가 되었다. 이후 평신도와 교역자들 사이에서 긴장과 갈등이 일어나기도 하였다.[11] 이 자체로 교회가 개교회 수준에서 제도화되는 과정을 잘 보여 주고 있다.

현재 평신도 교회를 대표하는 교회로 널리 알려진 것은 새길교회이다. 이 교회는 평신도 교회를 표방하며 1987년에 설립되었다. 이 교회는 교역자의 직분과 기능을 부정하지는 않지만 실제로 교회 안에서 교역자의 지위와 역할은 인정하지 않는다. 그래서 담임 목사 없이 교회의 주요 구성원들이 말씀 증언자의 역할을 맡고 있다. 이 교회의 창립 취지문은 "직업화된 교역자 중심의 교회에서 공동체적 평신도 중심 교회로 발돋움한다."라고 표현하면서 모든 신자가 사제라는 종교개혁 정신에 입각한 평신도 중심의 교회로서 조직, 운영과 활동에서 민주적 절차와 과정을 중시한다고 표방하고 있다.[12]

새길교회가 설립된 이후에 여러 평신도 교회들이 세워진다. 면접 조사에서 만난 한 평신도 지도자는 유명 선교단체 출신으로서 성경의 원리에 맞는 교회를 세우고자 70년대 말에 평신도 교회로 모였다고 말하기도 하였다. 그러나 형

11. 노치준, 『평신도 시대, 평신도 교회』(서울: 동연, 2021), 300.
12. 윗글, 317.

제교회나 회중교회와 같은 교단적 성격의 교회를 제외하면, 대체로 평신도 교회는 20여 년 전부터 쟁점이 되어 왔고 교회 설립이 이루어져 온 것으로 파악된다. 이 시기에 평신도 교회가 많이 설립된 이유는 90년대 이후에 한국 교회의 성장세가 꺾이고 교회 위기에 대한 담론들이 형성되면서 위기 극복이나 교회 본질 회복에 대한 관심이 높아지기 시작하였고, 그 결과물 중의 하나로 평신도 교회를 비롯한 대안 교회가 설립되기 시작한 것으로 보인다.

사실 이 시기는 한국 교계에서 평신도 신학이 널리 퍼지기 시작한 시기이기도 하다. 앞에서 살펴본 바와 같이 20세기에 들어와서 평신도 신학 운동이 태동하였고, 평신도 교회론이 자리 잡으면서 제자 훈련이 강조되기 시작하였다. 한국 교회에서 소그룹 운동을 하는 지도자들은 한결같이 평신도 교회론의 중요성을 강조했다. 이를 대표하는 인물은 옥한흠 목사이다. 그가 평신도 자각을 위해 1974년에 쓴 『평신도를 깨운다』는 교계 안팎에서 큰 관심을 받았고, 한국 교회 평신도 운동에 관한 필독서가 되었다. 옥한흠 목사는 자신의 교회론을 '평신도 교회론'으로 규정하고 교회 운영 전략 및 방법을 소그룹을 중심으로 한 제자 훈련이라고 적고 있다. 그는 20세기에 들어와 교회의 가장 큰 각성 중 하나로 평신도 운동을 꼽으면서 그 이유 중 하나는 "급속도로 팽창해 가는 현대 사회 구조 안에서 평신도가 지닌 큰 잠재력을 구체적으로 활용하고자 하는 강한 노력"이라고 지적하고 있다.

옥한흠 목사의 교회 운영 전략은 평신도 지도자를 생산하는 일뿐만 아니라 교회 체질을 인격의 관계 형성에 더 큰 강조점을 두는 유기체 성격의 집단으로 다시 바꾸어 놓는 데 그 목적이 있다. 그렇기 때문에 소그룹이 대단히 중요한 가치를 지니고 있는 것으로 보았다. 소그룹은 그 자리에 모인 사람들 사이에서 인격의 상호 교섭이 일어날 수 있는 교육 환경이기 때문이다. 이것은 평신도 중심의 소그룹 운동을 하는 모든 교회들에서 공통되는 생각이다.[13] 이러한 점에서 보면 평신도 신학의 한 흐름은 평신도 중심의 소그룹 운동으로 전개되었고, 다른 흐름이 평신도 교회의 설립으로 나타났다고 볼 수 있다.

1997년에 강동평신도교회를 개척하고 이후에 대구평신도교회를 개척한 최승호는 『평신도 교회 이야기』에서 자신이 경험한 평신도 교회에 대하여 설명하고 있다. 그는 평신도 교회 지도자들이 평신도라는 말을 쓰기 싫어하는 이유는 그것이 성경적인 용어도 아닐뿐더러 종종 성직자와 대비되는 무식하고 연약한 존재임을 의미하는 단어로 여겨지기 때문이라고 말한다. 그래서 평신도 교회라는 명칭도 기성교회에서 다소 무시하는 의미로 사용될 수 있다고 한다. 그러나 평신도 교회가 일반화되고 성도들이 교회 개념을 정확하게 이해한다면 평신도라는 말은 자연스럽게 사라지고 그 결과 평신도 교회라는 용어도 사라질 것이라며, 평신도 교회라는 용어는 임시적인 것이라고 주장한다.[14]

최승호는 스스로 한국 교계에서 평신도가 교회를 개척한다는 것은 매우 생소한 일일 것이라고 말하고 있다. 그러면서 평신도 교회의 특징을 다음과 같이 정리한다. 먼저, 평신도와 성직자의 구분은 근본적으로 존재하지 않는다는 것이다. 기성 교회에서는 장로들이 제 역할을 하지 못하고 있는데, 그 이유는 목사도 장로 중의 하나임에도 장로는 평신도이고 목사는 그들을 다스리는 성직자라고 잘못 생각하고 있기 때문이다. 게다가 장로는 단지 재정적인 부족이나 채워줄 수 있는 부자나 목사를 잘 떠받들어 줄 수 있는 사람을 뽑아야 한다고 생각한다. 교회에도 지도자는 필요하지만 장로들을 포함하여 교인들 위에 군림하는 지도자는 옳지 않다는 것이다.[15]

13. 이에 대하여는 정재영, 『소그룹의 사회학』(서울: 한들출판사, 2012)을 볼 것.
14. 최승호, 『평신도 교회 이야기』(서울: 대장간, 2008년), 66.
15. 윗글, 56.

평신도 교회의 또 다른 특징은, 교회 개척을 보다 쉽고 적극적으로 할 수 있다는 점이다. 어떤 기독교인이 교회가 전혀 없는 동네에 이사를 간다고 가정할 때, 그가 기성교회의 사고방식에 젖은 사람이라면 다닐 교회가 없다고 생각할 것이다. 그러나 평신도 교회의 사상을 가진 사람이라면 바로 가정에서라도 교회를 개척할 수 있을 것이다. 또한 백화점과 같이 주일에 일을 해야 하는 사람이라면 교회에 다니기 위해 직장을 그만두어야 한다고 생각할 것이 아니라, 백화점 직원 동료들을 전도하기 위해서라도 백화점이 쉬는 날에 모여서 예배를 드릴 수 있는 교회를 개척할 수도 있을 것이다.[16]

최승호는 평신도 교회의 기본 원칙으로, 교파화되지 않는다는 것과 사역자들은 봉급을 받지 않는다, 예배당 전용 건물을 건축하지 않는다, 그리고 형제와 자매로 호칭하는 것으로 정리하고 있는데, 오늘날 많은 평신도 교회들도 비슷한 원칙들을 세우고 있는 것으로 보인다. 특히 교파화되지 않는다는 원칙이 인상적인데, 현실적으로 평신도 교회가 교파에 속하기는 어려운 일이기도 하다. 그는 교파라는 것이 어떤 때는 울타리가 되기도 하지만 어떤 때는 장애물이 되기도 한다면서, 교파에 속해 있으려면 자기 양심대로 믿는 것을 포기해야 할 수도 있기 때문에 바람직하지 않다고 말한다.[17]

(3) 사례 분석

사례 연구를 통해서 보면, 목회자가 있는 교회와 평신도 교회로 나뉘는 것은 교회 설립을 누가 주도하느냐에 따라 결정된다는 것을 알 수 있다. 목회자가 주도하는 경우에는 앞에서 본 사례와 같이 기존 교회의 틀이 본래적인 교회의 성격에 맞지 않는다는 문제의식에 따라 교회를 새로 설립하는 경우가 많았다.

---

16. 윗글, 82-83.
17. 윗글, 93-94.

그 밖에도 최근에 부각되고 있는 가나안 성도들을 수용하기 위한 방법으로 이런 교회를 하는 경우들이 있었다. 가나안 성도들을 목회 대상으로 하여 이름을 '가나안 교회'라고 정한 교회도 두 곳 있었다. 이 중에 한 교회는 여러 지역에 있는 가나안 성도들을 대상으로 매주 서로 다른 장소를 정해서 예배를 드리다가 최근에는 한 곳을 정해서 모이고 있다. 또 다른 가나안 교회는 기존 교회에서 목회를 하고 있는 목사가 일요일 저녁에 가나안 성도들과 가나안교회로 모여서 따로 예배를 드리고 있는데, 이 목사 역시 교회에서 어려움을 겪고 떠난 가나안 성도들에 대한 관심으로 목회를 시작하였다고 말한다.

이와 같이 목회자가 주도한 경우에는 교회론에 대한 새로운 이해에 따라서 새로운 교회를 하고자 하는 의도에서 비롯된 경우가 대부분이다. 지방 대도시의 한 교회 역시 목회자가 설립하기는 했으나 목회자의 역할이나 권한을 최소화하고 평신도 중심으로 운영되는 교회이다. 이 교회를 세운 목사는 기존 교회에서 오랫동안 부교역자로 있으면서 너무 갑갑함을 많이 느꼈고 당시에 새로운 교회론에 대한 책을 읽으면서 새로운 시도에 대한 필요를 절감하여 교회를 개척하였다.

이와는 달리 목회자가 아닌 평신도가 주도하는 경우에는 특정 목회 대상을 염두에 두고 교회를 설립하는 것이 아니라 스스로 성경의 가르침에 맞는 교회를 추구하면서 모이기 시작한 경우가 대부분이다. 특히 독특한 사례 중의 하나는 기존 교회에서 오랫동안 신앙생활을 하는 중에 건물 중심의 교회와 목회자 중심의 교회에 회의를 느끼고 오랫동안 알고 지내던 지인들이 모여서 교회를 시작한 경우로, 이들은 단순히 일요일에 교회로 모일 뿐만 아니라 공동주택을 건립해서 같이 살고 있다. 가족별 생활공간은 분리되어 있지만, 한 건물에 모여 살며 일요일에는 지하의 공동 공간에서 예배를 드린다. 이 교회는 주일학교를 운영하지 않는데 인원이 적어서라기보다는 기존 교회들의 주일학교 운영이 매우 형식적이고 실제로 신앙교육이 이루어지지 않고 있다는 생각 때문이다. 어른과 아이들이 함께 모여서 예배를 드리는 것이 아이들의 신앙 형성에 훨씬 도움이 된다고 생각하고 있다.

이 밖에도 유명 선교단체 출신 회원들이 자신들이 지향하는 교회를 이루고자 교단 없이 교회를 설립한 사례가 있고, 대전에 있는 한 교회는 20년 전에 한 교단 소속으로 설립되었으나 12년 전부터 목회자를 청빙하지 않고 교단을 탈퇴하여 평신도 교회로 모이고 있다. 목회자와 교인들 사이의 갈등이 심각한 수준이었는데, 다른 목회자를 청빙해도 문제가 해결되지 않자 목회자 없이 교회를 운영하기로 결정하였다.

이러한 평신도 교회는 장점과 함께 단점도 가질 수 있다. 성직주의의 폐해와 일부 목회자들에게 나타나는 전횡을 방지할 수 있다는 것이 큰 장점이다. 그러나 교회의 지도력에서 혼란이 일어나고 평신도의 전횡이 일어날 수 있는 것은 문제가 되기도 한다.[18] 이 연구에서는 평신도 지도자들을 면접하고 그들의 관점에서 평신도 교회들의 특징들을 파악하였기 때문에 평신도의 전횡은 잘 드러나지 않지만 지도력에서 혼란이 빚어지는 부분들은 여러 곳에서 관찰되었다.

2) 모이는 날에 따른 유형

다음으로 모이는 날을 기준으로 보면, 대부분은 기독교에서 '주의 날'이라고 여기는 일요일에 모이고 있었지만, 일요일에 모이지 않고 평일에 모이는 주중 교회 형태가 세 곳이 있었다. 세 교회 모두 일반적인 교회와는 다른 형태였

18. 노치준, 윗글, 7. 노치준은 이 책에서 평신도가 금전적인 보상을 받지 않고 비직업적으로 하는 활동과 평신도의 지위, 역할, 태도를 포괄하는 개념으로 '평신도 아마추어리즘'을 말하며 이를 중심으로 평신도 교회를 분석하고 있다.

는데 한 곳은 교회가 아니라 교회보다 강한 결단과 헌신을 요구하는 수도원을 표방하면서 평일에 모이는 사례가 있었다. 이것은 매우 흥미로운 사례인데, 앞에서 살펴본 바와 같이 중세 교회가 제도화되고 교권화되어 변질되기 시작하자 기독교 본연의 영적 생활로 되돌아가고자 했던 운동이 수도원 운동이기 때문이다. 수도회는 그리스도를 따르는 사랑과 청빈 생활의 모범으로서 중세 기독교 안에서 신선한 영적 생명력을 불어넣는 중요한 역할을 하여 왔으며, 학문연구와 사회 봉사 등을 통하여 세계 역사에도 기여한 바가 크다. 그런데 현대 교회가 갖는 문제를 극복하고자 한국 개신교 안에서 수도원 운동을 하는 이들이 있는 것이다. 이들은 일요일에는 다른 교회에 출석하거나 사역을 하는 사람이 있기 때문에 평일에 모이고 있다.

그리고 명시적으로 교회를 표방하지 않지만 사실상 교회의 기능을 수행하는 사례가 두 개 있었는데, 한 곳은 가나안 성도들을 위한 모임을 하며 수요일에 예배를 드리고 있다. 모임의 이름은 교회가 아니지만 이 모임의 지도자는 "이것이 교회가 아니라면 무엇이 교회인가?"라고 반문한다. 전통적인 방식의 목회는 하지 않지만 대부분의 회원들이 일요일에 교회에 참석하지 않는 가나안 성도들로서 일종의 '교회 밖 교회' 형태로 모이고 있다고 모임을 설명한다. 그런데 주일에 모이게 되면 일반 교회의 성격이 너무 강하게 드러날 뿐만 아니라 기존 교회와 부딪히게 될 수도 있기 때문에 부담스럽다고 한다. 하지만 수요일에 모이게 되면 이런 부담은 줄이면서도 기존 교회의 수요 예배를 대신하면서 어느 정도 교회적인 분위기를 유지할 수 있는 장점이 있다고 말한다.

나머지 한 곳은 목회자가 기존 교회에 대한 문제의식으로 새로운 형태의 교회를 구상하다가 토요일 저녁에 모여서 성경을 읽으면서 모임을 하고 있다. 모임 이름이 '교회'로 되어 있으나 모임의 성격은 전통적인 예배 형식은 아니다. 이 목회자는 본질상 교회와 다르지 않다고 말하며 기존 교회 형태와 보다 유사하게 바뀔 가능성도 염두에 두고 있었다. 토요일에 모이는 이유는 일요일에 비해 장소를 구하기가 쉽고 일요일에 기존 교회에 출석하는 경우에도 토요일에 이 교회에 나올 수 있기 때문이라고 말한다.

이와 같이 기독교 전통에서 일요일이 아닌 요일에 예배를 드리거나 정기 모임을 갖는 것은 매우 예외적이다. 기독교세계 시대에는 '주일'이라고 하는 예배를 위해 구별된 기독교판 안식일이 확고하게 자리 잡았다. 그러나 기독교가 공적 생활을 규제할 수 없는 탈기독교세계 시대에는 이러한 관행이 효력을 잃고 있다. 더군다나 현대 사회의 산업 구조에서 서비스업의 비중이 급속도로 높아지고 주말 여행과 레저가 보편화되면서 일요일을 오롯이 종교 생활로만 보내기는 어려워지고 있다.

이러한 점에서 최근 불가피하게 일요일에 교회에 올 수 없는 이들을 위한 신앙공동체의 등장은 매우 흥미롭다. 이른바 '주중 교회mid-week church'라는 형태이다. 외국의 경우 주일학교가 거의 활성화되지 못한 영국의 한 전통교회에서는 월요일 오후에 아이들이 참여하는 예배 공동체가 형성되었고, 주중 아침에 노인들을 위한 커피 친교 모임이 사회적 교제를 넘어서 성경 공부와 성찬으로 정례화 된 사례도 있다고 알려져 있다.

3) 예배 장소에 따른 유형

예배 장소를 기준으로 보면, 조사된 23개 비제도권 교회 사례에서 기존 교회와 같이 자체적으로 예배나 모임 공간을 가지고 있는 경우는 세 곳에 불과하였고, 나머지는 다른 단체에서 사용하고 있는 공간을 모임 때만 빌려서 쓰는 형태였다. 그리고 다섯 곳은 가정에서 모이고 있었다. 이러한 점에서 비제도권 교회 대부분은 '탈공간적 교회'라고 할 수 있다. 기독교계에서 오랫동안 교회는 건물 중심으로 인식되어 왔다. 교회당이라는 전형적인 형태의 건물이 교회의 이미지로 각인되었다. 그러나 교회는 건물이 아니라 믿는 이들의 공동체라는 새로운, 아니 성경적인 사고가 확산되면서 건물에서 자유로운 교회가 생겨나고 있는 것이다.

또한 높은 땅값과 임대비라는 현실적 이유도 크게 작용했다. 새로운 교회관이 현실적 사회 구조의 한계에서 탈공간적 교회들을 일으키고 있는 것이다. 중국에서와 같은 지하교회 형태의 가정교회가 아니라 기성 교회로부터 거리를 둔, 그러나 건물 중심의 회중이 아닌 가정 중심의 교회들은 많이 찾아볼 수 있다. 탈공간이라는 의미는 물리적 공간은 필요하지만 교회를 위한 구별된 종교적 공간이라는 관념에서 자유로운 형태라 할 수 있다.

일반적인 형태의 개척 교회는 아니지만 높은뜻숭의교회와 주님의교회, 나들목교회 등이 학교 강당을 빌려서 예배를 드린 이후에 많은 교회들이 학교 강당을 빌려서 예배를 드리는 사례가 늘어났었다. 그래서 한동안 교회를 개척할 때 먼저 학교 강당을 물색하는 게 일종의 트렌드가 되기도 하였다. 강당 이용료 명목으로 학교에 장학금이나 발전 기금을 주는 것은 학원 선교의 좋은 방법이기도 했다. 그러나 일부 학교에서 무리한 기금을 요구하기도 하고 종교 편향 시비가 일면서 학교 강당을 빌리는 것은 점점 어렵게 되었다. 그 후에는 시민단체나 복지관 등의 시설을 빌려서 예배드리는 교회들이 늘어나기도 했다.

최근에는 카페 교회가 크게 늘었다. 한국 교계에서는 10여 년 전부터 '카페 교회'가 등장하기 시작했는데 이것은 기존에 교회가 운영하는 카페인 '교회 카페'와는 성격이 매우 다르다. 기존에는 교회에서 성도들의 친목 공간으로, 또는 지역 주민과의 소통 공간으로 카페를 운영하는 경우가 많았는데 최근에는 목회자가 카페를 열고 이 공간에서 주일에 예배를 드리는 것이다.

이렇게 카페 교회가 등장한 것은 2천 년대 이후에 한국 교회가 정체기를 경험하면서 기존의 교회 개척 방식은 지속 가능성이 불투명하기 때문에 나온 전략적 방법이기도 하다. 많은 개척교회들이 3년 이상 유지하기가 어렵다고 하고 1년에 문을 닫는 교회가 수천 개에 이르는 현실에서 건물 임대와 유지비를 줄임으로써 지속 가능성을 높이기 위한 방법인 것이다. 또한 목회자의 생활비도 마련할 수 있는 카페를 운영하면서 성도들에게 교회 재정에 대한 부담을 주지 않으려는 의도도 담겨 있다. 그리고 교인이 없는 경우에는 카페에서 만나는 사람들에게 자연스럽게 전도를 해서 교인 수를 늘리기 위한 방법이 되기도 한다.

최근에는 이중직 목회나 자비량 목회에 대한 관심이 커지면서 카페 교회가 크게 늘고 있는데 면접 조사에서도 여러 교회에서 확인되었다. 또한 마을 목회 등 마을 공동체 활동이 활발해지면서 작은도서관을 하는 교회도 많이 늘고 있는데, 이러한 작은도서관에서 교회로 모이거나 카페와 비슷한 의도로 식당을 운영하면서 식당에서 교회로 모이는 경우도 있다.

4) 목적 지향에 따른 유형

마지막으로 목적 지향에 따라 구분하면, 대안 추구형, 본질 회복형, 필요 반응형으로 나뉠 수 있다. 대안 추구형은 기존 교회가 성경의 가르침이나 기독교 정신에서 벗어났다고 보고 이와는 다른 형태의 대안적인 교회를 추구하는 형태이다. 처음 교회를 설립할 때부터 기존 교회에 대한 뚜렷한 문제의식을 가지고 있으며 이에 대하여 대안 교회 운동을 전개하는 것이다. 먼저 평신도 교회들은 대부분 이 유형에 해당한다. 평신도 교회들은 한 명의 담임 목사가 단독으로 목회를 하는 것은 성경의 가르침에 맞지 않는다고 생각하고 대부분 복수의 평신도들이 리더십을 행사하고 있다. 그러나 일부 평신도 교회는 대안을 추구하는 것이 아니라 이것이 성경에 맞기 때문에 하는 것이라고 하면서, 평신도 교회로 분류되는 것을 원하지도 않고 오히려 기성 교회로 여겨지기를 바라기도 하였다. 이 경우는 두 번째 유형인 본질 회복형에 해당한다고 볼 수 있다.

목회자가 있는 교회들의 경우, 주로 가나안 교회를 표방하는 교회들이 이 유형에 속한다. 이들은 가나안 성도들이 기존 교회의 틀 안에서는 의미 있는 신앙생활이 어렵다고 보고 이들을 대상으로 하여 교회를 설립하였다. 이 교회 목회자의 이야기를 들어보자.

> 제가 원래 대안교회에 대한 관심이 있었고, 특히 예술신학이나 이쪽에 관심이 있어요. 그 예술 신학을 목회로 어떻게 연결시킬까, 신학과 목회는 같이 가야 하니까 그런 맥락에서 대안교회에 대한 관심이나 예술 목회에 대한 관심 이런 것들이 있다가, 가나안 신자들이 폭발적으로 늘어나는 게 최근 몇 년 동안의 일이잖아요. 그래서 그러면 기왕에 하려면 초점을 좀 더 맞추는 게 좋겠다, 조금 더 분명하게 그래서 이름을 가나안 신자들을 위한 교회, 줄여서 가나안 교회로 그렇게 시작을 한 거죠. 그래서 가나안 성도들에게 도움을 줄 수 있는, 그들이 비록 이런 저런 이유로 교회를 떠나기는 했지만 교회의 본래 모습을 싫어하는 것도 아니고 제가 보기에는 믿음이 없는 것도 아니고, 누구보다 신앙심이 좋고 바른 교회를 찾아가고 있는 분들이기 때문에 교회하고의 인연을 계속 이어 갈 수 있도록 이런 도움을 줄 수 있는 그런 교회가 좀 있었으면 좋겠다, 해서 시작을 한 거죠.

교회 이름에 '대안'이라는 단어를 넣은 교회도 있었는데, 충남에 있는 한 교회는 한 교단에 속해 있던 목회자가 기존 교회와는 다른 대안적인 교회를 추구하면서 설립하였다. 특별히 기존 교회 안에서 지치거나 싫증을 느껴서 교회를 떠난 사람들이 편하게 찾아오는 교회가 되기를 바라는 마음으로 교회를 시작하였다고 한다. 정기적으로 출석하는 교인이 한 가정밖에 없는 이 교회 목회자는 농사를 짓고 있는 교인이 바빠서 교회에 오지 못하면 집으로 찾아가서 예배를 드리기도 한다.

> 교회 이름에 '대안'이라고 한 것은 나름의 이유가 있습니다. 이 교회의 목회자가 목회를 쉬고 있던 중에 한 작은 교단에서 평신도로서 봉사를 했는데, 그 교회 안에서 상처를 받은 한 가족이 있었어요. 이 가정이 힘들어 하면서 교회를 못나가고 있을 때 이 목회자 가정에서 같이 예배를 보기 시작했지요. 그러면서 기성 교회와 문제가 생긴 사람들하고 같이 일정 기간 예배를 보면서 상처를 치료해서 자기 교회로 돌아가거나 기성교회로 돌려보내는 사역을 하겠다고 생각하면서, 교회 이름에 '대안'이라는 글자를 넣게 된 것입니다. 교회를 하기보다는 치료를 해서 회복시켜서 돌려보내는 교회라는 의미로 '대안'이라고 지은 것입니다.

마찬가지로 교회나 목회자의 본질적 성격에 대해 고민을 하면서 기성 교회의 모습에 의문을 품고 이와는 다른 대안적인 모델을 제시하고자 하는 경우도 이에 해당한다. 지방 대도시에서 교단 없이 교회를 설립한 선교단체 간사 출신의 목사는 중견교회에서 수석 부목사로 사역하는 중에 교회의 본질과 목회자의 정체성에 대하여 심각한 고민을 하다가 교회를 개척하게 되었다고 말한다. 이 밖에 자신이 고민하던 교회와 목회자의 정체성에 대해서 설교를 했다가 담임 목사와 갈등을 빚어 일방적으로 사임을 통보받고 나서 권위적이지 않고 공동체의 일원으로서 목회자의 역할을 하고자 새로 교회를 개척한 사례도 있었다.

이 유형의 교회들은 부분적으로는 기존 교회와 대립하는 경향을 보이기도 하는데 수도원 운동을 하는 경우가 대표적이다. 이들은 회중교회 전통을 따라서 이 모임 자체에서 목사 안수를 주기도 하는데 이는 제도권 교회에서는 용인되기 어려운 것이다. 이 수도원의 목사는 보수 교단에서 신학교를 다녔는데 졸업 후에 외국 유학을 하면서 목사 안수를 제도권이 아닌 비제도권에서 받을 수 있을지 알아보다가 자체적으로 안수를 받기로 했다. 그러나 목사라는 말 자체가 한국에서는 위계를 주는 어감이 있기 때문에 이 공동체 안에서는 목회자로 부르지 않고 모두 똑같이 수사라고 부른다.

이러한 사례처럼 신앙공동체 안에서 자체적으로 안수를 주는 일은 흔하지 않다. 외국에서는 침례교회나 회중교회 전통에서 자체적으로 안수를 주는 경우도 있다. 유명한 조엘 오스틴 목사도 정규 신학교를 다니지 않았지만 교회 안에서 회중들이 안수를 했다. 그러나 대부분의 제도권 교단에서는 목사 안수 과정을 제도화하여 그 과정을 거친 사람들에게만 허용하고 있고 한국 교계에서는 특히 더 엄격하게 여기고 있다. 몇 년 전에 주요 교단에 속해 있었음에도 한 교회 안에서 자체적으로 목사 안수를 주는 사례가 있었다. 이것은 기존 제도와 충돌한다는 면에서 탈제도적 현상이라고 볼 수 있다.

이 교회에서 안수를 받은 사람은 신학교에서 신학 공부를 했지만 목사가 되려는 마음은 없었고 한 작은 교회에 출석하면서 담임 목사의 목회를 도왔다. 그러면서 이전에 전도사도 했고 개척을 한 경험도 있고 목회 일부를 담당하기도 했기 때문에 이 사역자를 목사로 세우기로 의견이 모였다. 이 교회는 목회자가 사례를 받지 않고 사역을 하기 때문에 목회자로서의 대우보다는 전문성을 인정하기 위함이었다. 일종의 검증 절차를 거치고, 일반 교회에서 하는 청빙 절차와 비슷한 절차를 거쳐서 목사 안수를 했다. 나중에 이러한 내용이 SNS를 통해 알려지면서 논쟁이 되었고, 교계 언론에도 보도가 되었고 꽤 커다란 이슈가 되기도 하였다.

이러한 유형과는 달리 본질 회복형은 기존 교회와 대립하고 이에 대한 대안을 제시하기보다는 교회 본래의 모습을 회복하고자 하는 데 주안점을 두고 있다. 그래서 성경을 깊이 있게 해석하고 성경의 본뜻을 파악하여 이를 교회에 적용하고자 하는 노력을 하고 있다. 앞에서 살펴본 바와 같이 기존 교회들이 행하고 있는 목사를 중심으로 한 단독 목회는 성경의 가르침에 부합하지 않는다고 보고 장로들을 중심으로 교회를 운영하면서 복수의 장로들이 지도력을 행사하는 교회들이 여기에 해당한다.

대전의 한 가정에서 평신도 복수 지도자 체제로 운영되고 있는 교회를 설립한 지도자는 이전에 성경 해석에 대한 문제로 기존 교회를 떠나게 되었다. 그리고 성경 말씀을 집중적으로 연구하는 모임에 참석하면서 이 모임에 참석하는 일부 사람들과 함께 교회를 세우게 되었다. 기존 교회들이 성경 말씀의 핵심인 복음에 관심이 없고 제대로 가르치지 않는다는 문제의식을 가지고 말씀 연구에 집중하면서, 성도들이 각자 공부한 성경 말씀을 모임에서 함께 나누는 것을 중요한 활동으로 하고 있다. 이 교회는 한국 교회의 병폐는 목회자 단독으로 교회를 운영하는 데서 온다고 보고 여러 명의 신자들이 함께 리더십에 참여하고 있다.

이러한 본질 회복형 비제도권 교회들은 대체로 성경의 본문을 문자 그대로 해석하는 경향이 있기 때문에 여성 지도력은 인정하지 않고 남성 장로만 세우는 특징을 보이기도 한다. 이 밖에도 특별히 기존 교회와 대립하기보다는 스스로 추구하는 성경적 교회 운동을 벌이는 경우들도 이 유형이라고 할 수 있다.

마지막으로 필요 반응형은 기존 교회에 대한 대립이나 교회 본질에 대한 문제의식보다는 특정한 종교적 필요에 반응하여 교회를 설립하는 경우에 해당된다. 모든 교회가 종교적 필요에 의해서 세워지기는 하지만, 앞의 두 유형과 달리 새로운 대안 교회 운동의 차원이 아니라 기존 교단의 틀 안에서 하기 어려운 활동을 위해 교단 밖에서 교회를 세우는 것이다. 한 교회는 목회자가 설립하여 찾아가는 교회를 표방하고 있었다. 이 교회 목사는 기존 교회들은 흔히 부흥 성장을 추구하는데 이제는 교회 성장 이후기를 대비해야 하고 교회 공간도 불합리하게 낭비되는 면이 있으니까 이러한 교회를 새로 시작해야겠다고 생각했다.

이 교회에서는 인터넷에서 혼자 예배를 드릴 수 있도록 도와준다. 예배 실황을 보면서 혼자 예배를 드리는 사람들이 많지만 보다 적극적으로 자기가 혼자 예배를 드릴 수 있도록 도와주는 것이다. 음식점에서 메뉴 고르듯이 자기가 찬양이나 성경 본문을 골라서 하나의 예배를 짜서 예배를 드리도록 해 준다. 설교를 유튜브에서 골라서 들을 수도 있고 설교 없이 예배를 드릴 수도 있다. 이 목사는 정신과 의사이기도 한데, 애도와 슬픔 극복에 대한 것들을 같이 접목해서 예배로 구성해서 혼자 예배를 드릴 수 있도록 도와주려고 한다.

최근에 부산에서 모이기 시작한 한 교회도 이 경우에 해당한다. 부산에서 비제도권 교회를 담임했던 한 목사는 SNS에 교회 난민Dones과 미신자Nones를 염두에 두고 가정교회 및 소수가 모이는 교회, 혹은 일인교회를 위한 교회를 시작하였다. 이 목사는 교회에서 상처를 받고 교회 난민으로 사는 사람들이 점점 많아지는 가운데, 개인적으로 예배를 드리거나 자기 가족들끼리 예배를 드리는 사람들 중 조금 확장된 교제권을 필요로 하고 특별히 함께 성찬을 나누고 싶어 하는 사람들과 함께 가나안 성도들을 위한 안전한 모임, 예배 공간을 만들어 보자는 이야기를 나눈 후에 2018년경 교회를 시작하게 되었다. 지나친 공동체 강요, 모임 강조에 염증을 느끼고 있는 사람들에게 모임의 횟수를 줄이고 느슨한 연대의 공동체를 경험하는 교회 형태가 필요하리라고 생각했다. 또한 복잡한 프로그램을 돌리는 교회 형태가 아니라 가장 기본적인 것들, 곧 성경을 교회력에 따라 배치한 성서정과와 성찬만 있는 축복Bless 예전을 통해 단순한 예배를 드리고 있다. 모임의 인도 역시 누구나 원하는 사람이면 예전을 기획하고 인도할 수 있다. 무엇보다도 그리스도인의 파송된missional 정체성을 강조하는 차원에서 모임보다 흩어져 사는 삶에 강조점을 둔다.

이 교회는 한 달에 한 번 매월 마지막 주에 모이는데, 모여서 성찬과 식사, 성서정과와 서클을 통하여 흩어지는 일상 교회를 지향한다. 그리고 종교적 만족을 추구하는 소비자들이 아니라 타자들을 위한 존재가 되길 바라는 '미션얼' 교회라고 설명하고 있다. 기존 틀에 전혀 얽매이지 않으면서도 필요에 따라 모이고 교회로서의 가치와 정신을 실천하고자 하는 의도이다. 매번 새로운 사람들이 오기도 하는데, 15명에서 25명 정도가 모임을 함께하고 있고 연결된 사람들은 40명 가까이 된다. 처음 시작했을 때 주변에서 생경함을 표현하는 소리들이 있었지만 최근 코로나 상황이 오면서 이런 시도가 자연스럽게 받아들여지고 있는 분위기이다.

생활신앙, 일상생활의 영성을 강조하려면 예배당 중심, 모임 중심의 신앙과 영성을 탈피해야 하는데, 모임을 줄이지 않고는 그렇게 하기 힘들다. 그런 점에서 모임을 한 달에 한 번으로 줄이는 것은 일종의 충격 효과를 주는 장점이 된다고 생각한 것이다. 그렇지만 참여자들은 개인으로든 작은 공동체로든 대부분 나머지 서너 주 일요일에 예배를 드리고 있다. 당분간 이런 모습을 계속 유지하면서 이곳을 경험하다가 다시 기존 교회로 돌아가는 사람도 있을 수 있고, 또 새로운 교회 난민이나 비신자들이 새로 들어올 것으로 예상하고 있다. 코로나로 인해 랜선LAN線교회를 경험하고 있는데 이것이 기회가 되어 대전, 서울, 울산, 대구, 고령, 진주 등 지리적으로 떨어진 사람들도 참여하고 있다.

이 밖에도 교인이 없이 목회자가 필요에 따라 찾아가는 교회를 하거나 주일에 예배에 참석하기 어려운 사람들을 위해 주중에 모이는 교회, 그리고 기존 교회에서 자신의 종교적 관심이 충족되지 않아서 유사한 관심을 가진 사람들이 모여서 교회를 세운 경우들이 있다.

본질 회복형 교회는 전래 초기부터 한국 교계에 존재해 왔고 부분적으로는 교단의 형태로 세력화하기도 했는데 이들 중 일부는 독특한 성경 해석 때문에 이단으로 여겨지기도 했다. 성경 해석에 대한 입장 차이는 교회 역사를 통해서 언제나 존재해 왔기 때문에 이러한 유형의 교회들은 앞으로도 일정한 세력을 유지하며 존재할 것으로 전망된다. 이와는 달리 대안 추구형 교회들은 기존의 교회 모습에 실망하거나 제도권 종교 활동이 성경의 가르침에 부합하지 않는다는 문제의식 속에서, 멀리는 한국 교회가 지나치게 성장을 추구하던 1980년대 즈음에 등장하기 시작하였고, 가깝게는 대형교회의 문제가 부각되기 시작한 90년대 이후에 본격적으로 확산된 것으로 보인다. 기존 교회에 대한 문제의식이 약화되지 않는다면 이후에도 이러한 유형의 교회는 더욱 증가할 것으로 예상된다. 그리고 필요 반응형 교회들은 앞에서 살펴본 바와 같이 포스트모던적인 사고방식과 이로 인한 탈제도적 경향에 따라 가장 최근에 등장한 유형이라고 할 수 있다. 4차 산업 혁명으로 인한 기호의 다양화에 따라서 이러한 유형의 교회에 대한 수요는 앞으로 더욱 증가할 것으로 예상된다.

비제도권 교회 인터뷰 4

이 교회는 목회자와의 사이에서 문제를 겪은 평신도들이 모여서 세운 교회이다. 이들은 모두 서울의 유명 교회에서 신앙생활을 하던 성도들이었다. 같은 교회에서 30년 동안 신앙생활을 하며 안수집사를 하던 사람들을 포함해서 열 가정 정도가 교회를 나오게 되었다. 교회 설립 준비를 1년 정도 했고, 이삼 년 전부터 공동체에 대해서 공부한 팀도 있었다.

원래 이 교회의 청년부는 자율적인 공동체로 운영되었는데, 새 목회자가 부임해 오면서 청년부에 대한 간섭이 심해졌다. 또한 교회에서 담임 목회자 한 사람한테 모든 권력이 집중되다 보니까, 모든 면에서 한 사람에게 너무 큰 영향을 받는다는 것을 인식하게 되었다. 평신도 중심의 공동체로 잘 운영이 되고 있었던 대학부나 청년부가 목회자가 오고 난 후에 기존 성격을 잃어버렸기 때문이다.

한편으로는 나이가 들어서 장년부로 올라간 교인들은 청년부와는 전혀 다른 위계적인 교회 구조를 경험하면서 갈등이 생기기도 하였다. 당시에 담임 목회자가 안식년을 갔다 올 때 좋은 비전을 받아 오시기를 기도하자고 했는데, 비전은 같이 만들어 가야지 왜 담임목사가 안식년을 가서 뭔가 신탁이라도 받아 오는 것처럼 생각할까 하는 의문이 들면서 담임목사제도가 교회를 본질로부터 멀어지게 한다는 회의감이 더 커졌다.

한번은 교회에서 구역장 교육을 했는데 부산에서 구역 관리를 잘한다는 목회자가 강사로 와서 강의를 했다. 그런데 한 시간 반 내내 구역 관리와 운영에 대해서 한 이야기에서 영혼에 대한 관심은 없이 오로지 방법론만 다루고 있었고, 그나마도 매우 유치한 수준이라는 생각이 들었다. 이런 식이면 조직론을 공부한 행정학 교수나 경영학 교수가 강의하면 훨씬 더 배울 게 많겠다고 생각했다. 세 시간 동안 이어진 강의가 너무 무익하다고 느끼면서, 목회자의 의미 자체를 거부하는 것은 아니었지만, 성도를 관리와 운영의 대상으로 여기는 담임목사 제도에 회의감이 들어 평신도 교회의 가능성에 대해서 생각하게 되었고, 공부를 하면 할수록 더 확신이 들었다.

그래서 교회 구조에 대해서 본격적으로 고민을 하게 되었다. 담임 목사가 교회에 대한 무한 책임을 지면서 헌신하는 담임 목사 제도가 한국 교회를 성장시키는 순기능을 많이 했지만 이제는 완전히 시효를 다한 제도라고 생각했다. 담임 목사의 비전에 회중들이 무조건 순종해야 되는 구조는 비성경적이라고 생각했다. 그러면서 자연히 일종의 비제도권 교회를 추구하기로 했다. 제도권 교회가 장점이 많고 교회 생활하기에 긍정적인 면도 있지만, 구조화되고 조직화되면서 교회 본질로부터 벗어나게 되었다고 생각한다. 그래서 교회는 일단 너무 크면 안 될 것 같고, 작으면서 공동체를 추구하려면 좀 새로운 형태의 창의적인 교회를 시작하는 것이 필요하겠다는 생각이 들어서 지금과 같이 모이게 된 것이다.

교회가 출범하기 전에, 신앙고백 팀, 정관 팀 등 여러 준비 팀을 구성해서 필요한 것을 만들기 시작했다. 신앙고백문을 만들어야 되겠다고 생각한 것은 지향하는 교회가 교단에 소속되지 않으므로 밖에서 보기에 따라서는 완전히 이상한 집단으로 여겨질 수 있기 때문에, 그런 오해의 방지와 함께 구성원 스스로가 매번 신앙을 돌이켜 보기 위해서였다. 토론을 통해서 모두 동의할 수 있는 문장을 써서 내용을 정한 다음에, 창립 예배 때 거기에 동의하는 서명을 했다. 그것이 창립 예배 때 가장 중요한 의식 중의 하나였다.

이 교회의 신앙고백문에는 "만인제사장 정신을 바탕으로 모든 성도들이 차별 없이 하나님 나라의 한 백성임을 믿는다"는 표현이 있는데, 차별이라는 말을 의도적으로 썼다. 제도권 교회 안에 차별이 많기 때문이다. 담임목회자는 절대 권력을 가지고 있고, 장로나 안수 집사는 그것보다 좀 작지만 역시 엄청나게 많은 권력을 가지고 있고, 서리집사는 그보다 좀 작고, 서리집사 아닌 사람은 성도님이라고 부르지만 권력은 전혀 없다. 그래서 은사대로 섬기되 차별이 없는 공동체를 만들고 싶었다. 그리고 작은 교회를 지향하기 때문에 공동체의 유기체성이 약해질 정도로 규모가 커질 경우 분립하기로 했다. 성도 수 100명 이하를 적정 인원으로 본다. 그리고 건강하고 작은 교회를 추구하기 위해 예배 전용 건물을 소유하지 않기로 했다. 공동체성을 위해 만장일치로 의사결정을 하고, 담임목사제도의 폐해를 없애기 위해 복수 지도자 체제로 운영한다.

Ⅳ. 비제도권 교회의 등장 배경

1. 제도화의 딜레마에 빠진 교회

비제도권 교회에 대하여 논하려면 반드시 교회의 제도화에 대하여 살펴보아야 한다. 제도화의 문제에 대해서는 이전에 출판한 『교회 안 나가는 그리스도인』서울: IVP, 2015에서 다루었지만 이 책에서도 매우 중요한 주제이기 때문에 더 자세하게 살펴보도록 하겠다. 제도화의 문제는 교회가 공동체를 추구하지만 그 형태는 사회조직의 특성을 나타내는 데서 오는 문제를 가리킨다. 교회는 하나의 공동체로서 교회 구성원인 신자들 사이의 일치와 연합, 결속을 강조하지만, 동시에 하나의 조직으로서 효율성을 추구하기 때문에 둘 사이에 어그러짐이 나타나는 것이다. 이런 점에서 교회는 사회학에서 말하는 1차 집단(직접적, 비형식적, 인격적 관계)과 2차 집단(간접적, 형식적, 수단적 관계)의 특성을 모두 포함하고 있는 독특한 구조라고 할 수 있다.

목회자의 역할 갈등도 여기에서 비롯된다. 목회자는 일차적으로 성도들을 돌보는 목양에 힘써야 하지만 현실적으로 하나의 조직인 교회의 관리와 운영도 책임져야 한다. 목양자이자 경영자 또는 행정가의 역할이 요구되는 것이다. 그러나 이 두 가지 역할에 모두 뛰어난 목회자는 현실적으로 많지 않다. 어떤 목회자는 목양은 잘하지만 경영이나 행정은 잘하지 못해서 어려움을 겪고, 반대로 어떤 이는 경영 능력은 뛰어나지만 목회자의 기본 역할인 목양을 소홀히 해서 문제가 되기도 한다. 그런데 교회의 본래 성격을 고려하면, 많은 경우는 공동체적인 측면이 약화되거나 무시되었을 때 더 큰 문제가 되고 있다. 다음 장에서 살펴보겠지만 이러한 교회의 제도적 속성에 반발하면서 교회를 떠난 이들이 바로 가나안 성도들이다.

그렇다고 해서 교회의 제도화 자체가 부정적인 것은 아니다. 오히려 교회의 제도화는 교회가 존재를 지속하며 여러 가지 활동을 하기 위한 필수 요건이다. 모든 조직은 처음에는 일정한 목적을 달성하기 위한 하나의 운동체의 성격으로 시작하지만, 효율성을 높이고 목적에 보다 빨리 도달하기 위하여 제도화의 길을 걷게 된다. 마찬가지로 종교도 처음에는 창시자의 카리스마 있는 능력에 의해 시작된 후에는 안정성을 유지하기 위해 제도화되는 경향이 있다. 막스 베버는 이를 '카리스마의 일상화'라고 설명하였다.[1]

이렇게 종교의 제도화는 특정 종교가 안정된 지위를 확보하면서 역사를 따라 지속하는가, 아니면 창시자의 카리스마적 종교 운동으로 끝나고 마는가를 결정하는 중요한 기준이 된다. 여기서 1세대 지도자의 카리스마적 권위의 제도화가 순조롭게 진행되지 않는다면 조직은 와해될 수도 있다. 교회의 경우도 마찬가지이다. 교회가 처음 세워질 때에는 대개 개척교회라는 형태로 초대 목회자의 리더십과 헌신으로 유지가 되지만, 초대 목회자의 권위와 리더십이 제도화를 통해 안정되지 않으면 권위의 승계 과정에서 많은 문제가 야기될 수 있다. 그러나 한편으로는 제도화 자체가 여러 가지 문제를 일으키기도 한다.

---

1. 이에 대하여는 Max Weber, *The Theory of Social and Economic Organization* (Talcott Parsons 엮음)(New York: Free Press, 1964), 363-364쪽을 볼 것.

1) 확장의 딜레마

제도화의 문제로 먼저 '확장의 딜레마'를 들 수 있다. 이것은 조직의 규모가 커질 때 필연으로 나타나는 귀속감 저하 현상을 가리키는 말이다. 곧 구성원 사이에서 목표와 규범에 대한 합의의 강도가 약화되는 것이다. 구성원 사이의 교섭이 어려워지고 다양성이 증가되면서 정책 결정에 대한 공통 이해에 도달하기 어려워진다. 이에 따라 정책 결정과 수행에서 목회자의 리더십이 약화될 우려가 있다.

2) 복합동기의 딜레마

다음으로 '복합동기의 딜레마'를 들 수 있다. 이것은 교회의 규모가 커질수록 다양한 사람이 모이기 때문에 교회 출석의 동기가 다양해지는 것을 말한다. 사람들이 교회에 나오는 이유는 구원을 받고 삶의 의미를 찾기 위한 것뿐만이 아니라, 위로나 도움을 받기 위해, 복을 받기 위해, 치유를 받기 위해, 사회에서 누리지 못하는 지위나 권력을 교회에서 대용으로 누려 보기 위해, 사회 운동의 기반을 구하기 위해, 정치나 사업의 발판으로 삼기 위해 등 매우 다양하다. 이와 같이 교회는 인간의 사회, 심리, 문화의 욕구를 충족시키는 사회 집단의 역할도 겸한다. 사람에 따라서는 교회의 부차 기능인 비종교적, 세속적인 역할을 본연의 종교로서의 기능보다 더 중요하게 여길 수도 있다. 미국의 경우 흑인들이 백인들보다 기독교에 더 높은 참여를 나타내는 이유를 흑인교회들의 교육 기능, 사회 복지 향상의 노력 등 세속적 기능들 때문이라는 연구 보고가 있다.

이주민의 정착을 돕는 외국의 한인교회도 이러한 경우에 해당한다. 우리는 미국으로 이주해서 가면 일단 교회를 찾아가 보라는 조언을 쉽게 듣는다. 미국의 한인교회에서 오랫동안 목회를 한 어느 목회자는 미국으로 들어오는 이민자와 유학생들의 정착을 돕기 위해 공항에서부터 이들을 태워 오고 따뜻한 식사를 대접하고 집을 구하는 일 등에 협력해 왔는데, 몇 년 동안 이런 일을 하다 보니까 자신이 목사인지 이민국 직원인지 모르겠더라는 말을 하기도 한다. 교회 출석 동기가 다양해지면 교회에 대한 요구도 다양해진다. 듣기 원하는 설교 주제도 다양해진다. 이렇게 다양한 욕구에 대한 고려 없이 권위주의로 획일화된 목회를 할 경우 여러 가지 문제가 발생할 소지가 있다.

3) 관료주의화

다음으로 제도화의 가장 큰 문제는 '관료주의화'라고 할 수 있다. 현대의 모든 조직은 상당한 정도로 관료제의 성격을 지니고 있다. 관료제란 관료의 지배를 뜻하는 말로, 신중함과 정확함, 그리고 효율적인 행정의 표본으로 이해된다. 모든 업무들이 엄격한 규칙과 절차에 따라 통제되는 관료제야말로 가장 효율성 높은 조직 형태라고 할 수 있다. 그러나 반대로, 관료제는 조직 자체의 존속과 기득권 유지를 최우선의 목표로 삼고 환경에 유연하게 변화하지 못하는 경향을 낳기도 한다. 관료제라는 개념은 처음부터 경멸의 뜻이 담긴 말로 사용되었고, 종종 비효율과 낭비를 나타내는 단어인 관료주의와 관련지어 이야기되기도 한다.

이와 관련해서 일을 주어진 시간에다가 맞추는 것을 가리키는 '파킨슨 법칙 Parkinson's Law'이라는 말도 있다. 이것은 관료들이 계속 바쁜 것처럼 보이기 위해 쓸데없는 일거리를 만들어 내고 아랫사람을 감독한다는 뜻이다. 아무리 시간이 없더라도 중요한 일이 있으면 해야 하고 아무리 시간이 많아도 할 일이 없으면 쉴 수 있는 것이지만, 관료제에서는 시간에 따라 일을 하고 시간이 남으면 없는 일도 만들어서 일을 시키는 경우가 발생하게 되는 것이다.

교회에서도 교회조직의 기능이 전문화됨에 따라 비인격적인 인간관계를 야기할 수 있다. 그래서 대형교회에서 사역하는 부교역자들의 경우 자신들이 하나님 나라 사역의 동역자라기보다는 그저 기능직 종사자에 불과한 것 같다고 하소연하기도 한다. 자신이 교회에서 일하는 것인지 일반기업에서 일하는 것인지 모르겠다는 것이다. 또한 권력의 중앙집권화가 이루어지고 의사 결정권이 소수에게 집중되어 상당수의 평신도들은 교회 관료들의 정책 결정에 대해 자세히 알지 못하게 된다. 대부분의 재정 지원은 평신도들이 제공하지만 재정의 사용은 소수의 엘리트 집단이 결정하는 것이 현실이다.

4) 과두제의 문제

이것 역시 제도화의 문제로 지적되는 것인데, 바로 '과두제寡頭制, oligarchy'의 문제이다. 과두제는 독일의 사회학자인 미헬스Robert Michels가 제기한 것으로, 소수에 의한 지배를 의미한다. 조직이 대규모화되고 관료제화하면 할수록 조직의 상층부에 있는 소수의 사람들의 수중에 권력이 더 많이 집중되는 현상을 말한다. 미헬스의 연구는 독일의 사회민주당에 대한 분석에서 시작된 것인데, 정치적 성공으로 당의 규모가 커지자 사회민주당은 자신들이 비난하던 보수 정당들과 마찬가지로 소수의 파벌이 지배하는 당이 된 것이다. 이러한 점에서 소수에 의한 지배는 대규모 조직의 관료제 성격에 수반되는 불가피한 특성이라고 보고, 미헬스는 이것을 '과두제의 철칙'이라고 표현했다. 이 주장이 사실이라면 민주적 참여의 가치를 높이 평가하는 사람들에게는 매우 심각한 문제가 되는데, 시민운동이나 노동운동을 포함한 여러 사회운동에서 풀뿌리 민주주의에 위배되는 일이 벌어지기 때문이다.

교회 역시 예외는 아니다. 필자가 조사한 내용에서는 교회에서 중요 안건을 결정하는 방법에 대하여 가장 많은 39.3퍼센트가 "중직자들과 담임목회자가 의논하여 결정한다"고 응답하였고, 다음으로 26.7퍼센트가 "담임 목회자의 의견을 가장 크게 고려하여 결정한다"고 응답하여 전체의 3분의 2인 66.0퍼센트가 전체 교인들의 의견보다는 담임 목회자나 중직자들의 의견이 크게 고려되는 것으로 나타났다. 그런데 중형 교회(교인 수 300~999명)와 중대형 교회(1,000명 이상)는 절반이 넘는 응답자(각각 57.5%와 51.0%)가 "중직자들과 담임목회자가 의논하여 결정한다"고 응답한 반면에, 소형 교회(100명 미만)와 중소형 교회(100~299명) 목회자들은 "전체 교인들과 목회자가 함께 토론한 다음에 결정한다"와 "책임을 맡은 위원회에 속한 교인들의 의견을 중심으로 결정한다"에 상대적으로 높은 응답을 하였다.[2] 이것은 교회 규모가 커짐에 따라 보다 많은 회중들이 의사 결정에 참여할 수 있는 기회가 줄어든다는 사실을 나타내는 것으로, '과두제의 철칙'이 교회에서도 나타나고 있다고 할 수 있다.

특히 한국교회에서는 유교식 서열의식의 영향으로 성직자와 평신도의 관계 또는 교회 안의 직분을 위계적 서열로 받아들이는 경향이 강하다. 그래서 교회의 평신도를 일반기업의 평사원과 비슷한 의미로 오해하는 경우가 많다. 일반기업에서의 평사원은 부장, 과장과 같은 특별한 지위가 없이 가장 낮은 직급에 해당하는 일반 사원을 가리키는 말이다. 이와 같이 교회에서도 평신도를 장로나 집사의 직분이 없는 일반 신도를 가리키는 말로 잘못 알고 있는 것이다. 그러나 장로나 집사 역시 평신도에 해당하며, 성도를 성직자와 평신도로 구분하고 이것을 서열로 이해하는 것 자체가 문제이다.

5) 목적 전치 현상

조직이 관료제화되어 발생하는 가장 큰 문제는, 무엇보다도 본래의 목표 달성보다는 목표 달성을 위한 수단을 중시하여 조직 유지에 치중하게 되는 '목적 전치 현상'이다. 목적 전치란 목적과 수단의 위치가 바뀌었다는 뜻이다. 동

---

2. 정재영, 「교회 회중에 대한 인식조사」, 『한국 교회의 종교사회학적 이해』(서울: 열린출판사, 2012).

호회와 같은 모임을 만들어 본 사람은 쉽게 경험할 수 있는 일로, 애초에는 나름대로 그럼직한 목적과 취지로 모임이 구성되지만, 어느 정도 시간이 흐르면 모임 자체를 유지하는 것이 목적이 되어 본래의 취지는 약해지기 쉽다. 교회의 경우, 기독교의 본래 가치에 대한 충성이나 실현보다 교회 유지나 교인 수 증가에 대한 공헌에 의해 조직의 성공 여부가 평가되는 치명적인 문제를 일으키기도 한다.

단적으로 교회의 재정 사용 실태를 보면 이 문제가 그대로 드러난다. 특정 집단의 재정 구조는 그 집단의 특성을 가장 분명하게 드러내는 지표 중에 하나이기 때문이다. 재정은 집단의 설립 목적이나 추구하는 방향에 입각해서 운용되기 마련이다. 앞에서 말한 바와 같이, 교회의 본질이 무엇이고, 교회의 본질적 사명이 무엇인가 하는 것은 신학자에 따라 또는 목회를 하는 목회자에 따라 의견이 다소 갈릴 수는 있다. 하지만 그 어느 경우라도 교회 조직의 운영과 유지 자체가 목적이라고 생각하지는 않을 것이다. 그러나 현재 한국 교회들의 활동과 특히 재정 사용을 보면, 교회의 본질적 사명보다는 교회 자체의 유지와 양적인 성장에 더 치중하고 있다는 것을 부인하기 어렵다. 대부분의 교회에서 재정의 90퍼센트 안팎을 교회 내부의 필요를 위해 사용하고 있고, 이웃 사랑을 실천하기 위한 재정은 5퍼센트 수준이거나 많아야 10퍼센트 정도에 불과한 실정이기 때문이다.

한국 교회에서 헌금 문제가 불거지는 것은 특히 교회당 건축과 관련해서 교인들에게 헌금 강요를 하는 경우가 많기 때문이다. 코로나 사태 이전까지만 해도 무리해서 교회당을 건축하는 일이 적지 않았다. 한국 교회의 건물에 대한 애착은 유별나다. 단독 건물, 그것도 웅장하거나 화려한 건물을 갖는 것이 교회 구성의 필수 요건이 아님에도 한국 교회들은 교회당 중심의 사고에서 벗어나지 못하고 있는 것이 현실이다. 대부분의 교회 지도자들과 교인들이 건축이 곧 하나님이 뜻이라는 믿음을 가지고 있고, 심지어 신약시대인 현대의 교회당을 구약시대의 의미를 부여하여 '성전'이라고 부르는 것이 당연시되고 있다. 그리하여 이 '거룩한 성전'을 건축하기 위해 무리수를 두기 일쑤이다. 곧 1년 재정의 세 배에서 다섯 배에 이르는 자금을 대출하면서까지 건축을 시도하고 그러다가 교회가 부도가 나는 경우도 빈번하게 발생했다. 부도가 난 일부 교회당은 이단으로 넘어가서 교계에서 큰 문제가 되기도 하였다.

건물은 교회의 구성 요소 중 핵심 요소가 아니다. 신약성경에 기록된 초대 교회는 건물이 없는 가정교회 형태였고, 이것은 한국 교회 역사에서도 마찬가지이다. 교회 건물은 교회의 제도화와 함께 3세기 이후에나 등장하고, 이후 교권화라는 부정적인 과정을 반영한 형태로 발전하였다. 그럼에도 한국 교회가 건물 중심의 목회와 신앙생활을 하는 것이다. 한국에서 초기 교회는 건물이 없이 양반집 가옥에서 모였다. 여성은 안방에서 남성을 사랑방에서 따로 모이다가 'ㄱ' 자 모양의 교회 가옥이 건축되면서 처음으로 남성과 여성이 함께 교회 건물 안에서 모이기 시작한 것이다. 그리고 초기 교회 건물에는 간판에 '교회당'이라고 표기했으나 언제부터인가 '당' 자가 슬그머니 사라졌다. 교회는 믿는 이들의 공동체로서 사람이 곧 교회이지만, 언제부터인가 건물이 공동체를 대신하고 있는 것이다.

건축학자 유현준은 이러한 공간의 변화가 종교 권력과 관련이 있다고 설명한다. 그에 따르면 종교는 건축 공간을 만들고 그 공간으로 사람의 마음을 하나로 모으는데, 그 공간에서 시선이 집중된 곳에 선 사람은 권력을 가진 종교 지도자가 된다. 그 공간에서 모임이 잦을수록, 그 모임의 규모가 커질수록 권력은 커진다. 교회당의 의자는 대부분 장의자로 되어 있는데, 장의자에 앉을 경우 좌우 양 끝단에 앉은 사람은 복도를 통해서 나갈 수 있지만 가운데 앉아 있는 사람은 예배가 끝날 때까지 꼼짝 못하기 때문에 설교자에게 권력이 만들어진다고 설명한다.[3] 실제로 3세기 이후 유럽 교회에서는 성직자와 평신도를 엄격히 구분하는 공간 구별을 통해서 교권화가 진행되었다고 이해된다.

이와 같이 교회의 제도화는 많은 문제를 내포하고 있다. 그러나 이러한 문제를 염려하여 제도화를 거부한다면, 교회는 매우 효율성이 떨어지게 되어 본래의 사명을 감당하는 데 큰 어려움을 겪을 뿐만 아니라 존속 자체가 어려워질 수도 있다. 그래서 이것을 '제도화의 딜레마'라고 표현하는 것이다. 중요한 것은 필요한 조직과 제도를 유지하면서도 이 제도가 합리적이고 민주적으로 운영되도록 하는 것이다. 이를 위해서는 조직의 규모를 최소화하고 조직 안의 권한과 책임을 최대한 분산시킬 필요가 있다. 기존의 거대한 피라미드식의 조직과 상명하달식의 의사소통 구조에서 작은 모임들이 필요에 따라 연계할 수 있는 네트워크식의 구조로 전환할 필요가 있다. 요즘 교계에서 주목을 받고 있는 소그룹 활동을 교회 조직을 재구조화하는 데 활용하는 것이 하나의 방법이 될 수 있을 것이다. 교회 구성원 모두가 자발성과 책임의식을 가지고 활동할 수 있는 새로운 패러다임의 구조가 강구되어야 한다. 이에 대해서는 6장에서 자세하게 논의할 것이다.

2. 탈제도화와 관련된 현상들

1) 제도화 과정의 이해

앞에서 살펴본 교회 제도화는, 베버와 트뢸치의 표현으로 하면, 교회와 종파의 문제이기도 하다. 트뢸치는 교회the church와 종파the sect를 구분하면서, 종

---

3. 이에 대하여는 유현준, 『공간의 미래』(서울: 을유문화사, 2021), 2장을 볼 것.

파는 배타적인 집단으로 덜 조직화되어 있으며 멤버십은 자발적이거나 어떤 조건들, 곧 특별한 교리에 대한 믿음이나 특별한 수행에 대한 동조를 따를 것이 요구된다고 보았다. 반면에 교회는 제도화되어 있으며 주변 문화에 동조하는 경향이 있고, 사회의 모든 구성원들이 참여하도록 장려하고 특수한 헌신이나 동조를 덜 요구하는 포괄적 집단조직이라고 말하였다. 따라서 교회는 기존의 정치 및 사회 체제와 타협하고 그것에 순응하는 종교와 사회조직이고, 종파는 정신의 순수성을 추구하기 위하여 모든 충성을 다하는 사람들의 자원 단체라고 볼 수 있다.[4]

이런 점에서 교회는 유럽의 국가교회 형태들을 의미하고, 종파는 미국과 한국의 초기 기독교와 가깝다. 그런데 종파형 교회들은 규모가 커지고 스스로 제도화되면서 점차 교회형으로 바뀌게 된다. 종파에는 대개 사회의 하류층이나 주변부 인물들, 박탈을 경험한 사람들이 참여하지만, 교회에는 주로 사회의 주류 계층이 가입하면서 교회 자체가 기득권층화하게 된다. 따라서 초기에는 종교 정신의 순수성을 추구하기 위하여 모든 충성을 다하며 세상과의 구별을 강조하지만, 점차 기존의 정치 및 사회 체제와 타협하게 되고 그것에 순응하게 되는 것이다. 이러한 이론은 트뢸치 이전에 막스 베버에서 출발하였고, 리처드 니부어Richard Niebuhr가 그의 책 『교회 분열의 사회적 배경』에서 보여 주고자 했던 것도 바로 같은 논지의 내용이었다.

이러한 제도화 과정은 신학의 관점에서도 이해될 수 있다. 교회는 본래 부활하신 그리스도의 현존을 증언하는 증인 공동체로 출발하였으나 제도화된 교회는 시간이 흘러가면서 성직 계급, 신성한 권력, 교의 의식, 교회법 전통 등을 만들어 가면서 제도 그 자체에 권력을 부여하기 시작했다. 한국일은 기독교

4. Ernst Troeltsch, *The Social Teaching of Christian Churches*, 1권(Olive Wyon 옮김)(New York: Harper & Brothers, 1960), 331.

의 권력화를 역사적으로 살펴보면서, 제도적 교회는 증인 공동체로서의 교회를 보호하고 그것에 봉사하기 위해 만들어진 본래의 목적을 상실하고 그 자체를 이데올로기화하면서 공동체 위에 군림하게 되고 여기에서 운동적인 공동체는 권력을 추구하게 된다며, 앞에서 설명한 목적 전치 과정과 같은 내용을 말한다. 콘스탄티누스 대제의 개종으로 제도화되기 시작한 기독교는 국가권력의 보호를 받는 종교가 되었고, 나아가 국가의 권력 위에서 지배하는 지상 최고의 권력기관으로 변하였다는 것이다.[5]

이어서 한국일은 교회는 권력의 신적 기원을 제공하고 교회 권력의 정당성을 인정하는 이론들을 발전시키기 시작하였다고 말하면서, 이것을 '교회의 딜레마'라고 표현한다. 박해받는 교회의 국가적 공인이 결과적으로 교회로 하여금 권력의 길로 들어서게 하는 계기가 되었다는 것으로, 곧 앞서 언급한 '제도화의 딜레마'인 것이다. 그 후 중세 역사는 신성한 권력으로서 절대 권위를 주장하는 교회와 세속 권력 간의 권력 다툼으로 인한 분쟁과 갈등의 역사로 기록된다. 모든 세속 권력에 대하여 예언자적 비판적 안목을 가져야 할 교회가 스스로 권력을 취하고 정점에 안주하며 자신의 권력을 보호하려는 노력으로 더욱 권력화되어 갔다. 이러한 교회의 권력의 길은 사회적 억압과 같은 독재체제를 형성하였고 십자군과 같은 불의한 전쟁을 일으켰으며, 그리고 식민통치와 야합하여 선교의 참뜻을 변질시켰다.

제도의 전개라는 측면에서 보면, 이것은 일종의 변증법적인 관계로 이해될 수 있다. 제도화 과정은 불가피하지만 이것은 많은 문제들을 가져오기 때문에 이에 대한 반작용으로 갱신이나 탈제도화 과정이 일어나는 것이다. 이것은 기독교의 역사를 보면 쉽게 이해할 수 있다. 유대교 사회였던 이스라엘에서 기독

5. 한국일, 「종교권력과 개교회주의」, 『본질과 현상』, 2007년 겨울(2007.12), 92-93.

교는 일종의 신흥종파였지만, 앞에서 본 바와 같이 로마제국에서 국교의 위치까지 올라가게 되고 점차 제도화되면서 기성종교로 탈바꿈하게 된다. 또한 개신교는 가톨릭의 지배 아래서 하나의 신흥종파로 시작했지만, 세계적인 종교로 성장하면서 같은 변화를 겪는다.

영국 성공회의 제도화 과정과 감리교의 출현, 그리고 감리교회의 제도화로 인한 구세군 창설도 같은 방식으로 설명될 수 있다. 중세 수도원 운동과 평신도 공동체 운동 또한 마찬가지이다. 종교개혁을 한 마르틴 루터조차 그리스도인을 위한 가장 이상적인 존재 형태를 '제3형태'로 제시하기도 하였다. 이것은 비공식적이고, 비강제적인 작은 공동체를 의미한다. 루터는 기존하는 교회를 인정하면서도 사랑의 공동체를 구현할 수 있는 작은 공동체의 필요성에 대해 강조한 것인데, 이는 제도 교회와는 형태와 속성이 다른 모임인 것이다.

이러한 과정을 정리해 보면, 새로 등장한 종교들은 덜 조직화되거나 비제도화된 상태에서 점차 제도화의 길을 걷게 되고, 그 후에 주류 종교가 되어 종교시장을 독과점한 후에는 필 주커먼Phil Zuckerman이 말한 '게으른 독점'으로 인해 주도권을 잃으면서 다원화 현상이 나타나게 되는 과정을 반복적으로 경험하게 된다. 주커먼은 덴마크와 스웨덴에서 종교의 세력이 미미한 이유의 첫 번째로 '게으른 독점'을 꼽고 있다. 특정 사회에서 지배적인 종교 단 하나만 존재하고 국가가 그 종교를 지원해 준다면 종교에 대한 관심과 참여도는 낮아진다는 것이다.[6] 이러한 상황에서 기존의 제도화를 극복하거나 갱신하려는 노력이 비제도권에서 일어나게 되면서 교회 제도가 변증법적으로 발전하는 것이다.

최근 영국 성공회에서 '교회의 새로운 표현들Fresh expressions of church' 운동이 벌어지고 있는 것도 이러한 관점에서 이해될 수 있다. '교회의 새로운 표현

---

6. 필 주커먼, 『신 없는 사회: 합리적인 개인주의자들이 만드는 현실 속 유토피아』, 김승욱 옮김(서울: 마음산책, 2012).

들'은 영국 성공회에서 기존 교회와는 다른 기풍과 스타일을 추구하는 것을 묘사하는 신조어이다. 강조점은 기존 교회처럼 어디에나 있는 그런 교회가 아니라, 어떤 형태든 맥락과 상황에 적합한 교회를 세우는 것에 있다. 한국 개신교계에서 나타난 가나안 성도들의 탈교회 현상 역시 비제도권에서 일어난 교회 갱신 운동으로서 제도화에 대한 반작용으로 볼 수 있는데, 이 역시 같은 맥락인 것이다.

2) 탈제도화된 종교성

서구에서 탈제도화된 종교성의 특징은 앞에서 언급한 막스 베버와 트뢸치의 '종파'와 '교회'의 구분이 그 시초라고 할 수 있으며, 현대 종교와 관련해서는 로버트 벨라Robert N. Bellah가 그의 동료와 펴낸 『미국인의 사고와 습속American Habits of the Hearts』이 중요한 연구이다. 벨라가 인터뷰한 한 기독교인은 쉴라라는 자신의 이름을 따서 자신의 종교를 "쉴라교Sheilaism"라고 표현하였다.[7] 그러나 그보다 훨씬 이전인 18세기 미국 작가인 토마스 페인은 "내 마음은 교회이다"라고 표현하였고, 미국의 대통령을 지낸 토마스 제퍼슨 역시 "나는 스스로 하나의 종파이다"라는 말을 한 바 있다.

이에 대하여 벨라는 현대 사회에서 인간의 의미 탐구는 교회의 울타리 안에 머물러 있지 않게 되었다고 말한다. 이것은 명확하게 규정된 교리의 정통과 종교에 의해 유지되던 도덕의 기준에 대한 권위가 무너졌기 때문이다. 그러나 이에 따라 세속 사회에서의 종교 행위가 약화되었다기보다는 오히려 이전보다 더 필요하게 되었다고 본다. 곧 이러한 경향은 종교에 대해 무관심해진 것이 아니라 각 개인이 궁극적인 물음에 대한 해답을 스스로 구해야만 하는 상황을

7. Robert N. Bellah 외, *Habits of the Heart: Individualism and Commitment in American Life* (Berkeley: University of California Press, 1985), 221.

의미하며, 이러한 상황에서 교회가 할 수 있는 가장 적절한 일은 개인에게 정해진 답안지 묶음을 제시하는 것이 아니라 스스로 해답을 구할 수 있는 최선의 환경을 제공하는 것이다.[8]

로버트 우스노우Robert Wuthnow는 오늘날 미국이 겪고 있는 심대한 가치의 위기가 오히려 사람들에게 초월성에 대한 추구를 자극한다고 보면서, 새로운 영적 수단의 탐구이며 또한 거룩한 순간을 '개인적'으로 찾는 것을 뜻하는 '추구의 영성spirituality of seeking'이, 그동안 전통 종교가 제공한 것으로서 교회, 성당 같은 특정의 거룩한 장소에서 초월성을 경험하는 '거주의 영성spirituality of dwelling'을 대체하고 있다고 말한다.[9] 다시 말해서 제도 종교에 정착하여 신앙생활을 하기보다는 여러 다양한 가능성에 대해 개방성을 갖고 새로운 영적 가능성을 추구한다는 것이다. 앞에서 말한 바와 같이, 도날드 밀러Donald Miller는 『왜 그들의 교회는 성장하는가?』에서 교단주의와 전통적 예배 형식을 벗어난 초교파 복음주의 교회들의 역동적 성장을 진단한 바 있다. 교회 전통 밖에서 다양한 시도가 일어나고 있으며 이러한 교회들이 양적으로도 성장한다는 것이다.

다이애나 버틀러 배스Diana Butler Bass도 이러한 진단에 동조한다. 미국 교계에서 화제가 되었던 저서 『교회의 종말』에서 그녀는 중앙 통제에 의해서 표준화되고 규칙화된 종교 형태의 기독교는 쇠퇴하는 반면, 훨씬 더 유연한 형태의 창의성과 인격성을 중심으로 하는 신앙 공동체들이 출현하고 있다고 전망한다.[10] 전통 교단들의 교세 약화 이면에서는 관습적 종교의 틀을 넘어서는 영성과 관계 중심의 신앙 재편이 이미 시작되었다는 것이다. 그는 주류 교단들이

---

8. 로버트 벨라, 『사회변동의 상징구조』, 박영신 옮김(서울: 삼영사. 1997).
9. Robert Wuthnow, *After Heaven: Spirituality in America Since the 1950s* (Berkeley: University of California Press. 1998).
10. 다이애나 버틀러 배스/이원규 역, 『교회의 종말』(서울: kmc. 2017). 1부.

쇠퇴하는 과정을 이렇게 설명한다. 이전에 미국인들은 대부분 기독교인들이었고 자신이 기독교인이라고 말하는 것에 주저함이 없었는데, 이것이 20세기 말부터 바뀌었다. 전통적인 종교 명칭은 부정적인 의미를 갖기 시작했고 기독교인이라는 말도 점차 가장 좁은 의미인 열렬한 신봉자로 한정되었으며, '종교 우익'이나 '보수 복음주의'라는 말과 동의어로 사용된다.

이러한 경향 때문에 기독교는 오랫동안 지성인들의 비판 대상이 되어 왔다. 2006년 『만들어진 신』으로 종교의 허상을 주장한 리처드 도킨스Richard Dawkins는 『신, 만들어진 위험』으로 다시 비이성적 믿음에 대해 문제를 제기하고 있다. 사회학자인 필 주커먼은 『신 없는 사회』와 『종교 없는 삶』을 통해서 무종교 사회가 선할 수 있으며 종교 없는 사람도 충분히 의미 있고 가치 있는 삶을 살 수 있음을 사회과학적으로 분석하고 있다. 비교종교학을 연구하는 미국 침례교 목사인 찰스 킴볼Charles Kimball은 종교의 타락을 경고하는 다섯 가지 위험 징후를 다루고, 종교의 본질을 비판적으로 성찰하는 『종교가 사악해질 때』라는 책을 냈다. 그는 교리나 전통의 차이를 떠나 정의와 평화라는 보편적 가치를 추구하는 종교가 끔찍한 폭력과 반사회적 악행의 근원이 될 수 있음을 보여 주고 있다.

다이애나 버틀러 배스는 그래서 사람들은 자신이 교회에 나가고 있는 것을 다른 사람들이 알고 있을 때 항상 "그런 게 아니고요"라고 말하면서 자신이 여느 교인들과 같은 사람이 아니라는 것을 설명해야 된다고 말한다. 자신들이 그들과 한 묶음으로 취급당하는 것을 우려하면서 "나는 당신이 생각하는 그런 사람이 아니에요."라고 말하며 다른 어떤 사람이 되려고 한다는 것이다. 어느 유명한 기독교 작가도 누군가 자기에게 어떤 종류의 기독교인이냐고 물으면 "나는 나쁜 기독교인이라고 말합니다. 나는 자신을 하나님의 영원한 현존으로 들어가는 하나의 순례자, 좋은 기독교인이 되려는 목표를 향해 신앙의 길을 여행하는 순례자로 봅니다"라고 말했다.

이렇게 제도 교회 밖에서 영성을 추구하거나 신앙생활을 하는 사람들을 그레이스 데이비Grace Davie의 연구 이후에 '소속 없는 신앙인believing without belonging'으로 부르고 있다. 종교 단체에 소속되지 않고 신앙을 가지고 있다는 뜻이다. 북미에서는 이를 '영적이지만 종교적이지 않은spiritual but not religious' 사람들이라고 표현한다.[11] 이 말은 기독교에만 적용되는 말이 아니고 여러 종교에 공통으로 사용되고 있는데, 최근에는 미국 여론조사 기관 바나 리서치 Barna Research 등에서 SBNR로 줄여 쓰이며 이에 대한 통계조사가 이루어지고 있을 정도로 관심이 높아지고 있다.[12] 이렇게 미국에서는 소속 없는 신앙을 가진 사람들이 늘고 있고 부정적인 이미지가 강한 '종교'보다는 순수한 '영성'을 추구하고 있는 사람들이 많아지고 있다는 것이다.

3) 무종교인의 증가

종교사회학자들은 종교 단체에 속하지 않으면서 여전히 종교적인 문제에 답을 찾고자 하는 사람들을 가리켜 '영적인 구도자'라는 말을 사용한다. 전체 미국인들 중에 거의 40퍼센트가 종교 단체와 연관이 없지만, 이들 중 많은 이들이 여전히 집에서 예배를 드리거나 영적인 삶을 살고 있다고 알려져 있다. 이것이 최근 미국에서 무종교인 수가 증가하고 있는 이유가 되기도 한다. 미국의 무종교인들은 대부분 기독교인이었으나 제도 교회를 떠나 무종교인이 되는

11. 이에 대하여는 Grace Davie, *Religion in Britain since 1945: Believing without belonging* (Oxford: Oxford University Press, 1994)과 Erlandson, Sven E., *Spiritual But Not Religious: Spiritual But Not Religious* (New York: Iuniverse Inc, 2000). Fuller, Robert C., *Spiritual But Not Religious: Understanding Unchurched America* (New York: Oxford University Press, 2001)를 볼 것.

12. 조지 바나·데이비드 키네먼/장택수 역, 『처치리스』(서울: 터치북스, 2015)도 이와 관련된 조사이고, 바나 리서치 홈페이지에 게시된 "Meet the "Spiritual but Not Religious"가 대표적이다.

경향이 있다.

따라서 무종교인들이 모두 무신론자이거나 완전히 세속적인 무종교인은 아니라는 점이 중요하다. 일종의 불가지론자일 수도 있고 제도 종교나 종교 단체에는 소속되지 않지만 나름대로의 신앙 활동을 하고 있을 수도 있다.[13] 이것은 척도의 문제이기도 한데, 단순히 종교 단체 가입 여부만으로 따진다면 종교인과 무종교인으로 분류되지만, 얼마나 종교적인가를 기준으로 하면 이것은 명확하게 구분되지 않고 완전히 종교적인 사람에서 완전히 비종교적인 사람들 사이의 연속선 위에 매우 다양한 스펙트럼이 존재하는 것이다. 이런 점에서 이전에는 무종교인들을 종교가 없는 전도 대상자로 여겨 왔지만, 최근에는 무종교인들 중에도 일정한 유형이 있고 그 나름대로의 뚜렷한 특징을 가지고 있는 것으로 이해되고 있다. 이런 무종교인들은 오히려 기성 종교 집단의 새로운 경쟁 상대로 인식되고 있다.[14]

미국은 무종교인의 비율이 낮아서 유럽과 대비되어 왔지만 70년대 이후에 교회에서 이탈하는 사람이 늘어 가면서 무종교인에 대한 관심이 커졌다. 1970년대에 7퍼센트 수준으로 조사된 미국 무종교인의 비율은 1990년대 초까지 7퍼센트대로 비슷한 수준을 유지하다가, 1990년초부터 증가하기 시작하여 1998년에는 14퍼센트를 기록했고 2012년에는 20퍼센트까지 증가했다. 20년 동안 비슷한 수준을 유지하던 무종교인의 비율이 1990년대 갑자기 증가한 것이다.[15] 그러자 유명 시사지인 『타임』지의 표제가 『종교 없음Nones』이 될 정도로 큰 이슈가 되었다.

---

13. 필 주커먼, 『종교 없는 삶』, 박윤정 옮김(서울: 판미동, 2018), 114-121.
14. 임영빈·정재영, 「한국 무종교인에 관한 연구: 무종교인과 탈종교인의 분화를 중심으로」, 『종교연구』, 77권2호(2017년), 2장.
15. Michael Hout and Claude S. Fischer, "Explaining Why More Americans Have No Religious Preference: Political Backlash and Generational Succession. 1987-2012." *Sociological Science*. 1(2014), 423-447.

이러한 무종교인의 증가는 앞에서 말한 바와 같이 기성 종교 특히 기독교에 대한 반감 때문으로 나타난다. 필 주커먼은 『종교 없는 사회』에서 무종교인들이 늘어나는 이유를 첫째로 기독교 보수단체와 정치세력(공화당 우파) 간의 결탁이 사람들로 하여금 기독교에 대해 환멸을 느끼게 했기 때문이라고 말한다. 1970년대 미국은 전후에 태어나 경제 위기보다는 환경이나 인권 문제에 더 많은 관심을 갖게 된 후기 물질주의post-materialism가 영향력을 확대하던 시기였고 동성애나 낙태 등 여성 및 소수자 인권 지지 운동이 확산되어 가면서 보수 기독교와 충돌이 일어나기 시작했다.

제리 팔웰Jerry Falwell의 '도덕적 다수Moral Majority' 운동으로 대표되는 1980년대 기독교 우파 운동은 성공하지 못한 채 마무리되었지만, 팻 로버트슨Pat Robertson이 기독 우파 운동을 이어 가면서 1988년 공화당 대통령 후보 경선에 참여하는 등 정치 참여 움직임을 강화했다. 그리고 1992년 대통령 선거에서는 '문화 전쟁Culture war'이라는 말이 사용되면서 보수 개신교가 정치화하는 모습이 더욱 뚜렷하게 나타나게 되었다. 주커먼과 마찬가지로, 하우트Michael Hout와 피셔Claude S. Fischer 역시 1990년대 초반 보수 기독교의 정치화에 반감을 가진 기독교인 가운데 무종교인이라고 답하는 경향이 증가하기 시작했다고 설명했다.[16]

이 밖에 주커먼은 가톨릭 사제들의 소아성애 스캔들과 여성 임금 노동력의 향상과 인터넷의 보편적 보급이 미국에서 무종교인을 늘리는 요인이라고 설명한다. 여성들의 직장 활동이 늘어나면서 종교에 대한 관심이 줄어들었고, 인터넷에서 쉽게 접할 수 있는 종교에 대한 부정적인 내용들이 사람들로 하여금 종교로부터 관심을 돌리게 하였다는 것이다. 그리고 또 한 가지는 동성애와 관련

---

16. 임영빈·정재영, 윗글, 74.

된 이슈이다. 미국에서는 동성애에 대한 관용적인 태도가 증가하고 있는데 동성애의 인정은 공평함과 시민권, 법 앞에서의 평등이 있음을 강조하는 것과 통한다. 그런데 기독교에서 동성애를 죄나 비도덕적인 것으로 비난하는 것이 사람들로 하여금 종교로부터 멀어지게 만들고 있다는 것이다. 그는 한때 종교인이었지만 지금은 무종교인인 미국인들을 심층 인터뷰한 『무종교인』에서도 같은 이야기를 하고 있다.[17]

고든 콘웰 신학교Gordon Conwell Theological Seminary의 총장을 지낸 화이트James Emery White는 미국의 무종교인들에 대한 공식 보고서인 「미국의 무종교인들: 무종교 인구에 대한 개요」라는 제목의 미국 종교 정체성 조사American Religious Identification Survey 보고서를 인용하면서 "기독교에 대한 도전은 …… 다른 종교들로부터 오는 것이 아니라 모든 형태의 조직화된 종교에 대한 거부로부터 온다"는 점을 강조한다. 결국 기독교는 다른 종교와 경쟁하는 것이 아니라 제도화된 자기 스스로와 싸우는 것이고, 많은 사람들을 비제도권으로 빼앗기고 있다는 것이다. 종교개혁과 관련된 기존의 종교사회학 설명을 반박한 스타크Rodney Stark는 조직화된 신앙의 영향이 미치지 못하는 모든 틈새마다 온갖 형태의 비교회적 영성과 신비주의가 창궐하고 있다고 말하여 제도화된 종교만이 종교가 아님을 강조한다.[18]

화이트 역시 종교인의 네 부류를 아래 그림과 같이 설명을 하면서 대부분의 무종교인들은 무신론자가 아니라고 말한다.[19] 우리가 생각하는 종교인들은 '종교적이고 영적인' 사람들이지만, 사실 교회 안에는 기독교인으로서의 정체성이 뚜렷하지 않으면서도 형식적으로 교회에 출석하는 사람들이 있다. 이들은

---

17. Phil Zuckerman 외. *The Nonreligious*(N.Y.: Oxford University Press. 2016).
18. 로드니 스타크, 『우리는 종교개혁을 오해했다』, 손현선 옮김(서울: 헤르몬, 2018). 186.
19. 제임스 에머리 화이트, 『종교 없음』, 강일우 옮김(서울: 베가북스, 2014). 47.

'종교적이지만 영적이지 않은' 사람들, 흔히 말하는 '문화적 기독교인'이다. 그리고 무신론자들은 '종교적이지도 않고 영적이지도 않은' 사람들이지만, 이와 달리 무종교인의 실제 특징은 신에 대한 거절이 아니라 특정 종교에 대한 거절로서 '영적이지만 종교적이지 않은' 사람들이다. 이들은 종교라는 제도적 틀에 얽매이고 싶어 하지 않기 때문에 제도권 밖에서 나름대로의 신앙생활을 하며 영성을 추구하고 있다.

<그림33> 종교인의 4차원[20]

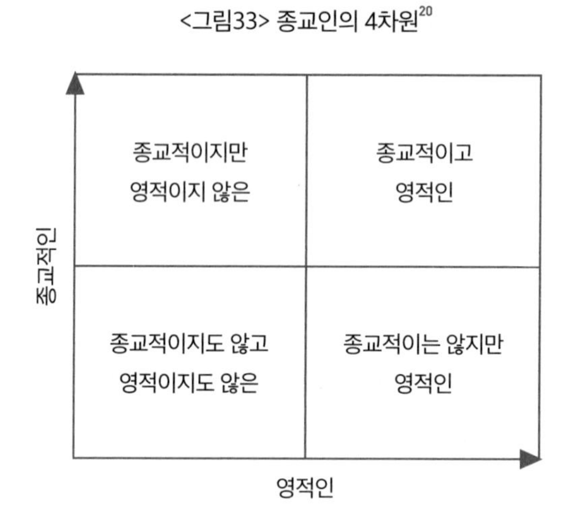

4) 제도 교회의 몰락

이러한 탈제도화는 종교사회학의 고전 이론인 세속화론世俗化論, secularization theory과도 관련된다. 세속화론은 고전 이론가인 막스 베버Max Weber나 에밀 뒤르케임Emile Durkheim의 저작에서 그 단초가 나타나 있고, 현대 사회학에서는 브라이언 윌슨Bryan R. Wilson과 피터 버거Peter L. Berger, 토마스 루크만Thomas

20. 윗글, 42.

Luckmann에 의해서 정립되었다고 볼 수 있다.[21] 학자에 따라서 차이는 있지만 근대화가 진전되면서 종교의 영향력이나 사회적인 중요성은 약화될 것이고 결국 종교는 쇠퇴할 것이라는 게 이들의 공통 주장이라고 할 수 있다. 그러나 이들의 전망과는 달리 세계 여러 국가에서 종교의 부흥 현상이 일어나면서 세속화론에 대한 반론이 제기되었다.

이른바 탈脫세속화post-secularization 테제로 불리는 이 이론은 종교에 대한 합리적 선택 이론을 중심으로 하여, 종교 현상을 수요와 공급이라고 하는 측면에서 설명하려고 하는 종교 경제적 입장을 취하는 학자들이다.[22] 그리고 이러한 반론에 대해서 세속화론을 주장하는 학자들도 자신들의 기존 입장을 수정하여 새로운 세속화론을 발전시켰다.[23] 처음에 종교의 쇠퇴를 세계적인 보편 현상으로 주장하였던 피터 버거조차도 자신의 입장을 수정하였다.[24] 한편으로는 이러한 입장의 차이가 미국 사회를 주요 대상으로 보느냐 유럽 사회를 주요 대상으로 보느냐에 따라서 달라지기 때문에 '미국적 예외'를 주장하는 학자들과 '유럽적 예외'를 주장하는 학자들로 나뉘기도 하였다. 현대 사회에서도 종교가 번성하는 미국을 예외로 볼 것이냐 아니면 여전히 종교의 약화를 나타내고 있는 유럽을 예외로 볼 것이냐 하는 차이인 것이다. 세속화론을 강하게 반박하는 대

---

21. Bryan R. Wilson, *Religion in Sociological Perspective*(Oxford: Oxford University Press, 1982), 148과 피터 버거/이양구 역, 『종교와 사회』(서울: 종로서적, 1982), 151·152, 토마스 루크만/이원규 역, 『보이지 않는 종교』(서울: 기독교문사, 1982), 123과 238.
22. Lawrence A. Young, *Rational Choice Theory and Religion: Summary and Assessment*(New York: Routledge, 1997), xii.과 Rodney Stark and William Sims Bainbridge, *The Future of Religion: Secularization, revival and cult formation*(Berkeley: University of California Press, 1985), 1-3.
23. David Yamane, "Secularization on Trial: In Defense of a Neosecularization Paradigm," Journal for the Scientific Study of Religion, 36/1(1997), 109-122과 Mark Chaves. "On the Rational Choice Approach to Religion," *Journal for the Scientific Study of Religion*. 34/1(1995), 98-104.
24. 피터 버거, 「세상의 탈세속화: 개관」, 피터 버거 외, 『세속화냐 탈세속화냐』, 김덕영·송재룡 옮김(서울: 대한기독교서회, 2002).

표 학자가 바로 로드니 스타크이다. 그는 앞에서 언급한 『우리는 종교개혁을 오해했다』에서도 세속화론과 버거의 입장을 강한 어조로 비판하고 있다.

이러한 두 입장의 차이와 상관없이 제도화된 종교가 약화되고 있다는 것은 대부분의 종교 사회학자들이 받아들이고 있다. 종교 조직에 소속된 사람들은 점차 줄고 있고 스스로 종교성을 추구하는 사람들이 늘고 있기 때문이다. 필립 젠킨스Philip Jenkins는 서구 기독교의 쇠퇴와 새로운 기독교의 출현에 대해서 이야기 했으며, 앞에서 언급한 배스는 제도 교회의 종말을 고하였다.[25] 이러한 제도 교회의 몰락에 대한 논의가 최근에 일어났던 이른바 '이머징 교회Emerging Church'이다. 이머징 교회는 포스트모던의 영향 아래서 그리고 이러한 문화의 영향을 받은 X세대와 Y밀레니얼 세대를 염두에 두고 기존의 교회 전통과는 다르게 새롭게 등장한 교회들을 가리키는 말이다.[26]

'이머징'이라는 말은 '(새롭게) 떠오르는', '신흥'이라는 뜻이지만, 그 의미나 어감상의 문제로 번역어를 쓰지 않고 영어 표현을 쓰고 있다. 이머징 교회에 대한 신학 분야의 연구는 주로 이머징 교회들이 새로운 문화에 조응하여 등장한 교회라는 측면에서 바라보고 있다.[27] 이러한 점에서 보수 개신교 입장에서는 이머징 교회를 대체로 부정적으로 평가하고 있으며, 변질된 교회론을 추종하는 무리로 보기도 한다.[28] 이러한 평가는 이머징 교회를 주도하는 미국에서도 마찬가지이다. 이머징 교회를 소개하는 대표 도서인 『이머징 교회』의 저자들도 이 운동 밖에 있는 사람들은 부정적인 생각으로 가득 차서 이머징 교회

---

25. 필립 젠킨스, 『신의 미래 종교는 세계를 어떻게 바꾸는가?』(김신권·최요한 옮김)(서울: 도마의길, 2009), 5부.
26. 허준, 「이머징 교회 운동의 특징에 대한 연구 및 적용에 대한 고찰」, 『복음과실천』, 2016년 9월호.
27. 김도훈, 「이머징 교회의 교회론에 대한 연구」, 『장신논단』, 36집(2009년 12월), 최동규, 「이머징 교회와 그것의 한국적 전개 가능성에 대한 비판적 고찰」, 『신학과실천』, 32호(2012년 가을), 황병준, 「이머징 교회 운동 패러다임에 관한 연구: 문화코드, 리더십, 셀 그룹, 전도개념을 중심으로」, 『신학과실천』, 38호(2014년 봄).
28. 양현표, 「한국 교회 개혁을 위한 대안: 이머징(Emerging)교회 운동」, 『성경과신학』, 83권(2017), 138.

운동을 하는 사람들이 교회를 사랑하지 않는다고 말한다고 전한다.[29]

그런데 이들은 이것이 곧 제도의 문제임을 암시한다. 현재의 교회 제도들은 근대의 영향으로 형성된 것이기 때문에 포스트모던 상황에서는 새로운 교회가 필요하다는 것이다.[30] 이머징 교회를 제도 문제로 규명한 사람은 사회학자인 조쉬 패커드Josh Packard이다. 미국 기독교인들의 탈교회 현상을 연구한 패커드는 많은 사회학자들이 교회 조직의 제도화에 관심을 가져 왔는데, 특히 조직이론가들은 많은 조직들이 제도화 과정에서 구조적인 동질성을 갖게 된다고 말한다. 다른 조직들과 경쟁적이게 되고, 정부와 같은 규제 기관에 의해 강압적이게 되고, 같은 기능을 담당하는 전문성과 관련하여 규범적이게 되고, 불확실성을 줄이고자 하는 노력으로 제도적인 모방이 일어나는 동질화의 압력이 발생한다는 것이다.[31] 이것은 하나의 조직으로서 교회도 마찬가지인데, 패커드는 이머징 교회가 바로 이러한 제도적인 힘에 저항하는 좋은 사례이며 이러한 점에서 교회에 나가지 않는 사람들the unchurched보다는 교회를 떠난 사람들the dechurched에게 좋은 대안이 될 수 있고 말한다.[32]

패커드는 그의 후속 연구인 『교회 난민Church Refugees』에서 이 부분을 명확하게 보여 주고 있다. 비종교인을 뜻하는 'None'은 이미 미국인들에게는 익숙한 용어로, 미국 사회에서 20년 이상 증가하고 있다. 그런데 패커드는 최근의 경향에 대해 'Done'이라는 단어를 쓰고 있는데, 이것은 제도 종교 밖에서 더 나은 영적인 삶을 추구하는 사람들을 가리키는 말이다. 'None'이 교회 경험이 전혀 없는 젊은 세대 비종교인들을 말한다면, 'Done'은 교회에 다녀 봤지만 현

29. 에디 깁스·라이언 볼저, 『이머징 교회』, 김도훈 옮김(서울: 쿰란 출판사. 2008), 41.
30. 윗글, 52.
31. Josh Packard, *The Emerging Church: Religion at the Margins*(Boulder, CO: FirstForumPress, 2012), 3-4.
32. 윗글, 5-8.

재는 교회를 떠난 30대 이후 세대에 대하여 사용하는 말이다. 이들은 교회에 열심히 다니면서 헌신적인 신앙생활을 하였지만, 결국 교회에서 나오게 되었다. 패커드는 1백여 명을 인터뷰한 결과, 이들이 기독교 자체를 싫어하기 때문에 교회를 떠난 것이 아니라 자신의 신앙을 지키기 위해서 교회를 떠났다고 분석한다. 이것은 유럽과는 다른 상황인데, 유럽은 장기적인 종교적 침체기를 겪고 있지만 미국은 최근까지도 종교적인 열정을 가지고 있었기 때문이다. 따라서 'None'이 일시적인 증상이라면 'Done'은 암과 같이 매우 치명적인 문제라고 패커드는 말한다.[33]

교회 제도화의 이러한 문제들은 신학계에서도 끊임없이 지적되어 왔다. 대표적으로 하워드 스나이더Howard A. Snyder는 그의 여러 저술을 통해서 본질적인 교회와 제도화된 교회를 구별하고 이 간극을 줄이고자 하는 노력을 해 왔다. 비교적 초기 저작인 『새 포도주는 새 부대에The Problem of Wineskins』를 포함하여 교회의 본질적인 사명에 대해서 연구해온 스나이더는, 『참으로 해방된 교회Liberating the Church』에서 교회 제도화의 문제를 핵심으로 지적한다. 신학의 관점에서, 교회를 하나님 나라와 하나님의 경륜이라는 관점에서 봄으로써 제도적이고 체제 안주적인 교회를 '해방'시키고, 그 공동체로 하여금 세상을 '해방'시키도록 하는 것이 이 책의 의도라고 할 수 있다.[34]

최근에는 주로 '선교적 교회missional church' 관련 연구들이 이러한 문제를 다루고 있다.[35] 선교적 교회를 강조하는 학자들은 기독교 왕국Christendom으로 표

---

33. 이에 대하여는 Josh Packard, *Church Refugees: Sociologists reveal why people are DONE with church but not their faith*(Loveland, CO: Group Publishing, 2015)를 볼 것.
34. 이에 대하여 하워드 스나이더, 『새 포도주는 새 부대에』, 이강천 옮김(서울: 생명의말씀사, 2006), 2부와 하워드 스나이더/권영석 역, 『참으로 해방된 교회』(서울: IVP, 2005), 2부를 볼 것.
35. 최근 선교에 대한 새로운 문제 의식으로 사전에 없는 'missional'이라는 신조어가 사용되고 있다. missional church 운동은 선교학자인 레슬리 뉴비긴에게 영감을 얻어 시작된 것으로 '보냄 받은 교회'로서의 사명을 받은 교회 본질을 회복하고자 하는 운동이다(Alan J. Roxburgh, "The Missional Church," *Theology Matters*,

현되는 제도화된 교회의 틀을 극복하여 본래의 교회 사명에 집중해야 함을 강조한다. 기독교 왕국은 4세기 이후 서구 사회를 지배해 온 기독교 문화를 일컫는 것으로 기독교가 지배하는 국가나 사회를 의미한다. 이러한 기독교 왕국 시기에 기독교는 역동적인 신앙 운동에서 정적인 종교 조직으로 변화되었다고 본다.[36] 이것은 제도화라는 측면에서, 국교화를 통해 사회의 주류가 된 교회가 세속화된 사회 상황에서도 교회 중심의 사고를 벗어나지 못하고 오랫동안 관행으로 굳어져 온 방식들을 그대로 따라 하면서, 교회의 본질 요소를 상실하고 혁신성도 사라지게 된 상황을 가리켜서 사용하는 말로 이해될 수 있다.[37]

교회 개혁과 시스템 변혁을 목표로 하는 미셔널 네트워크The Missional Network를 세운 창립자이자 컨설턴트인 알렌 락스버러Alan J. Roxburgh는 『교회 너머의 교회Joining God, Remaking Church, Changing the World』에서 현재의 북미 개신교회가 쇠퇴기에 접어든 이유는 교회가 기독교 신앙의 본질보다 교회 중심의 사고를 고수하기 시작한 데 있다고 본다. 그는 이러한 요인으로 인해 사람들이 교회를 떠나는 탈교회 현상이 벌어지면서 교회가 와해되고 있다고 표현하는데, 이 역시 제도 교회의 몰락을 의미하는 것이다. 이러한 제도 교회의 몰락은 '유배'라는 말로 표현된다. 이전에 사용되던 '디아스포라'가 고향으로부터 멀리 떨어진 이들을 가리키고 집이나 이전의 정상 상태로 돌아가는 것에 대한 기대가 없는 반면에, 유배는 정상적인 교회의 본래 모습을 회복하기 위한 기대나 소망이 있다고 설명한다. 따라서 후기 기독교 왕국 세계에서는 이러한 유배 신

10권 4호(2004년 9/10월)). 이런 차원에서 'missional church'를 단순히 '선교적 교회'라고 번역하기도 하지만, 소리나는 대로 미션얼 처치라고 쓰는 것이다. 이에 대해서는 지성근, 「교회의 존재양식을 묻는다: 선교적 교회론」, 「제8회 바른교회아카데미 연구위원 세미나 자료집」(2010, 2).을 볼 것.

36. 마이클 프로스트, 『위험한 교회: 후기 기독교 문화에서 선교적으로 살아가는 유수자들』(이대헌 옮김)(서울: SFC출판부, 2009), 15-16.

37. 마이클 프로스트, 앨런허쉬/지성근 역, 『새로운 교회가 온다』(서울: IVP, 2009), 45.

학을 통해서 기독교 신앙을 회복해야 한다고 말한다.[38] 이와 비슷하게 시대의 사명을 잃고 표류하는 서구 교회에 대하여 마이클 프로스트Michael Frost 역시 후기 기독교 사회에서 살아가는 그리스도인을 '유배자들'이라고 보면서, 그들의 선교적 삶에 대해 강조하고 있다.

이와 관련하여, 최근 영미권에서는 'churchianity'라는 말이 사용되고 있다. 사전에 없는 말이지만, 기독교 신앙을 가리키는 'christianity'와 달리 교회당이라는 건물 중심의 형식적인 신앙을 가리키는 의미로 사용되고 있다.[39] C. S. 루이스C. S. Lewis가 처음 사용한 것으로 알려진 이 말은 우리말로는 '교회교' 또는 '교회주의'로 번역하여 쓰이기도 한다. 이 역시 제도화된 형태의 신앙생활은 본래의 기독교 신앙과는 거리가 먼 것임을 드러내며, 특히 대형교회에서 이런 문제가 더 심각하게 나타나는 것으로 보인다.[40] 그리고 이러한 행태가 결국 진지한 신앙을 탐구하는 사람들로 하여금 교회를 떠나게 만들고 있다고 설명한다.[41] 교회 비평가들 사이에서도 '교회교'로부터 탈출하여 제도화된 교회 밖에서 새로운 교회로 모여야 한다는 주장이 나오고 있다.[42]

따라서 기독교 왕국 이후의 시대에 교회는 새로운 패러다임으로 기독교 신앙을 이해하고 사회에 대한 태도를 가져야 한다는 점을 강조한다. 이것은 한국 교회에 대해서도 비슷하게 적용된다. 한국 교회는 비록 기독교가 지배적인 사

---

38. 리 비치/김광남 역, 『유배된 교회』(서울: 새물결플러스, 2017), 43-45.
39. Metropolitan Anthony Bloom, *Churchianity vs Christianity*(N.Y.: Saint Vladimir's Seminary Press, 2017), 16.
40. Ronald H. Gann, *Fast-Food Churchianity*(San Diego: Aventine Press, 2009), 1-5.
41. Richard Jacobson, *Unchurching: Christianity Without Churchianity*(San Bernardino: Unchurching Books, 2016), 2-5.
42. Chip Brogden, *The Church in the Wilderness*(San Bernardino: The School Of Christ, 2011). 탈기독교 시대에 의미 있는 기독교 사역을 소개한 안덕원, 「탈 기독교 시대(Post-Christian Era)를 위한 기독교 사역의 한 사례: 윌리엄 윌리몬(William H. Willimon)의 교회, 성례전, 그리고 설교에 대한 이해를 중심으로」, 『신학과 실천』, 72(2020), 89-117을 볼 것.

회는 아니지만, 오늘날의 교회는 더 이상 신자 수가 소수였던 신흥 종교가 아니다. 2015년 인구 센서스 기준으로 우리 사회에서 가장 신자 수가 많은 종교이고 사회에 대한 영향력도 적지 않다는 점에서 명실상부한 주류 종교의 위치에 올라섰고, 이것이 서양의 기독교 왕국과 비슷한 '유사 크리스텐덤'이라고 여겨지기도 한다.[43] 이러한 주장의 옳고 그름과 상관없이 한국 교회는 100년이 넘는 역사를 통해서 끊임없이 제도화의 과정을 겪고 왔고 이에 따른 다양한 왜곡 현상이 나타나고 있다는 주장은 보편적으로 강조되고 있다.[44]

그리고 탈교회 현상은 역설적으로 새로운 교회의 출현을 촉발하는 계기가 되고 있다. 가나안 성도와 같이 교회를 떠난 기독교인들은 기존 교회와 제도적 교회를 탈출하는 과정에서 새로운 교회 운동, 곧 '교회 밖 교회'와 같은 탈교회적 교회 또는 비제도권 교회의 가능성에 주목하게 된다.[45] 우리 사회에서 일어나고 있는 비제도권 교회에 대한 연구와 분석은 이러한 논의의 연장선상에 있는 것이다.

43. 장동민, 『포스트크리스텐덤 시대의 한국교회』(서울: 새물결플러스, 2015). 14.

44. 이러한 제도화 문제를 극복하기 위해 교회 조직과 리더십의 변화를 촉구하는 연구도 있다. 이에 대하여는 계재광, 「한국교회 변화를 위한 통합적 관점의 리더십 틀에 대한 연구」, 『신학과실천』, 64(2019), 431-456을 볼 것.

45. 김선일, 「탈교회 시대의 교회」, 김동춘 편, 『탈교회: 탈교회 시대, 교회를 말하다』(서울: 느헤미야, 2020), 90. 가나안 성도에 대해서는, 정재영, 「종교 세속화의 한 측면으로서 소속 없는 신앙인들에 대한 연구」, 『신학과실천』, 39(2014), 575-606을 볼 것.

비제도권 교회 인터뷰 5

이 교회는 기존 교회에서 오랫동안 함께 신앙생활을 해 오며 건물 중심의 교회와 목회자 중심의 교회에 회의를 느낀 성도들이 모여서 시작하게 되었다. 이들은 단순히 일요일에 교회로 모일 뿐만 아니라 공동주택을 건립해서 같이 살고 있다. 가족별 생활공간은 분리되어 있지만, 한 건물에 모여 살고 일요일에는 지하의 공동 공간에서 예배를 드린다. 7년 전에 세 가정이 모여서 같이 교회를 하기로 했고 NGO의 작은도서관에 모여서 예배를 드렸다. 그러다가 건축을 한 것은 대략 3년 전이다.

이 교회가 평신도 교회로 모이게 된 것은 나름대로의 고민과 경험이 크게 작용했다. 원래 2007년부터 다른 단체 대표하고 같이 교회를 설립하기로 하고 열 가정 정도가 모인 개척교회 수준으로 시작하여 2년 동안 모이다가 결국 실패했다. 당시의 성도들은 전통적인 교회에서 신앙생활을 하다가 너무 힘들어서 나온 사람들이었다. 그래서 성도들 중에는 새로운 교회를 대안으로 삼아 나온 사람들과 전통적인 교회를 다시 시작하고자 하는 사람들이 섞여 있었다. 처음에는 대안적 교회를 추구하는 사람들도 목회자 없는 교회에 대해서 확신이 없었기 때문에 일단은 같이하기로 하고 목사를 청빙했다. 신학교 교수였는데, 목회도 잘하고 유능하고 좋은 분이었다. 그런데 전통적인 교회관에서 목회를 하니 대안적인 성도들과의 사이에서 갈등이 일어나기 시작했다. '기존의 교회들과 똑같은 교회를 하려면 뭐하러 새로운 교회를 시작했나' 하는 의문이 생긴 것이다.

전통적인 목회이니만큼 주일학교도 만들어졌는데, 주일학교 교사를 오래 하면서 주일학교 무용론에 이른 성도들은 이를 받아들일 수 없었다. 기존 교회들의 주일학교 운영이 매우 형식적이고 실제로 신앙교육이 이루어지지 않고 있다는 생각이었다. 그런 성도들은 목사의 존재 여부에 따라 굉장히 다른 교회가 된다는 것을 깨달았다. 어렵게 내려놓은 교회의 양적 성장에 대한 욕망이 한국 교회의 관습에 젖은 목사를 통해 자연스럽게 다시 생겨난다는 것도 알았다.

그런 성도들 사이에는 지금은 전도의 시대가 아니라 삶으로 보여 주고 인격적으로 접근해야 하는 시대라는 공감대가 있었다. 이전에 교회의 본질은 '전도를 해서 내 집을 채우라'는 것이었지만 이제는 더 이상 그것으로 통하지 않는다는 것이다. 예배당 건물이나 십일조 헌금, 교회 봉사와 여러 가지 프로그램들에 대해서도 의문이 생기기 시작했다. 그러면서 당시 목회자와 다른 성도들과도 갈등이 일어났고, 결국 처음 교회는 실패로 끝났다.

2010년 초에 대안적인 교회를 추구하는 몇 가정이 모여서 다시 고민을 시작했다. 그러던 중 함께했던 한 구성원은 교회에 대해서는 함부로 판단하면 안 된다는 생각을 갖고 있어서 계속 같이할 수 없게 되는 일도 있었다. 한 번 실패를 경험한 후에 다시 겪은 이 일로 성도들은 자신감을 잃게 되었다. 그래서 함께 교계에서 유명한 장로가 설립한 교회를 찾아갔다. 1년 동안 숨 좀 고르고 다시 계획을 세워서 시작해 보기로 한 것이다. 그 교회는 목회자가 있는 교회였지만 이웃과 장애인들을 돕는다는 목적이 분명하고 모인 분들의 인품이 너무 좋아서 5년이나 출석하게 되었다. 생각보다 오랜 시간이었고 몇 가정은 그 교회에 정착하기도 하였다. 그러나 이러다가는 타성에 젖고 안주하게 되겠다는 위기감이 든 몇몇 가정들이 다시 교회를 나와 새로이 모이기 시작했다.

이 모임의 성도들은 기독교 신앙에서 중요한 것은 역사성으로서, 부모님 세대에 맞았던 신앙이 지금 젊은 세대에도 맞으리라 볼 수 없다는 문제의식이 있었다. 중요한 것은 그 정신과 본질이지, 형식이나 내용은 얼마든지 달라질 수 있다고 생각했다. 이렇게 새 포도주는 새 부대에 담아야 한다고 생각하면서 정리한 것은 단순성, 구조, 우정, 해석, 일상 등 일곱 가지 핵심 가치였다. 그리고 이러한 가치를 구현할 수 있는 공동체가 별도로 필요하다는 확신을 갖게 되었고 2015년부터 이런 공동체를 추구하며 모이기 시작했다. 그리고 이 핵심 가치들을 추구하는 교회는 반드시 주거공동체여야 한다는 생각에서 주거 인프라의 필요성을 느끼고 서울 근교에 공동주택을 건축했다.

이 교회는 주일학교를 운영하지 않는다. 어른과 아이들이 함께 모여서 예배를 드리는 것이 아이들의 신앙 형성에 훨씬 도움이 된다고 생각하고 있다. 기존 교회에서는 부모들이 교회에 아이들을 맡기면 알아서 다 해 줄 거라고 생각하고 정작 부모들은 자녀 교육을 크게 신경 쓰지 않는 경향이 있다. 그러나 이 교회에서는 함께 예배를 드리면서 공동체 의식이 더 강해지고, 이 공동체를 통해서 자녀들에게서도 자연스럽게 신앙이 형성되고 있다. 설교는 돌아가면서 하는데, 아이들의 눈높이에 맞추기 위해 쉽게 설교를 하는 경우가 많다. 성찬은 설교자가 자연스럽게 맡아서 집례를 한다. 특별한 어려움은 없지만, 이런 형태가 계속되면 이 또한 매너리즘에 빠지지 않을까 하는 것이 가장 우려되는 부분이다.

V. 비제도권 교회와 가나안 성도

1. 가나안 성도의 추이 변화

앞에서도 언급했듯이, 비제도권 교회와 가나안 성도는 매우 밀접한 관계에 있다. 탈제도화 경향의 한국적 현상이 이른바 '가나안 성도' 현상이기 때문이다. 기독교인으로서의 정체성을 가지고 있으면서 교회에 출석하지 않는 가나안 성도들은 탈제도화된 종교성을 추구하고 있으며 이들 중의 일부는 비제도권에서 교회 갱신 운동을 하며 새로운 교회들을 세우고 있다. 다시 말해 교회를 떠난 성도들이 다시 교회를 세우기도 하고 한편으로는 기성 교회를 떠난 성도들이 비제도권 교회로 모이고 있기도 하다. 이러한 점에서 가나안 성도 현상 곧 탈교회 현상에 대해서 살펴볼 필요가 있다. 가나안 성도들이 제도 교회를 떠나는 이유에 대해서는 『교회 안 나가는 그리스도인』에서 설명하였고 여기서는 그 주요 특징과 그 이후의 변화들을 살펴보도록 하겠다.

이 연구에서는 가나안 성도의 실체를 확인하고 그 규모를 확인하였으며, 이들이 기독교인으로서의 정체성이 없이 교회를 제대로 출석하지 않았던 사람들이 아니라 대부분이 10년 이상 교회를 다녔고, 중직자를 포함하여 직분자들이

다수 있었으며, 교회를 다닐 당시에 절반가량이 구원의 확신이 있었다고 응답했다. 뿐만 아니라 90퍼센트 가량이 교회 활동에 비교적 적극적으로 참여했던 것으로 나타나 흔히 말하는 선데이 크리스천과 같은 '명목적인 그리스도인'들이 아니었다는 것을 발견하였다.

그리고 교회를 옮긴 경험을 보면, 45.7퍼센트가 교회를 옮긴 경험이 없고, 여러 교회를 옮겨 다녔다는 응답은 6.1퍼센트에 불과한 것으로 나타나 이들이 교회 쇼핑족이나 떠돌이 신자도 아니라는 것을 알 수 있었다. 한국기독교목회자협의회한목협 조사 결과에 의하면 한국의 개신교인들이 평균 2.7회 교회를 옮겼다는 것과 비교해 볼 때 이들은 오히려 교회 이동 경험이 적다고도 볼 수 있다. 이렇게 한 교회에서 오랫동안 진지하게 신앙생활을 하던 사람들이 교회를 떠났으며 또한 현재도 떠나고 있다는 사실은 한국 교회에 큰 도전이 되고 있다.

이 연구에서는 2014년에 한목협에서 조사한 결과에서 10.5퍼센트가 교회에 출석하지 않는 것으로 나타난 것을 바탕으로 대략 100만 명에 가까운 가나안 성도가 있을 것으로 추정하였다. 이에 대해서 다소 과장된 것이 아니냐는 반론도 있었지만, 한편에서는 떠난 사람이 100만 명이라면 떠날 사람도 100만 명은 되는 것 같다는 반응도 있었다. 지금은 이러한 예상이 현실이 되었다. 지난 2017년 한목협 조사 결과에서 교회에 출석하지 않는 가나안 성도는 23.3퍼센트로 파악되었다. 지금까지의 조사 결과 중에 가장 높은 비율이다. 그동안 한국 교계에서 이루어진 설문 조사에서 비공식으로 가나안 성도의 규모를 파악해 왔는데, 대체로 15퍼센트에서 18퍼센트 수준이었다. 그런데 최근 조사에서 20퍼센트를 넘긴 것이다. 2015년 인구센서스에서 파악된 개신교 인구 9,676천 명에 대입하면 가나안 성도는 200만 명이 넘을 것으로 추산된다.

가나안 성도들에 대하여 더 깊이 있게 이해하기 위해서 필자가 맡고 있는 21세기교회연구소와 한국교회탐구센터가 공동으로 가나안 성도 조사를 2018

년에 실시하였다. 이 조사 결과에 따르면, 최근에는 탈교회 현상이 가속화되고 있으며 진성 신자들이 여기에 가담하고 있는 것으로 보인다. 교회를 떠난 후 경과 시간은 평균은 7.7년이었다. 5년 전 조사에서 평균 9.3년이 나온 것에 비해 2년 가까이 줄어들었고, 절반이 넘는 51.4퍼센트가 5년 이내에 떠난 것으로 나타나 최근에 교회를 떠나는 사람들이 많다는 것을 보여 준다. 또한 구원의 확신이 있는 사람들과 자신의 주관적인 신앙단계를 3-4단계라고 응답한 사람들이 비교적 최근에 교회를 떠난 것으로 나타났다. 특히 신앙단계가 3단계인 사람들이 교회를 떠난 기간이 평균 5.67로 가장 짧은 것으로 보아 최근에는 비교적 신앙이 정립된 교인들이 가나안 성도가 되고 있는 추세를 드러냈다.

<표2> 가나안 성도들의 교회 이탈 후 경과시간[1]

구분		사례수	0~5년	6~10년	11~15년	16~20년	21년 이상	합계	평균(년)
전체		(826)	52.0	28.0	6.8	9.1	4.1	100.0	7.75
나이	20~29세	(150)	76.5	19.5	3.5	0.5	0.0	100.0	3.73
	30~39세	(153)	52.8	31.3	8.8	6.1	0.9	100.0	6.84
	40~49세	(259)	46.2	28.1	9.4	9.8	6.5	100.0	8.69
	50세 이상	(264)	43.2	30.8	4.8	15.1	6.0	100.0	9.65
구원의 확신	예	(440)	59.0	23.6	7.0	6.3	4.0	100.0	7.10
	아니오	(386)	44.0	33.0	6.5	12.3	4.3	100.0	8.49

1. 21세기교회연구소·한국교회탐구센터, 『가나안 성도 신앙생활 탐구 세미나 자료집』(2018년 11월 30일), 13.

신앙 단계	신앙 없음	(35)	44.1	39.9	3.9	12.1	0.0	100.0	7.36
	기독교 입문층	(481)	53.5	27.6	6.2	8.4	4.2	100.0	7.59
	그리스도 인지층	(204)	42.2	30.5	10.5	10.7	6.0	100.0	9.14
	그리스도 친밀층	(90)	68.1	20.0	3.3	8.5	0.0	100.0	5.67
	그리스도 중심층	(16)	56.7	26.8	0.0	7.6	8.9	100.0	7.42

이것은 연령별, 계층별로 다를 것으로 추정되는데 특히 종교에 대한 만족도가 낮은 젊은 층에서 가나안 성도가 더 많을 것으로 보인다. 마찬가지로, 21세기교회연구소와 한국교회탐구센터가 공동으로 조사한 「평신도의 교회선택과 만족도」에서는, 20대의 교회와 목회자에 대한 만족도가 전체 연령대에서 가장 낮았고 이에 따라 교회를 떠날 의향은 가장 높은 것으로 나타났다. 이 조사에서는 현재 다니는 교회를 계속 다닐 것인지 물어보았는데, 절반을 겨우 넘긴 55.0퍼센트만이 계속 다니고 싶다고 응답하였고, 28.0퍼센트는 떠날 생각이 다소 있다고 응답하였으며, 4.8퍼센트는 떠날 생각이 매우 많다고 응답하여 현재 교인들의 3분의 1이 교회를 떠날 의향이 있는 것으로 파악되었다.

특히 20대에서 계속 다닐 의향은 40.6퍼센트에 불과(떠날 의향은 42.1%)하였는데, 학원복음화협의회에서 2017년에 조사한 「대학생 의식 조사」 결과에서는 대학생 기독교인 중 28.3퍼센트가 가나안 성도로 파악되어 이것이 입증된 셈이었다. 마찬가지로 블루칼라에서도 교회를 계속 다닐 의향은 40.2퍼센트에 불과하였고, 절반을 넘는 50.2퍼센트가 교회를 떠날 생각이 있다고 응답하였다. 경제 수준하고도 상관관계가 있었는데, 상류층과 중간층에 해당하는 교인들은 60퍼센트 이상이 교회를 계속 다니고 싶다고 응답했으나 하류층에서는 44.4퍼센트만이 계속 다닐 의향이 있었고, 38.6퍼센트가 떠날 의향을 나타내었다. 이 역시 경제적으로 여유가 있고 사회적으로 높게 인정받는 직업을 가진 사람들이 교회의 주류로 활동하고 있고, 그렇지 않은 사람들은 교회에서도 주변부에 머물며 교회를 떠날 생각을 가지고 있다는 점을 증명하는 통계 결과이다.

젊은 층의 경우 교회에 대한 불만은 더욱 뚜렷하다. 앞에서 조사 결과를 인용했듯이, 이들은 교회나 목회자에 대한 불만이 크고 자신들의 현실에 대해서 교회가 도움이 될 것이라는 기대가 매우 낮다. 이것은 2015년 인구센서스에서 무종교인이 크게 늘었고 그중에서도 20, 30대 무종교인이 가장 많아진 원인이기도 할 것이다. 이와 관련하여 기독교 전문 리서치 기관인 바나 그룹의 대표인 데이비드 키네먼은 『청년들은 왜 교회를 떠나는가You Lost Me』에서 왜 미국의 청년들이 교회를 떠나고 있는지에 대해 바나 그룹을 통해 조사하고 연구하였다. 키네먼은 이 책에서 십대에 교회에 간 미국 젊은이들의 60퍼센트 가까이가 고등학교 졸업 후에 교회를 떠나고 있다고 말하는데, 교회를 떠나는 이유는 신앙에 대해 의문을 가지는 것을 교회에서 무시당하거나, 예술이나 과학에 관심을 가지고 있는데 이러한 것들은 기독교인들의 소명이 될 수 없다는 시각으로 사기가 꺾였기 때문이라고 말한다. 이 젊은이들은 이렇게 자신의 부모나 다른 나이 든 어른들로부터 고립감을 느끼게 되는 것이다. 결국 미국의 기독 청년들은 교회가 자신들의 관심과 필요를 이해하지 못하고 실제적인 지침을 주지 못한다고 생각하게 되었다.

그럼에도 키네먼은 교회를 떠난 많은 미국 청년들이 여전히 신앙을 추구하고 있다고 말하면서 젊은이들이 스스로 질문하고 자신의 생각과 의심까지도 표현할 수 있도록 해야 한다고 조언한다. 그리고 기성세대가 이제는 대량생산하듯이 청년 신앙인들을 양산하려고 하기를 그만 두고, 이들에 대해 일대일의 관계를 갖고 세심한 관심을 기울여야 한다고 말한다. 결국 기성세대가 이들의 멘토가 되어야 하는 것이다. 이에 대해서 필자도 같은 생각이다. 청년들을 '교회 일꾼'이라고 말하며 부속품처럼 가져다 쓰고 소모하기 이전에 이들의 현실 문제에 공감하고 같이 아파하며 대안을 만들기 위해 노력해야 한다. 앞에서 소개한 학원복음화협의회 조사에서 젊은 층 활성화 방안에 대해 '젊은 층에 맞는 문화적 선교 전략 마련'이 26.9퍼센트로 가장 응답률이 높았고, 그 다음 '젊은 층과의 소통의 장 마련'(21.4%), '권위주의 타파'(21.1%)의 순으로 나타났다. 젊은이들의 생각은 권위적이지 않은 방식으로 젊은이들과 소통하면서 이들에게 맞는 사역을 마련하는 것이 중요하다는 것이다.

앞의 조사 결과로 돌아가서, 교회를 떠난 이후의 계획에 대해서는 61.3퍼센트만이 다른 교회에 나갈 것이라고 응답하였고, 22.1퍼센트는 개신교인으로 있지만 교회에 출석하지 않을 것이라고 응답하였다. 그리고 5.3퍼센트는 다른 종교로 갈 것이라고 응답하였다. 따라서 개교회 단위로 생각하면 각 교회는 33퍼센트 정도의 교인이 떠날 가능성이 있고, 그중에서도 61퍼센트 가량만 다른 교회에 출석하고 22퍼센트(전체 교인의 6% 정도)는 가나안 성도가 될 가능성이 높은 것으로 파악되었다. 이것은 교계에서 가나안 성도의 수가 지속적으로 증가할 것임을 보여 주는 통계 결과이다. 그리고 이렇게 가나안 성도들이 지속적으로 늘고 있다는 사실은 지금의 신앙생활이나 목회 방식이 이들에게 설득력을 갖지 못한다는 것을 방증한다.

가나안 성도가 될 의향은 남성, 20대, 블루칼라, 51명에서 100명 규모의 교회, 장로/권사/안수집사에게서 상대적으로 높게 나왔는데, 이 범주들에서 교회 만족도가 낮아서 이와 상관관계가 있는 것으로 여겨진다. 특히 중직자에게서 이러한 성향이 높게 나타났다는 것은 가나안 성도에 대한 필자의 이전 연구 결과와 마찬가지로, 명목적 신자들이 가나안 성도들이 되는 것이 아니라 나름대로 열심을 가지고 신앙생활을 하던 사람들이 가나안 성도가 된다는 점을 보

여 주는 결과이다.[2]

이렇게 가나안 성도가 등장하는 이유는 현대 사회의 '포스트모던post-modern', 곧 탈현대적 경향과 관련된다. 탈현대의 세계는 고도로 다원화된 세계라고 할 수 있는데, 이러한 탈현대 사회에서는 집단보다는 개인이 중시된다. '우리'라는 집단에 매몰되기보다는 자신을 찾고 느끼려는 경향이 강해진다. 이것은 근대 사회에서 등장한 개인과는 또 다른 특성을 지닌다. 탈현대적 개인은 바로 '소속 없는 개인'이라는 점이다. 강요된 소속 의식을 대신하여 개인의 독립을 내세우는 '탈제도화'는 개인주의 혁명으로 나타나고 있다.[3]

이러한 변화에 따라 탈현대 사회에서는 종교성도 바뀌게 된다. 개인주의화 경향은 교회의 '보이지 않는 교회'로서의 특성을 강조하게 됨에 따라 보이는 교회, 역사적 교회, 기성교회를 부정하는 경향을 부추기게 되고, 이는 이른바 '교회를 떠난 기독교인들dechurched chrisitian'을 양산해 내는 결과를 가져오게 된다. 사회가 다양하게 분화하고 다원화되기 때문에 이러한 탈제도화 경향은 보다 더 증가할 것이고 앞으로 우리 사회에서 종교와 관련하여 중심 주제가 될 가능성이 높다.

앞에서 언급한 바와 같이, 한국갤럽의 「한국인의 종교의식과 종교생활」에서는 무종교인의 비율이 역대 최고인 60퍼센트로 나타났다. 2015년 인구센서스 결과에서 56.1퍼센트가 무종교라고 한 것보다 더 증가한 수치이다. 종교를 믿지 않는 가장 큰 이유로는 비종교인의 과반수(54%)가 '관심이 없어서'라고 답했다. '종교에 대한 불신과 실망'(19%), '정신적, 시간적 여유가 없어서'(17%)는 큰 비중을 차지하지 않았다. '관심이 없어서' 종교를 믿지 않는다는 응답은

2. 21세기교회연구소·한국교회탐구센터, 『평신도의 교회선택과 만족도 조사 세미나 자료집』(2016년 11월 25일), 51.

3. 박동현·이수진·이진석, 『미래, 미래사회』(서울: 동아대출판부, 2007), 70쪽.

1997년 26퍼센트에서 지속적으로 증가하여 두 배 이상으로 늘어났다. 이것은 한국의 종교들이 사람들의 필요를 채워 주지 못하고 있기 때문에 관심을 끌지 못하고 있다는 것을 의미한다.

그런데 이 조사에서는 한국인의 종교성 자체는 어느 정도 유지되고 있는 것으로 나타났다. '기적'에 대하여 믿는 사람은 57퍼센트였고, '죽은 다음의 영혼'과 '극락/천국'은 각각 43퍼센트, '절대자/신'은 39퍼센트, '귀신/악마'는 38퍼센트가 믿는 것으로 나타났다. 비종교인 중에서도 45퍼센트는 기적의 존재를 믿는다고 응답하였고, 내세에 대해서 23퍼센트가 믿는다고 응답하였다. 높은 비율은 아니지만 비종교인 중에도 영적인 차원에 대한 믿음이 존재하는 것을 알 수 있다. 이렇게 종교인 수가 줄고 있지만 사람들이 실제로 종교에 관심이 없다고 단정하기는 어렵다. 앞 장에서 말한 바와 같이, 종교 단체에는 탈퇴하거나 가입하지 않았지만 여전히 영적인 관심이 있기 때문이다.

우리 사회에서 가나안 성도 역시 이러한 경향을 나타내는 것으로 보인다. 교회를 떠난 이유 중에 절반이 개인적인 문제였고, 응답자의 42.2퍼센트는 떠났을 당시 교회에는 문제가 없었다고 응답했기 때문이다. 이것은 제도화된 교회 안에서 신앙생활을 하기보다는 자기 나름대로 자유로운 신앙생활을 원하는 모습을 드러내는 것이다. 특히 필자가 진행한 가나안 성도 1차 조사에 비해서 2018년에는 신앙의 개인주의화가 더 강해진 특성을 보였다. 이들은 교회에 출석하지 않는 이유에 대하여, 31.2퍼센트가 '꼭 교회에 가야겠다는 마음이 생기지 않아서'라는 교회 출석 욕구 부재를 나타냈으며, 그 절반 수준인 18.8퍼센트가 '개인적 이유'를, 13.9퍼센트는 '자유로운 신앙생활'이라고 응답하였다.

교회 불출석 이유를 '자유로운 신앙생활'이라고 응답한 사람들에게 그 구체적 이유를 질문하였는데, '틀에 박힌 신앙생활이 싫어서'가 77.0퍼센트(전체의 10.6%)로 압도적으로 많았다. 2017년에 실시한 한목협의 조사 결과에서도 문항이 다소 다르지만, '얽매이기 싫어서'가 44.1퍼센트로 가장 많이 나왔다. 5년 전 조사 결과와 비교해 보면, '목회자에 대한 불만', '교인들에 대한 불만' 등 기존 교회에 대한 불만이 절반 이하로 줄어든 반면에 틀에 얽매이기 싫어하는 경향이 훨씬 더 강해졌다. 따라서 최근에 가나안 성도가 늘어나는 이유는 기존 교회의 문제에 대한 불만보다는 개인주의적인 신앙 성향이 강해졌기 때문으로 보아야 할 것이다. 이러한 성향은, 교회를 이탈하기 전 출석하던 교회에 대한 인식 중에 신앙의 다양성 불인정(66.9%), 전통에 얽매인 교회 분위기(62.1%) 등'신앙의 유연성이 부족하다'는 응답이 전체적으로 많이 나온 데서도 확인된다.

<그림34> 가나안 성도들의 교회 이탈 이유

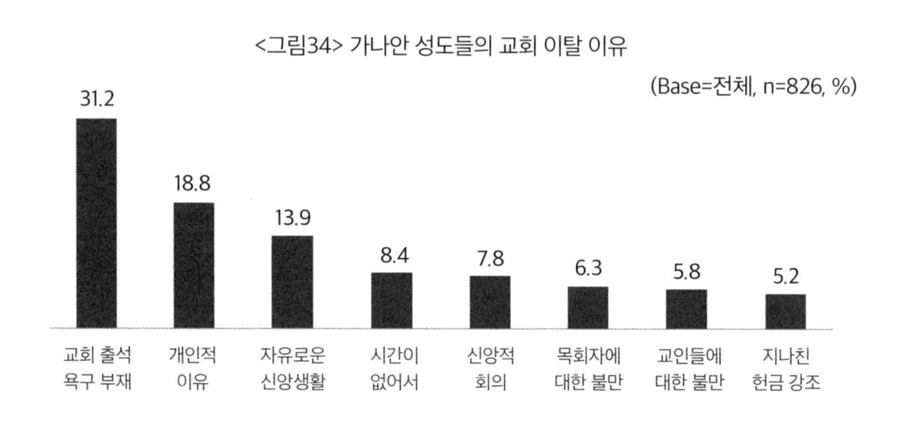

이들이 교회에 다시 출석할 의향은 더욱 줄고 있다. '가능한 빨리 출석하고 싶다' 3.7퍼센트, '언젠가 다시 출석하고 싶다' 52.2퍼센트를 합하여 총 55.9퍼센트의 응답자들이 교회에 출석할 의향을 보였는데, 5년 전 조사 결과에 비해 다시 출석하고 싶다는 응답(67.0%)이 15퍼센트포인트 가량 낮게 나왔고, '출석하고 싶지 않다'는 응답(13.8%)이 두 배 이상 늘었다. 특히 가능한 빨리 출석하고 싶다'는 비율 역시 절반 수준으로 줄었다. 또한 신앙 단계와는 상관관계가

없는 것으로 나타나서 신앙이 강하다고 해서 교회에 출석할 의향이 높은 것은 아닌 것으로 나타났다.

그리고 가나안 성도들의 절대 다수인 90.1퍼센트는 앞으로도 기독교 신앙을 유지하고 싶다고 응답하여 교회에 다시 출석하는 것과 상관없이 기독교인으로서의 정체성을 포기할 의향이 없음을 확인하였다. 이러한 결과는 가나안 성도들이 기독교인이 되는 것과 교회에 출석하는 것을 별개로 생각하고 있다는 것을 나타낸다. 특히 구원 확신자 등 직분과 신앙 단계가 올라갈수록 기독교 신앙을 유지하고 싶다는 응답이 높게 나타나, 기독교인으로서의 정체성을 분명하게 가지고 있는 사람들에게서 교회에 출석하지 않고 기독교 신앙을 유지하려는 강한 의지가 보였다. 특히 이들은 가나안 성도로서 신앙을 유지하기 위해 가장 필요한 것에 대하여 압도적으로 60.9퍼센트가 '교회를 출석하지 않는다고 해서 기독교 신앙을 버린 것으로 보는 편견'을 갖지 말아 달라고 응답하여, 교회 출석을 하지 않지만 기독교인임을 분명하게 표현하였다.

이 조사에서 가나안 성도들은 교회에 출석하지 않은 이후에도 다수인 58.1퍼센트가 신앙에 큰 변화가 없다고 응답하였고, 소수이지만 3.5퍼센트는 신앙이 더 확실해졌다고 응답하여 10명 중 6명 이상이 교회에 출석하지 않음에도 신앙을 유지하고 있는 것으로 나타났다. 그리고 자신의 신앙 유지를 위해 어느 정도의 신앙 활동을 하고 있는 것으로 나타난 것도 의미 있게 보인다. 교회에 출석하고 있는 성도들에 비하면 개인 신앙생활이 매우 부족하다고 볼 수 있지만, 조사 결과 헌금이나 기부 행위도 하고 있고 빈도는 매우 적지만 영성 집회에도 참여했다는 것은 이들이 여전히 신앙인으로서의 모습을 어느 정도 유지하고 있으며 나름대로 노력하고 있음을 보여 주었다. 특히 구원의 확신이 있다고 응답한 사람들은 예배 참석 경험도도 높고 예배 참석 의향도 높으며 기본 신앙생활도 더 잘 유지하고 있는 것으로 나타나서 기독교인으로서 실천이 이루어지고 있다고 볼 수 있다.

교리에 대한 생각에서 기존 신자와 가나안 성도들의 뚜렷한 차이를 발견할 수 있는데, 가나안 성도들은 하나님의 천지창조와 예수님의 구원이라는 기본 교리에는 동의하지만 기독교의 유일성과 보수주의적 성경관에는 크게 동의하지 않는 것으로 나타났다. 또한 가나안 성도들은 기독교 신앙이 덜 확고한 반면에 더 관용적인 태도를 가지고 있고, 교회출석자들은 기독교 신앙이 확고한 반면에 더 배타적인 태도를 가지고 있어 비교가 되었다. 이들은 한국교회 일반 신도들의 가장 큰 문제점에 대해서도 '타종교 및 비기독교인에 대한 배타성'을 첫 번째로 꼽아 배타적 신앙관에 대해서 큰 불만을 갖고 있는 것을 알 수 있다. 이것은 가나안 성도들이 스스로 어떤 점에서 기독교인이라고 규정하는지 묻는 질문에서도 나타나는데, 절반(50.2%)이 '하나님의 존재를 믿기 때문에'와 '예수님의 대속을 믿기 때문에'라고 응답하여 교회는 떠났지만 교회 출석자들과 다름없는 기독교 신앙을 가지고 있는 것을 기독교인으로서의 정체성의 근거로 인식하고 있다고 볼 수 있다.

이러한 결과는 많은 시사점을 담고 있다. 대부분의 제도권 교회에서는 '구원을 얻기 위해서'만이 기독교 신앙을 갖거나 교회에 다니는 '바른 이유'라고 생각하기 쉽지만, 현실에서 사람들이 교회를 다니는 이유는 이를 포함하거나 포함하지 않는 다른 여러 가지 것들이 다수 존재한다. 그리고 그런 이들 역시 스스로가 기독교인이라고 생각한다. 이에 대하여 우리는 보다 폭넓은 관점을 가질 필요가 있다. 먼저 이러한 기독교인들의 존재를 현실로 받아들여야 한다. 이들의 신앙이 특정 신앙관에 맞지 않는다고 하여 기독교인이 아니라고 단정하거나 정죄하는 것은 바람직하지 않다. 그리고 이들이 기독교 신앙의 근본적인 부분을 가질 수 있도록 돕는 것이 최선의 방법이지만, 이것은 강요하여 될 일은 아닐 것이다. 특히 가나안 성도들은 강요하는 신앙과 다양성을 인정하지 않는 배타적인 태도를 불편해 하는 것으로 나타난다.

교회에서는 신앙의 본질에 대해서 이야기하고 정해진 정답지 묶음을 제시하고 있지만 오늘날에는 이에 동의하지 않고 자기 나름의 방식으로 생각하는 사람들이 점점 늘고 있다. 이른바 포스트모던 시대에는 전통적인 교리나 가르침에 따르기보다 자기 스스로의 생각을 더 중시하는 경향이 강해지기 마련이다. 이번 조사에서 교회와 신앙에 대한 항목들 중에 '교회 안에서도 신앙에 대해 다양한 견해가 있을 수 있다고 생각한다'에 대한 동의율이 가장 높게 나온 것도 이러한 경향이 반영된 것이다. 따라서 이렇게 다양한 생각을 가진 사람들이라도 교회에서 불편함을 느끼지 않고 자신의 생각을 터놓고 얘기할 수 있어야 하며, 이러한 과정을 통해서 자연스럽게 신앙이 성숙될 수 있도록 도와야 할 것이다.

이것은 앞에서 살펴본 바와 같이, 교회를 떠나는 이유가 기존 교회의 문제에 대한 반발이라기보다는 교회라는 틀 자체를 불편해서라고 하는 사람들이 늘고 있는 데서도 알 수 있다. 사실 이러한 현상이 한국교회에 더 큰 과제를 던져 주고 있다. 기존 교회의 목회자나 성도의 도덕성에 문제가 있다면 시간이 걸리더라도 개선해 나갈 수 있는 가능성이 있지만, 교회라는 제도 자체를 거부한다면 제도적 교회로서는 사실상 대안이 없기 때문이다. 조사 결과에서 교회 제도를 거부한다는 응답은 낮게 나왔지만 틀에 얽매이기 싫다는 것이 사실상 제도로서의 교회를 불편해 한다는 뜻이기 때문이다. 이러한 결과는 개교회의 도덕적인 성찰뿐만 아니라 전통적인 교회 제도 자체에 대해서도 근본적인 고민을 해야 할 때가 되었다는 것을 의미한다. 사회에서는 4차 산업 혁명의 영향으로 대량생산·대량소비 체제가 아니라 개인 맞춤형 생산이 이루어지고 있는 상황에서, 교회가 획일적인 신앙관을 고수하는 것으로는 다양해진 신앙의 필요를 채워 줄 수 없기 때문이다. 교회는 성도들의 영적인 필요와 관심의 변화에 더욱 주목해야 한다.

2. 코로나 사태와 가나안 성도

가나안 성도와 관련된 탈교회 현상은 코로나 사태로 인해 더욱 가속화될 가능성이 있다. 코로나 사태 동안에 개신교인들의 예배에 대한 인식이 크게 바뀌고 있기 때문이다. 이전에도 전체 개신교 신자 중에서 20퍼센트 이상을 차지하는 것으로 나타난 가나안 성도가 코로나19로 예배와 주일 성수에 대한 인식이 바뀌면서 급속하게 늘어날 우려가 매우 크다. 이에 대한 통계 조사는 아직 없지만 코로나 시기에 실시된 조사 결과에서 어느 정도 예측을 해 볼 수 있다. 코로나 1차 대유행기인 2020년 4월에 한목협에서 조사한 결과에서는 가나안 성도들을 제외한 교회 출석자들을 대상으로 질문을 했음에도, 13퍼센트가 예배를 드리지 않았다고 응답하였다. 이것은 코로나 사태 이후에 주일을 지키지 못하는 사람들이 적지 않음을 시사한다. 그리고 이후 7월에 한국기독교사회문제연구원기사연이 실시한 조사에서 이 응답이 18.0퍼센트로 늘어난 것은 이러한 비율이 지속적으로 늘어날 수 있음을 암시한다.

전통적으로 주일 성수는 반드시 예배당에 가서 예배를 드리는 것이며 그렇지 않으면 큰 죄를 짓는 것이라고 생각했는데 전염병으로 인해 예배당 문이 닫히면서 예배당 출입을 하지 못하게 되었고, 일부는 온라인이나 가정 예배 방식을 선택하지 않고 아예 예배를 드리지 않는 상황이 발생한 것이다. 이러한 경험이 누적되면 예배 참석에 대한 인식이 상당히 약해질 수 있다. 특히 주일 성수에 대해 과반수인 54.6퍼센트가 '온라인 예배 또는 가정 예배로도 대체할 수 있다'고 응답하였고, 코로나 사태 이후에 '주일에 꼭 교회에 가서 예배를 드리지 않아도 된다는 생각을 하게 됐다'는 사람들이 22.9퍼센트로 나온 것 역시 전통적인 주일 성수 개념이 변하고 있음을 보여 준다. 이 역시 7월의 기사연 조사에서는 더 증가하였다.

그리고 코로나 19가 종식된 후 본인의 교회 예배 참석 의향에 대하여, '예전처럼 동일하게 교회 출석하여 예배드릴 것 같다'가 85.2퍼센트였는데 '필요한 경우 교회에 가지 않고 온라인/방송/가정예배로 드릴 수 있을 것 같다'가 12.5퍼센트, '교회에 잘 안 가게 될 것 같다'가 1.6퍼센트로 나타났다. 대부분 예전처럼 교회 출석해서 예배를 드리겠다고 응답했지만, 열 명 중 한 명 이상이 그렇지 않다고 응답한 것이다. 그리고 교회에 잘 안 가게 될 것 같다는 비율은 2퍼센트 미만으로 미미했는데 7월 조사에서는 이 비율이 6퍼센트로 늘어났다. 그런데 여기서 이 질문의 전제가 '코로나 19가 종식된 후'라고 되어 있다는 점에 유의해야 한다.

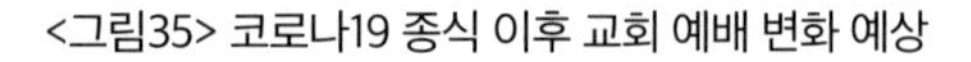
<그림35> 코로나19 종식 이후 교회 예배 변화 예상

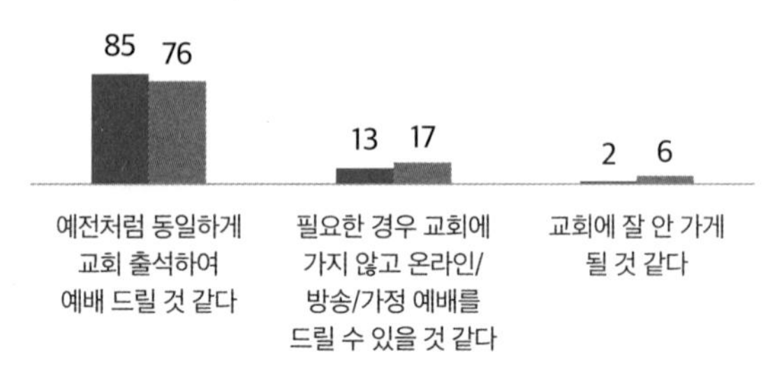

*자료 출처: 한국기독교목회자협의회/한국기독교언론포럼, '코로나19로 인한 한국교회 영향도 조사', 2020.04.14.(전국 개신교인 만 19세 이상 1,000명, 온라인 조사, 2020.04.02.~04.06.)

**자료 출처: 한국기독교사회문제연구원, '한국사회 주요 현안에 대한 개신교인 인식조사', 2020.10.14.(전국 개신교인 만19세 이상 1,000명, 온라인 조사, 2020.07.21.~29.)

이후에는 질문을 달리하여 코로나 이전과 비교하여 코로나 종식 후에 얼마나 예배 참석 의향이 있는지 물어보았는데, 작년 12월에는 14.1퍼센트가 코로나 이전보다 덜 가게 될 것 같다고 응답하였고, 올해 6월에는 12.4퍼센트가 이렇게 응답하였다. '잘 모르겠다'는 응답까지 합하면 15퍼센트에서 20퍼센트 정도의 교인들이 코로나 종식 후 예배 참석 의향이 줄어든 것으로 볼 수 있다.[4] 그런데 코로나 이전보다 덜 가게 될 것 같다는 응답이 소형교회보다 대형교회 교인들에게서 두 배 가까이 나와서 대형교회의 신자 이탈이 더 클 것으로 우려된다. 대형교회는 다양한 프로그램을 통해서 성도들의 필요를 채워 주는 특징이 있는데 코로나 상황에서 이것이 크게 제약받으면서 교인들의 이탈 가능성이 커지는 것으로 해석된다.

현재 코로나 종식이 아니라 '위드with 코로나'를 이야기할 만큼 많은 전문가들의 예상처럼 코로나 19가 완전히 종식되기 어렵다면 면역력이 약한 사람들은 대면 예배에 참석하기를 더 꺼려할 수 있을 것이고, 그만큼 교회를 이탈하는 신자가 더 많아질 가능성이 있다. 실제로 현재 교회를 계속 다닐 의향에 대해서 계속 다니고 싶다는 응답은 80퍼센트에 미치지 못하였고, 떠나고 싶다는 응답이 7퍼센트, 잘 모르겠다는 응답이 15퍼센트 정도 나왔다.[5] 이것은 2012년에 한목협에서 조사했을 때 96.5퍼센트, 2017년에 81.9퍼센트가 계속 다니고 싶다고 응답한 것보다 더 줄어든 수치이다.[6]

---

4. 지앤컴리서치, 「코로나19 이후 한국교회 변화 추적조사 결과 보고서 (개신교인 대상)」(2021년 7월 21일), 71.
5. 윗글, 82.
6. 한국기독교목회자협의회, 윗글, 162.

<그림36> 코로나19 종식 후 주일예배 참석 예상(교회출석자 755명, 단위 %)

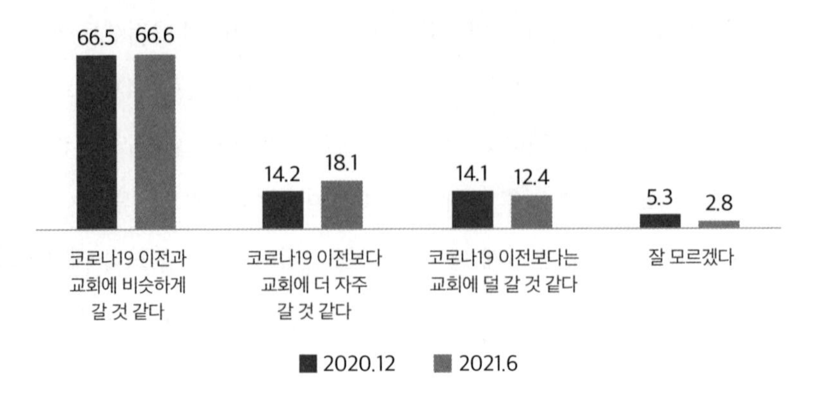

이러한 인식의 변화와 함께 코로나 사태 가운데 교회의 대응 방식에 대한 실망과 불만이 교회에 대한 부정적 인식으로 이어져서 교회를 떠날 가능성도 높아지고 있다. 아래 <표3>에서 보는 바와 같이 가나안 성도들은 교회에 출석하는 성도들에 비해 코로나 사태에 대한 한국 교회의 대응에 대하여 전반적으로 부정적으로 평가하고 있다. 교회 예배와 모임 자제, 교회 방역과 감염 예방 수칙 준수, 감염자·의료진·사회적 약자·자영업 피해자 등에 대한 기도와 물질적 후원, 교회를 향한 사회의 요구에 대한 적절한 대응 등 모든 항목에서 가나안 성도들은 교회 출석 신자들의 절반을 약간 웃도는 정도로 낮게 평가했고, 전체적인 대응에 대해서도 37.6퍼센트로 매우 부정적인 평가를 하고 있다.

<표3> 코로나19 사태 관련 한국 교회 대응 평가

구분		사례수(명)	교회예배/교회모임 자제	교회 방역과 감염예방 수칙 준수	감염자 및 의료진, 사회적 약자, 자영업피해자 등에 대한 기도와 물질적 후원	교회를 향한 사회의 요구에 대한 적절한 대응	전체적으로 잘 대응하고 있다
전체		(1000)	61.5	67.9	58.9	51.6	59.0
성별	남성	(444)	56.8	65.5	55.0	46.4	55.9
	여성	(556)	65.3	69.8	62.1	55.8	61.5
연령	18-29세	(190)	52.6	58.4	55.8	45.3	50.0
	30-39세	(198)	56.1	64.1	57.6	49.0	53.0
	40-49세	(241)	62.7	66.4	57.3	50.6	61.0
	50-59세	(223)	68.6	75.3	60.1	55.6	65.0
	60-69세	(148)	67.6	76.4	65.5	58.8	66.2
교회 출석 여부	출석	(755)	69.3	76.0	65.7	58.3	66.0
	가나안성도	(245)	37.6	42.9	38.0	31.0	37.6

코로나 사태 초기에는 신천지에서 확진자가 대거 발생한 이후에 어느 정도 안정기에 접어드는 듯했으나 개척 교회 등 작은 교회들에서 연이어 확진자가 발생하면서 문제가 되기도 하였다. 특히 일부 교회에서는 매우 비상식적인 행태를 보여서 일반 시민들뿐만 아니라 같은 기독교인들에게도 비난을 산 바 있다. 그리고 그 이후에는 8·15 광화문 집회 이후에 교회발 코로나 확진자가 다수 발생하면서 큰 사회 문제가 되었다. 광화문 집회를 주도한 사랑제일교회 주변에서는 교회로 인한 피해가 너무 커서 주변 상인들이 교회를 상대로 피해보상 소송을 제기할 것이라는 보도가 있었다. 그리고 서울시는 실제로 사랑제일

교회 상대로 46억 원의 손해배상 소송을 제기하였다.

이렇게 비상식적인 신앙 행태와 극우적인 정치색은 기독교인들마저도 교회에 대하여 큰 실망을 갖게 함으로써 탈교회 현상을 부추길 우려가 있다. 가나안 성도들이 코로나 상황에서 교회의 대처 방식에 대해 더 부정적인 평가를 하고 있다는 점을 감안하면 현재 교회 출석자들 중에서 교회에 대해서 부정적인 인식을 하고 있는 사람들이 교회를 떠날 가능성이 더 크다고 추론할 수 있다. 실제로 주변에서 교회의 모습에 실망해서 더 이상 교회에 나가기 어렵겠다고 하는 이야기가 계속해서 들리고 있는 실정이다.

코로나19 사태를 겪으면서 한국 교회가 가장 관심을 가져야 할 주제에 대해서, 한목협 조사 결과를 보면 전체적으로는 '교회 중심의 신앙생활에서 실생활에서의 신앙 실천으로의 의식 전환' 24.3퍼센트, '예배의 본질에 대한 정립' 21.9퍼센트, '교회의 공적인 사회적 역할' 21.4퍼센트 등이 비슷하게 높게 나타났다. 온라인 예배 등장으로 예배 본질에 대한 신학적 고민을 해야 한다는 의견과 함께, 교회 안에서가 아닌 교회 밖에서의 삶과 교회의 공공성에 대한 문제 제기를 하고 있는 것으로 해석된다.

그런데 이 조사에서도 가나안 성도와 교회 출석 신자들 사이에 인식의 차이가 나타났다. 가나안 성도들은 '교회 중심의 신앙생활에서 실생활에서의 신앙 실천으로의 의식 전환'에 29.0퍼센트로 뚜렷하게 더 높은 관심을 나타냈고, 다음으로 '교회의 공적인 사회적 역할'에도 교회 출석 신자보다 더 높은 응답률을 보였다. 그러나 '예배의 본질에 대한 정립'에 대해서는 교회 출석 신자들에 비해 더 낮은 응답률을 보여 관심이 적음을 나타냈다. 교회 문화나 정서에 익숙하고 거기에 이질감을 느끼지 않으며 충성도가 높은 교회 출석자와 달리 기존 교회의 모습에 불편함을 느끼는 성도들은 교회를 이탈할 가능성이 매우 높다.

<표4> 코로나19 사태를 겪으면서 한국 교회가 관심을 가져야 할 주제

구분		사례수 (명)	교회 중심의 신앙 생활 ⇩ 실생활에서 신앙 실천	예배의 본질에 대한 정립	교회의 공적인 사회적 역할	이단 척결	개교회 주의의 문제점 점검	작은 교회 운영 실태 파악과 현실적 지원	잘 모르겠다	기타	계
전체		**(1000)**	**24.3**	**21.9**	**21.4**	**16.3**	**6.8**	**5.5**	**2.6**	**1.2**	**100.0**
성별	남성	(444)	24.3	20.9	23.0	14.2	8.1	5.6	2.9	0.9	100.0
	여성	(556)	24.3	22.7	20.1	18.0	5.8	5.4	2.3	1.4	100.0
연령	18-29세	(190)	16.8	16.8	19.5	24.7	7.4	6.8	5.8	2.1	100.0
	30-39세	(198)	20.7	23.7	18.7	18.7	8.1	5.1	3.0	2.0	100.0
	40-49세	(241)	30.7	17.4	20.7	16.6	7.5	4.6	1.7	0.8	100.0
	50-59세	(223)	28.3	25.1	23.8	10.3	6.7	4.0	1.3	0.4	100.0
	60-69세	(148)	22.3	28.4	25.0	10.8	3.4	8.1	1.4	0.7	100.0
교회 출석 여부	출석	(755)	22.8	23.6	20.8	16.6	6.9	5.4	2.8	1.2	100.0
	가나안성도	(245)	29.0	16.7	23.3	15.5	6.5	5.7	2.0	1.2	100.0

탈교회 현상과 관련하여 특별히 주목해야 할 부류는 젊은 연령층이다. 앞에서 언급한 바와 같이 교회와 목회자에 대한 20대의 만족도가 전체 연령대에서 가장 낮았고 이에 따라 교회를 떠날 의향은 가장 높은 것으로 나타났기 때문이다. 이것은 21세기교회연구소와 두 기관이 공동으로 조사한 기독 청년 의식 조사 결과에서도 확인된다. 기독 청년들은 10년 후 자신의 신앙생활에 대하여, 절반 정도인 53.3퍼센트는 10년 후에도 '기독교 신앙도 유지하고 교회도 잘 나갈 것 같다'고 응답했지만, 39.9퍼센트는 기독교 신앙은 유지하지만 교회는 잘

안 나갈 것 같다'고 응답했다. 열 명 중에 네 명이 가나안 성도가 될 것 같다는 매우 우려스러운 결과이다. 그리고 나머지 6.9퍼센트도 '독실한 기독교인'으로 남아 있지는 않을 것 같다고 응답하였다. 이 조사에서는 기독 청년의 20.3퍼센트가 가나안 성도로 파악되었는데, 10년 후에는 거의 두 배로 늘어날 가능성이 있는 것이다. 현재 교회에 출석하고 있는 청년들 중에서도 30퍼센트는 가나안 성도가 될 것이라고 전망하였다.[7]

<그림37> 향후 신앙 및 교회 생활 지속 의향(개신교 19-39세, N=700)

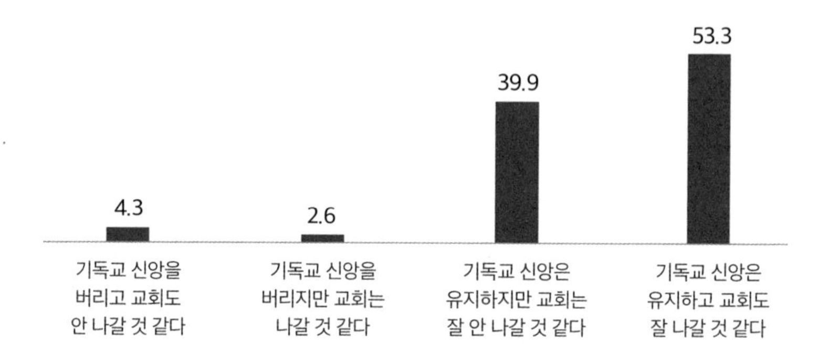

이러한 탈교회 가능성은 이미 한국 교회가 가족종교화되고 있어 외연 확장이 되지 않고 있는 상황에서 더욱 심각한 문제이다. 이 조사에서 기독 청년들 중에 모태신앙이 절반이 넘었고, 유치원 이전에 교회를 다닌 비율이 65퍼센트 정도 되어서 기독교가 가족종교화되는 경향을 보였다. 고등학교 졸업 이후에 교회를 다니기 시작한 비율은 13퍼센트밖에 되지 않았다. 또한 기독 청년들의 77.4퍼센트는 '가족(부모)의 영향/전도'로 신앙생활을 하게 되었다고 응답하였고 신앙에 영향을 미치는 요인도 부모가 가장 컸다.

---

7. 21세기교회연구소·한국교회탐구센터·목회데이터연구소 엮음, 『코로나 시대, 기독 청년들의 신앙의식 탐구 세미나 자료집』(2021년 1월 27일)

<그림38> 교회 출석 시기(개신교 19-39세, N=700)

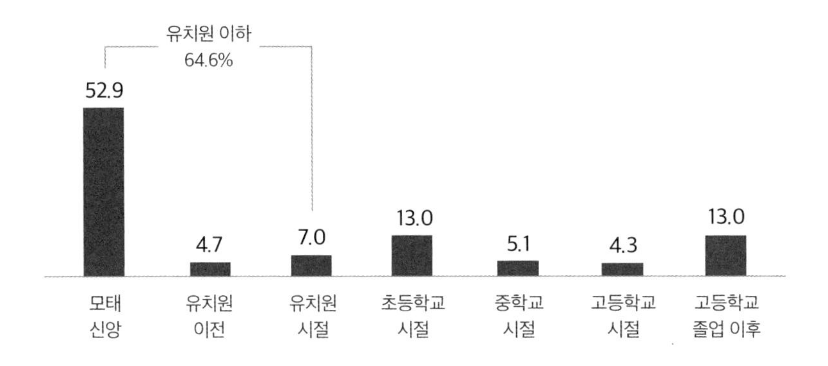

이러한 경향은 기독 청소년 의식 조사에서도 나타났다. 모태신앙 50.8퍼센트를 포함하여 초등학교 이전에 교회에 출석하는 비율이 70퍼센트에 이른다는 결과는 중고등학생 때 교회에 출석하는 경우는 매우 적다는 뜻이다. 특히 교회에 출석한 계기는 70퍼센트 정도가 부모를 따라서 왔다고 응답하여 비기독교인 가정에서 교회에 출석하는 경우는 매우 적었다는 것을 보여 준다. 또한 현재 교회에 다니는 이유에 대해서도 예배나 설교가 아니라 가족을 따라서 다닌다는 응답이 가장 많았다는 점에서 가족종교화되고 있는 것으로 볼 수 있다.[8] 이러한 결과는 어렸을 때부터 신앙생활을 해서 잘 정착하여 가정 안에서 기독교 신앙이 전수되고 있다는 면에서는 긍정적으로 볼 수도 있지만, 한편으로는 새로운 신자가 유입되지 않고 있어서 청소년과 청년 등 젊은 층에서 전도가 이루어지지 않고 있음을 보여 주는 것이다. 뿐만 아니라 기독교의 가족종교화 경향이 심화됨으로 인해서 기독교 신앙의 확장성이 매우 부족하며 자칫 끼리끼리의 종교로 전락할 우려도 나타내고 있다.

---

8. 이에 대하여는 정재영, 「기독 청소년들의 인식 조사」, 21세기교회연구소·한국교회탐구센터 엮음, 『기독청소년 신앙과 교회 인식 조사발표 세미나 자료집』(2019년 12월 6일)을 볼 것.

또한 기독 청년 의식 조사에서는 현재 자신의 삶에 만족한다는 응답은 34퍼센트에 불과하였고 불만족한다는 응답이 38퍼센트로 더 많았다. 여기서 특히 주목해야 하는 것은 경제 수준이 낮은 청년들이다. 경제 수준이 낮을수록 삶의 만족도도 더 낮고 우리 사회에 대해서 더 부정적으로 보고 있으며 미래 전망도 더 비관적이었다. 이들은 결혼 의향도 더 낮았는데, 그 이유에 대하여 경제 수준이 높은 경우에 결혼의 필요성을 느끼지 못한다는 응답이 많은 데 반해서 경제 수준이 낮은 청년들은 경제적 여유가 없기 때문이라는 응답이 더 많았다. 또한 청년들의 40퍼센트가 '성경 말씀대로 살면 이 사회에서 성공할 수 없다'고 응답하였고, '성경 말씀을 지키며 사는 사람은 내 주위에는 별로 없다'는 데에는 61.7퍼센트가 동의하여, 성경 말씀대로 사는 것은 비현실적이며 주변에서 좋은 본이나 멘토를 찾기도 어렵다는 생각을 나타냈다. 경제 수준이 낮은 청년들은 이에 대하여 더 부정적으로 응답하였다.

이러한 경향 역시 기독 청소년 의식 조사에서도 비슷하게 나타났다. 이 조사에서는 경제 수준이 높을수록 아버지가 기독교인인 비율과 부모 모두 기독교인인 비율이 많았는데, 이것은 경제 수준이 낮을 경우에는 아버지가 생업에 매달려야 하므로 신앙생활을 하기 어렵기 때문으로 해석된다. 또한 경제 수준이 상층인 학생들과 기독교인 부모를 둔 학생이 상대적으로 삶의 만족도가 높게 나타난 결과로 볼 때, 경제 수준이 낮고 그래서 부모 모두 교회에 나오기 어려운 경우에 자녀가 교회에 나오기도 쉽지 않고 삶의 만족도도 낮다고 볼 수 있다. 경제 수준이 낮은 경우 신앙의 중요성에 대해서도 상대적으로 낮게 인식하여 경제 수준이 낮은 청소년들이 신앙적으로 취약한 것으로 나타났다.

이것은 비단 젊은 층에만 국한된 것이 아니다. 앞에서 살펴본 바와 같이 교회 만족도는 자신의 경제 수준과 비례하는 것으로 나타났다. 경제 수준이 낮을수록 생계를 위해 일을 해야 하는 시간이 많고, 특히 자영업자들의 경우 휴식 시간이 부족할 정도로 영업에 매달려야 하는 실정이므로 신앙 활동에 시간을 할애하기 어려운 형편이라 만족도도 낮게 나타나는 것이다. 코로나로 인한 충격이 저소득층과 같은 취약 계층에 더 크다는 사실을 감안할 때 현재 이들의 신앙생활도 매우 불안정한 상태이고 더욱 악화될 가능성이 높다.

통계로 보면, 상류층에 비해 하류층은 출생 시의 몸무게가 더 적게 나가고, 영아 사망률이 높으며, 어른이 된 뒤에도 더 작고, 건강하지 못하고 더 젊은 나이에 사망한다. 그리고 육체적인 질병들도 하류층에서 훨씬 빈번하게 나타난다. 이들은 자신의 건강을 돌볼 수 있는 생활 환경을 갖지 못하고 있으며 그럴 능력도 없다. 질병에 시달리더라도 제때 치료받지 못하는 경우가 많아서 그 결과로 병을 더 키우게 되고 일찍 생을 마치게 된다. 태풍이나 허리케인과 같은 자연재해에 대해서도 하류층의 사람들은 더 위험한 환경 속에서 살기 때문에 더 큰 피해를 입는 것과 같은 이치이다. 허리케인이나 지진이 계층을 가려서 발생하는 것은 아니지만 상류층에 비해 하류층의 사람들은 더 안전하지 않은 집에서 살고 있고 비용을 들여서 대비하기 어렵기 때문에 더 큰 피해를 입는다. 외부의 위협에 맞서 스스로를 보호할 수 있는 방어막은 사회 약자일수록 더 취약하기 때문에 나타나는 결과이다. 결국 재난은 모든 사람에게 평등하지 않게 일어난다.

이번 코로나19도 마찬가지이다. 물론 전염병이 계층을 구별해서 감염시키지는 않는다. 돈 많은 사람과 없는 사람을 가려서 걸리게 하지는 않는다는 것이다. 그러나 하류층의 사람들은 전염병에 매우 취약하다. 전염병으로부터 자신을 보호할 수 있는 마스크나 소독제와 같은 의약품을 구입하기도 쉽지 않고 감염의 위험이 높은 직장 환경을 스스로 개선할 수도 없으며 생계 때문에 그 직장을 그만 둘 수도 없다. 면역력을 높이기 위해 운동을 하거나 건강식품을 사 먹기도 어려운 형편이다. 부자들은 감염을 막기 위해 외출을 자제하고, 감염되면 돈을 들여 검사와 치료를 받을 수 있지만, 하루 벌어 하루 먹고 사는 사람들은 일터에 나가 수많은 사람들과 부대끼면서도 자신의 감염 여부조차 알지 못한다.

코로나19 1차 대유행이 일어났던 작년 1분기 가계동향조사 결과를 보면, 코로나 19로 타격을 가장 심하게 받은 이들은 서민이었다. 소득 하위 60퍼센트에 해당하는 가구의 근로소득이 감소한 것으로 나타났다. 또한 최근 한국은행이 발표한 「BOK 이슈노트-코로나19 확산과 사회적 거리두기가 임금 및 소득분배에 미치는 영향」 보고서에 따르면 사회적 거리두기 3단계에 해당하는 강력한 봉쇄조치가 1개월 동안 시행될 경우 경제 전체의 노동공급이 4.9퍼센트 감소하고 임금은 2.6퍼센트 줄어드는 것으로 추정됐다. 봉쇄조치로 인한 임금 손실률은 저소득층에서 높게 추정되어 코로나19 확산이 소득분배를 악화시키는 것으로 분석된다.

앞의 기독교인 관련 통계 조사 결과에서 보듯이 신앙은 우리의 삶의 조건과 무관하게 존재할 수 없다. 생활 형편이 어려우면 생계 유지에 더 많은 시간과 에너지를 써야 하기 때문에 그만큼 신앙 활동에 전념할 수 없다. 종교사회학자들은 중상류층의 사람들이 시간적으로나 재정적으로 더 여유가 있기 때문에 종교 활동을 비롯한 다양한 여가 활동에 더 적극적으로 참여한다는 연구 결과를 내놓고 있다. 이러한 점에서 전염병으로 인해서 더 어려운 여건에 처한 저소득층을 비롯한 취약 계층의 사람들이 교회로부터 이탈할 가능성이 더 클 것이다.

이러한 상황에서 최근 기존의 교회 형태와는 다른 새로운 교회들이 등장하고 있고 이러한 교회에 출석하는 교인들이 늘어나고 있다는 것은 한국 교회에 큰 도전을 던져 준다. 교회 성장 이후기, 엄밀히 말하면 제도 교회의 쇠퇴기에 새로운 유형의 교회가 등장하고 있고 이들이 새로운 신앙적 욕구를 채워 주고 있기 때문이다. 실제로 앞서 살펴본 사례 중에는 가나안 성도들의 교회를 표방하거나 가나안 성도들이 편안히 나올 수 있는 교회를 지향하는 교회가 상당수 있었다.

비제도권 교회 인터뷰 6

목회자가 주도한 경우에는 교회론에 대한 새로운 이해에 따라서 새로운 교회를 하고자 하는 의도에서 비롯된 경우가 대부분이다. 지방 대도시의 이 교회 역시 목회자가 설립하기는 했으나 목회자의 역할이나 권한을 최소화하고 평신도 중심으로 운영되는 교회이다. 이 교회를 세운 목사는 기존 교회에서 오랫동안 부교역자로 있으면서 너무 갑갑함을 많이 느꼈는데, 그러던 당시에 새로운 교회론에 대한 책을 읽으면서 새로운 시도에 대한 자극을 가득 받고 이제 스스로 교회를 한번 개척해 봐야겠다는 결심을 하게 되었다. 그렇게 생각하고 주변을 돌아보니 함께할 만한 가정이 두세 가정이 있어서 함께 새 교회를 시작하게 되었다. 그리고 청년들이 몇 명 있었는데, 이들이 결혼을 해서 초창기 1년 사이에 다섯 가정 정도가 되었다. 지금은 여섯 가정이 모이고 있다.

모이는 장소는 한 선교단체 사무실을 빌려서 이용하고 있다. 이 교회에서는 담임목사라는 말을 쓰지 않고, 멤버 목사라고 한다. 교회 대표는 한 형제가 맡고 있고, 고유번호증에도 그분이 대표로 되어 있다. 교회를 설립한 목사는 이 교회를 그만두고 후배 목사가 이어서 목회를 하고 있다. 처음 목사가 목회를 그만둔 이유는 원래 이 교회는 목사, 평신도 할 것 없이 서로 배우기를 원해서 시작했는데, 한 10년쯤 지나니까 다른 교회들과 똑같이 목회자 의존적인 교회가 되었기 때문이다. 처음에는 평신도도 한 달에 한 번씩 돌아가면서 설교했는데, 몇 번 돌아가니까 평신도들이 너무 힘들어 하면서 목사가 그냥 설교를 전담하면 좋겠다고들 이야기하기 시작했던 것이다. 이 목사가 설교를 그만두고 후배 목사가 이어서 목회하게 된 지금은 다른 교인들도 돌아가면서 한 달에 두 번은 설교를 한다. 엄밀히 말하면, 설교라기보다는 성경 나눔에 가깝다.

이렇게 새로운 방식의 교회를 하게 된 가장 큰 이유는 기존 교회들에서 실망하고 힘들어 하고 있는 사람들이 많이 있었다는 점이다. 일부는 기존 교회에서 견디고 있었고, 일부는 모교회를 나와서 큰 교회에 출석만 하고 있었고, 아예 교회를 안 다니는 사람들도 있었다. 이들이 모여서 교회를 함께하게 된 것이다. 처음 시작할 때 교단에 들어갈 것인가 말 것인가 논의를 했는데 구성원들이 원하지 않았다. 그런데 기독교 집안에서 자란 사람들은 교회 목사의 기성 교단 소속 여부를 두고 자기 부모들의 눈치를 보았다. 그래서 그럴 때는 목사의 소속 교단을 말씀드리라고 했다. 그랬더니 확인하려고 그 부모가 예배드리러 온 적도 있었다. 하지만 전체적으로는 교단에 소속되어야 할 필요를 거의 느끼지 못했다.

이미 30, 40대들은 교단 소속이 교회나 목회자의 건전성을 보장한다는 생각을 하지 않는 듯하다. 단지 경조사 때 목사가 집례를 해 주면 좋겠다고 생각하는 정도인 것 같다. 목회자로서 기성 교회와 가장 부딪히는 부분은 설교 메시지이다. 담임목사가 되면 교회를 자기 교회라고 생각하고 성도들을 자기 아랫사람으로 생각하게 되는 경우가 많다. 전에 부목사로 사역했던 교회는 재개발하는 동네에 있었는데, 담임목사가 교회당을 새로 지어야 된다고 주장하면서 하지 않던 부흥회를 갑자기 하기도 했다. 그리고 정치적인 이슈에 대해서도 너무 보수적인 입장을 대변하여 설교를 하니 성도들과의 갈등이 심했다. 게다가 설교 표절 문제까지 불거지면서 청년들을 중심으로 교회에 다니기 힘들다고 하는 이야기가 많이 들렸다. 지역교회들은 가족이나 친척 등 혈연으로 엮여 있어 떠나기가 쉽지 않지만 자녀 교육 때문에 작은 교회 다니기 힘들다는 사람도 있고, 막말로 그동안 깔아 놓은 부조금이 아까워서 못 나온다는 사람도 있다.

앞에서도 비슷한 사례가 있었지만 제도권, 비제도권을 떠나서 작은 교회에 다니기 어려워하는 이유 중의 하나는 주일학교가 없어서 자녀들의 신앙교육을 제대로 시키기 어렵다고 생각하는 것이다. 이 교회에서는 처음부터 자녀 교육은 가정에서 부모가 책임져야 한다는 것을 강조했다. 같이 공동체로 모일 때는 다 같이 예배드린다. 교회가 어떻게 같이 생활하는지를 아이들도 같이 경험하는 것이다. 예배 중에 아이들을 위한 설교를 하기도 하고, 어른들이 설교를 들을 때는 아이들끼리 모이도록 하기도 한다. 매월 마지막 주일에는 아예 어른 설교 없이 어린이 설교를 한다. 다섯째 주일이 있을 때에는 중고등부 아이들이 주체가 돼서 찬양 인도를 하고 사회를 본다. 그랬더니 아이들이 예배 때 봤던 것을 가지고 자기들끼리 역할을 맡아 하면서 '예배 놀이'를 하며 놀기도 한다.

세례는 두세 달에 한번 '수묵담채화'라는 명칭의 야외 예배를 드릴 때 침례 형식으로 한다. '수묵담채화'는 명칭 공모를 했을 때 '수양, 묵상, 담소, 체험, 화목'의 의미를 담은 말로서 선정된 것이다. 교회를 세운 목회자는 장로교 소속이었지만 침례가 더 극적으로 보이기 때문에 침례를 준다. 첫 세례자는 소방관이었는데 알코올 중독에서 벗어나는 변화를 겪고 세례를 받겠다고 해서 기도원으로 가서 근처 개울물에서 침례를 했다. 교단의 방침에 얽매이지 않고 공동체 구성원이 재량껏 교회 전통을 만들어 나가고 있다.

이 교회는 분립 경험도 있는데, 엄밀히 말해서 분립이라기보다는 가까운 다른 도시에 사는 사람들이 자생적으로 모임을 시작하면서 네트워크 교회가 생겼다. 많을 때는 여섯 개까지 생겼었고 인원은 사오십 명이 되었다. 한 번씩 같이 예배드리기도 하고 1박 2일 모임을 같이하기도 한다. 지금도 서너 교회가 이 교회의 설립 취지와 정신에 동조를 해서 네트워크 교회로 가까이 지내고 있다.

이 교회의 가장 큰 장점으로는 유연성을 꼽는다. 규모가 작기 때문에 큰 교회가 가질 수 없는 유연함과 교회에 필요한 일이 있으면 모든 사람들이 의사결정에 참여해서 환경 변화에 적극적으로 대처할 수 있다. 교회의 미래에 대해서 확정적으로 말하기는 어렵지만, 제도라는 틀에 갇혀서 본질적인 모습으로부터 멀어지고 있는 기성 교회들은 채워 주기 어려운 영적 욕구를 채워 줄 수 있다는 점에서 희망이 있다고 생각한다.

VI. 제도화 문제의 극복

앞에서 살펴본 바와 같이, 비제도권 교회들에는 이 시대 한국 개신교인들의 새로운 종교적 욕구가 투영되어 있다. 기존 교회에서 영적인 채움을 받지 못한다고 느끼는 사람들이 기존의 틀을 벗어난 새로운 교회를 찾아가거나 그러한 교회를 세운다. 이에 대한 평가도 필요하지만, 한편으로 중요한 것은 기존의 제도권 교회들의 변화이다. 새로운 필요에 부응하여 파격적인 변화를 시도할 수도 있지만 그것만이 대안이 되는 것은 아니다. 한국 교회 안에 있는 신자들 중에는 기존의 틀이나 전통을 지키면서 현실적인 필요에 따라서 형식이나 내용을 바꾸고자 하는 사람들이 더 많을 수도 있다. 그렇다면 기존의 교회들이 시대의 변화나 교인들의 필요에 따라 더 적실성 있는 교회의 형태로 변화할 수 있는 방법은 무엇일까? 여기에서는 종교사회학의 관점에서 요구되는 교회의 변화에 대하여 살펴보도록 하겠다.

1. 신앙의 본질 회복

제도화의 부작용을 극복하기 위해서는 무엇보다도 신앙의 본질을 회복하는 것이 우선이다. 앞에서 설명했듯이, 모든 종교는 제도화의 과정을 겪게 되면 점점 본질 요소로부터 멀어지고 종교 정신이 약해지는 결과를 가져올 수 있다. 따라서 본질로부터 멀어지지 않도록 끊임없이 점검하고 노력해야 한다. 개신교 신학에서 '개혁교회는 끊임없이 개혁되어야 한다'고 말하는 것도 같은 맥락이다. 역사학자들의 연구를 보면, 평양대부흥기를 거치면서 부흥하기 시작한 한국 교회는 3·1운동 이후에 제도화의 길을 걷게 되는 것을 알 수 있다. 이전까지 개혁 정치와 독립운동 전선의 맨 앞에 서 있던 기독교가 3·1운동 이후 극심해진 일제의 탄압 아래 '순수 종교화' 작업에 열중하고 교회의 '비정치화'에 더욱 몰두하면서 민족의 문제를 외면하기 시작하였다.

이로써 진보적인 입장을 취하던 목사들도 교회와 사회, 정치 문제를 분리하고자 했다. 교회 지도자들이 사회 문제로부터 관심을 돌리기 시작하면서 민족주의 좌파뿐만 아니라 우파도 교회에 등을 돌리고 교회에 대하여 날카로운 비판을 하는 일들이 일어났다. 이때부터 한국 교회에서 비사회화, 비정치화 경향이 두드러지는데, 이것이 바로 한국 교회의 제도화와 관련되어 있다. 1920년대 이후 한국교회가 더욱 조직화되고 제도적으로 안착하면서 개신교 지도자들은 사회적 지위와 명성을 얻게 되고, 옛 양반들처럼 이들도 교인과 일반 사람들에 대하여 지성적, 문화적, 사회적 우월감을 갖고 이들 위에 군림하려는 태도를 보이기 시작한다. 그러자 기독교 안에서조차 지도자들이 점점 상층 계급에만 관심을 가지고 그들과 짝하여 간다는 비판이 나올 정도였다.[1]

---

1. 박정신, 「일제 강점기의 기독교와 민족운동: 그 물림과 엇물림의 사회사」, 『한국기독교사의 새로운 이해』(서울: 도서출판 새길, 2008), 105-106.

이는 교회 성장이 몰고 온 '평범화 과정'이라고 볼 수 있다. 기독교 지도자들은 기독교의 사회 발전 운동이 낳은 열매를 취하여 사회적 상승 이동을 하게 되었다. 기독교가 베푼 교육과 새 정치 훈련을 받고 그 안팎에서 자리를 얻어 권위적이고 위계적인 지도자 그룹을 형성했고, 점차 보통 사람이 되어 간 것이다.[2] 결국 사회 혁신 그룹이었던 기독교 공동체가 기득권층화 되면서 그 역사에 대한 책임의식도 약화되고 보수화의 길을 걷게 되었다. 1920년대 이후에 일어난 무無교회주의 운동도 이러한 측면에서 이해될 수 있다. 무교회주의는 조직화된 제도권 교회를 강조하여 '교회 밖에는 구원이 없다'고 하는 이른바 '교회주의'에 반대 또는 저항하는 신앙과 신학사상이기 때문이다.[3]

특히 70년대 이후 양적으로 급성장하였고 전국에 7만 개 이상의 교회당을 세우면서 주류 종교의 위치에 올라선 개신교는 현재 불교를 제치고 신자 수 1위의 종교가 되었다. 말하자면 제도화의 정점에 달했다고 할 수 있다. 그러나 1천만 명에 달하는 신자들 중에 교회 출석하지 않는 가나안 성도들이 200만 명에 이르고 있다는 것은 교회 제도화의 문제를 그대로 드러내고 있는 현실을 보여 준다. 이것을 코로나 사태 속에서 더욱 뼈저리게 경험하였다. 교회당 중심으로 이루어진 신앙생활은 성도 한 사람, 한 사람이 모여서 교회를 이루는 것임에도 교회당을 곧 교회라고 잘못 인식하는 결과를 낳았고, 대면 예배를 목숨을 걸고 지키려고 하는 왜곡된 결과를 낳았다.

세계 여러 나라의 개신교 신자들을 대상으로 한 조사에서 한국만 유일하게 코로나 시기에 신앙이 약화된 것으로 나온 것도 이러한 이유 때문일 것이다. 미국의 퓨Pew 리서치가 14개 국가에서 14,000명의 개신교인을 대상으로 실시

---

2. 박영신, 「기독교와 사회발전」, 『역사와 사회변동』(서울: 민영사, 1987), 10장.
3. 한국의 무교회주의 운동을 일종의 종파 운동으로 보는 견해도 있다. 이에 대하여는 서정민, 「한국 무교회주의 운동사의 검토 : 한국교회사적 평가를 중심으로」, 『신학사상』, 146권(2009년), 215쪽을 볼 것.

한 설문 조사에 따르면, 코로나 전염병은 미국, 스페인, 이탈리아에서 종교적 신념을 가장 강화했고 한국은 유일하게 신앙을 잃었다.[4] 또 하나의 이유는 목회자 의존적인 신앙 태도일 것이다. 스스로 성경을 읽고 묵상하며 신앙생활을 하기보다는 목회자의 설교를 듣기를 더 좋아하고 기도조차도 목회자에게 받으면 더 능력이 있다고 생각하는 한국의 개신교 신자들이, 코로나 상황 때문에 교회당에 가지 못하고 목회자를 만나기도 어려우니 신앙이 약화되었다고 생각하는 것은 당연한 결과일 수 있다.

코로나 시기의 경험은 코로나 사태가 안정화된 이후에도 신앙생활에 큰 변화가 생길 것을 의미한다. 바이러스의 위험이 완전히 사라지지 않는 이상 면역력이 약한 질환자나 노약자는 예배당 예배를 부담스러워하게 되어 예배 참석자가 줄어들 수 있다. 그리고 주일 성수는 교회당에 가서 예배를 드려야만 인정된다는 고정관념이 바뀌어서 보다 다양한 형태로 예배를 드리게 될 것이다. 헌금도 온라인이나 신용카드 결제 방식으로 간편하게 하는 비율이 늘어날 것이고, 그와 함께 헌금을 자신이 출석하는 교회만이 아니라 다른 교회나 단체에 하게 되는 경우도 늘게 될 것이다. 그리고 온라인이나 방송으로 자기 교회 예배가 아니라 다른 교회 예배 실황을 본 사람들도 많을 것이기 때문에 모교회에 대한 인식이나 충성도도 크게 변할 것이다.

결국 전통적인 예배나 헌금 그리고 교회 생활에 대한 인식은 큰 변화를 맞이할 수밖에 없다. 이러한 상황에서는 기존의 관행이나 고정 관념을 강조하기보다 예배와 헌금의 참뜻을 이해하는 것이 더욱 중요하다. 그리고 예배당 중심의 신앙생활을 강조하기보다 공동체 예배와 개인의 삶으로서의 예배 사이의 균형, 그리고 일상생활에서 신앙의 실천이 강조되어야 한다. 우리의 신앙과 교

---

4. 『Christianity Today』, 2021년 1월 27일자.

회 생활에서 신앙의 본질에 해당하는 것이 무엇이고 제도에 의해 만들어진 비본질적인 요소가 무엇인지 분별해야 한다. 교회당 중심의 형식적인 신앙으로서 '교회교churchianity'를 극복하고 기독교 신앙의 본질을 회복해야 한다.

코로나 19는 교회에 큰 위협이 되고 있지만 이제는 이것을 변화의 기회로 삼아야 한다. 신앙의 본질이라기보다는 전통적인 신앙생활이나 관행에 따라 신앙생활을 하던 것으로부터, 신앙의 본질을 이해하고 본질에 충실한 신앙생활을 할 수 있도록 전환할 필요가 있다. 예배당에 모이기를 힘쓰는 것만큼이나 세상에 보내진 자로서 신앙을 실천하고 하나님을 사랑하듯 이웃을 사랑하는 것이 올바른 신앙인의 모습이다. 예배당에 많은 사람들을 모아 놓고 교세를 자랑한다면 그것은 교회의 참 모습과는 거리가 멀다. 이러한 교회는 세상에는 아무런 영향을 미치지 못하면서 자기들끼리만 만족스러워하는 폐쇄적인 동질집단 이상의 의미를 갖지 못할 것이다.

앞에서 언급한 로드니 스타크는 『기독교의 발흥』에서 수많은 자연적, 사회적 재앙을 경험했던 로마에서 기독교는 이런 재앙적 현실에 대해 우월한 대응력을 갖추고 있었다 말한다. 그리고 말세에 대한 위기감과 동시에 안식, 희망, 구원을 갈망했던 사람들에게 희망을 안겨 줌으로써 세계적인 종교로 자리 잡게 되었다고 설명한다. 오늘날 교회에 필요한 것이 바로 이러한 모습이다. 코로나 사태 이후에 종교에 대한 전망은 그리 밝지 않다. 바이러스에 대한 공포와 불안감으로 종교에 대한 관심이 커질 것이라고도 하지만 한편에서는 전염병에 대처하는 종교인들과 종교 기관에 대한 실망으로 종교에 대한 관심이 줄어들 것이라고 전망하기도 한다. 18세기 리스본 대지진 이후에 기독교가 몰락한 것은 오늘날 교회에 큰 교훈이 된다. 사회적 재난에 대해서 교회가 올바른 의미를 부여하고 위기 극복을 위해 역할을 감당하지 못한다면 사람들은 교회에 등을 돌리게 될 것이다.

필자가 몇 년 전에 미국에 갔을 때 만났던 한 미국인 목사는 미국 교회들이 지나치게 건물 중심의 형식적인 신앙생활을 하는 '교회교'가 되고 있다고 말하였다. 그는 이런 모습에 실망하여 예수의 본을 따라 온 마을을 다니며 소외당한 이웃과 사회 약자들을 돌보는 사역을 하고 있다고 말하였다. 그는 요일별로 다른 장소를 빌려서 빈곤층의 사람들과 공동 식사를 나누며 인격적인 관계를 맺어 가고 있었다. 그러면서 이들이 자신의 성도이며 여기가 자기가 목회하는 교회라고 말하였다. 기존의 상식을 뛰어넘어 교회에 대한 새로운 발상을 보여주었다. 이제 한국 교회도 변화가 필요하다. 코로나 19로 인해 위기를 맞고 있는 한국교회가 신앙의 본질을 회복하여 한 단계 도약할 수 있는 기회를 만들어야 한다.

2. 공동체를 지향하는 교회

앞에서 설명했듯이, 교회는 이중의 속성을 가지고 있다. 곧 공동체이자 제도로서의 속성이다. 제도화됨으로써 나타나는 부작용을 극복하기 위해서는 공동체로서의 속성을 보다 강화할 필요가 있다. 공동체가 교회의 본질 요소 중의 하나이기 때문이다. 기독교 신앙은 공동체 안에서 자연스럽게 형성되고 공동체를 통해서 세대에서 세대로 전승된다. 로버트 우스노우는 "교회는 개인의 정체성의 핵심 부분이 되는 공동체 안에서 개인을 보호해 주며, 공동체는 사람들이 자기 자신에 대하여 생각하는 방법을 형성하고 사람들의 과거, 기억, 그리고 존재가 된다고 말한다. 그리고 공동체 자체가 존재하기를 멈춘 후에도 그것

은 기억의 공동체로서 지속된다고 말한다."라고 의미심장한 말을 한다.[5]

이러한 기억의 공동체는 개인의 정체성의 기초가 된다. 따라서 기독교인으로서의 정체성은 공동체와의 관계에서 발전되어야만 하는 것이다. 기독교인들이 직면한 여러 사회 문제들은 그 사회의 지배 문화의 흐름을 반영하고, 이런 문제들은 현대 세계에서 기독교인이 된다는 것이 무엇을 의미하는지에 대한 문제를 제기한다. 우스노우는 이런 상황에서 교회가 공동체를 제공할 수 없다면 다른 어떤 실용적인 관심들의 차이도 교회의 특성을 만들어 내지 못한다면서, 칼 라너Karl Rahner의 말을 빌어 "공동체는 결국 이 신 없는 세상에 하나님이 세운 눈에 보이는 구원의 표지"라고 말한다.[6]

그러나 사회의 흐름 속에 묻힌 오늘날 교회들의 모습은 성경에 나타난 초대 교회 시대에 기독교인들이 경험하였던 교회의 공동체적 요소를 상실하고 있다는 지적이 보편화되고 있다. 오늘날의 한국교회는 근대화의 물결을 타고서 폭발력을 가진 성장을 이룬 반면에 교회의 대형화 추세에 따른 내부 빈곤감이 이전에 비해 증폭되고 있다. 교회의 생활이 질보다는 수와 양에 치중하여 교인 수 확장, 건물 확대, 재정 확대에 치중하면서, 한국교회들은 공동체로서의 교회관과 자기 정체성을 유지하지 못하고 교회의 공동체성이 점점 희박해지는 실정에 이르게 된 것이다. 이것은 목적과 수단이 전도되어 교회가 본연의 역할을 하지 못함으로써, 자체 집단 안에 있는 사람들에게조차 자기 권위를 인정받지 못하고 영향력을 행사하지도 못하게 되었다는 것을 의미한다.

그동안 한국 교회는 성장과 대형화를 추구해 왔다. 한국 개신교는 3대 종교 중 가장 늦게 전파되었음에도 불구하고 가장 짧은 기간 동안에 많은 신자들을 확보하여 전체 인구에서 경이적으로 높은 비중을 차지하게 되었고, 그 성장 속

---

5. Robert Wuthnow, *Christianity in the Twenty-first Century*(Oxford: Oxford University Press, 1993), 20.
6. Karl Rahner, *Theological Investigations*, Vol. XXII(New York: Crossroad, 1991), 123.

도가 무척 빠르다는 사실이 두드러진다. 선교 초기 신흥종교로서 신자 수가 전체 인구의 5퍼센트가 되지 않던 시절에는 현실적으로 교세 확장이 중요한 과제였다. 교회 성장은 온 세상에 복음을 전파하라는 성경 말씀을 따르는 것이지만, 현실에서 교회 성장은 개교회의 자립과도 무관하지 않다. 이러한 성장주의 기조는 현재까지도 지속되고 있으나 이와 함께 그 부작용도 만만치 않다.

성장을 최고의 가치로 추구하면서 한국교회는 사회와 소통하려 하기보다는 일방적으로 진리를 선포하고, 상대방을 단순히 전도 대상자로 여기는 태도를 보여 왔다. 절대 진리를 수호하는 입장에서는 전도의 대상자와 타협하기 어려우며 도덕적 우월감으로 상대를 낮잡아보기 쉽다. 이렇게 자신의 집단 안에 매몰된 사람은 더 넓은 사회의 지평을 바라보지 못한다. 교회의 성장과 부흥을 위해 일단의 개신교인들과 개신교 지도자들은 나름대로의 열정을 가지고 열심히 일한 것 같은데, 열심히 하면 할수록 우리 사회에서 개신교에 대한 이미지는 더 나빠지고 우리 사회에서 소통이 되지 않는 그들만의 왕국을 만들어 가는 형국이 되고 있는 것이다. 그리하여 한국의 기독교인들은 교회 생활에 열심일수록 사회에 대한 의식 수준은 더 떨어지는 기현상까지 보이고 있다.

결국 이것은 한국 개신교가 더 이상 기존의 성장주의 패러다임으로 교회를 운영하고 신앙생활을 영위하는 데에는 한계가 있음을 보여 준다. 여기에 코로나 사태를 거치면서 대형교회가 어려움을 겪을 것으로 우려되고 있다는 점도 심각하게 고려해야 한다. 최근에 한 조사 결과에 의하면, 대형교회에서는 현장 예배보다 온라인 예배를 드리는 성도들의 수가 훨씬 더 많은데 온라인 예배에 대한 만족도가 상대적으로 높지 않았다는 점이다. 반면에 소형 교회들은 현장 예배를 드리는 경우가 더 많았고 온라인 예배에 대한 만족도도 더 높았다. 이와 관련하여, 16퍼센트의 목회자는 코로나 종식 후에 교인이 늘어날 것 같다고 답했는데 교회 규모가 작을수록 이 응답률이 높았다. 또한 대형교회 교인들에게서 코로나 종식 후에 교회에 덜 갈 것 같다거나 잘 모르겠다는 비율이 더 높게 나온 것은 대형 교회들에게는 적지 않은 불안 요인이다.[7]

따라서 코로나 이후를 대비하면서 단순히 교회 성장을 추구하기보다는 교회의 본질 요소 가운데 하나인 공동체성을 강화하는 데 힘을 모아야 할 것이다. 전래 초기 한국 교회는 비록 그 수가 적고 교인 수도 적었지만, 남녀 차별과 신분 차별을 철폐하는 등 사회를 앞서나가면서 선구적인 역할을 감당하였다. 그러나 오늘날의 개신교는 개교회의 성장을 최우선의 가치로 추구하면서 공공의 선이나 선한 사회를 이루고자 하는 노력은 찾아보기 힘든 실정이다. 이제 한국 교회는 성장지상주의를 지양하고 보다 공동체적인 교회를 만들기 위해 노력을 해야 한다.

그렇다면 교회는 어떠한 공동체가 되어야 하는가? 현대의 공동체 이론가들은 공동체를 지역이나 공간과 같은 물리 차원의 조건과 관계없이 사회 공간에서 이루어지는 인간관계의 망으로 인식한다. 이러한 관점에 따라서 공동체 개념은 상호 신뢰를 바탕으로 공동의 의식과 공동의 생활양식을 통해 결속감이 증대된 사회 집단으로 이해되어야 한다. 이러한 공동체는 특히 서로에 대한 책임과 의무를 다하는 도덕 공동체를 뜻한다. 일찍이 사회학자인 뒤르케임이 교회는 성직자들의 집단이 아니라 단일한 믿음을 가지고 모든 믿는 이들에 의하여 구성되는 "도덕 공동체"라고 말한 것을 되새겨볼 필요가 있다.[8]

이런 점에서 공동체는 단순히 특정 공간에 개인들이 모여 있다는 뜻이 아니라 "사회성으로 서로 의존하고 토론과 의사 결정에 함께 참여하고, 공동체를 정의해 주면서도 그것에 의해 양육되는 특정 '실천'을 함께 하는 사람들로 이

7. 지앤컴리서치, 「코로나19 이후 한국교회 변화 추적조사 결과 보고서」(2021년 07월 20일)
8. 에밀 뒤르케임, 노치준 / 민혜숙 역, 『종교 생활의 원초적 형태』(서울: 민영사, 1992), 81.

루어진 집단”을 가리킨다.[9] 이러한 공동체는 어느 순간에 갑자기 형성되는 것이 아니다. 앞에서 우스노우가 말한 기억의 공동체는 앞서 그의 스승인 로버트 벨라가 말했던 것이기도 하다. 공동체는 곧 하나의 역사를 가지며 공통의 과거와 과거의 기억들로 한정되는 “기억의 공동체”라는 것이다.[10] 그 안에서 지난날의 밝고 어두운 이야기와 바람과 두려움의 역사를 잊지 않고 공유하는 것이며, 모든 구성원들이 모두 참여하여 서로에게 책임과 의무를 다하는 ‘도덕 실천의 공동체’가 된다.

이러한 공동체는 공동체 밖에 있는 사람들에 대하여 문을 닫고 자신들의 이익만을 챙기는 이기주의 공동체가 아니라 서로에 대한 책임과 의무를 공동체 밖으로 표출할 수 있는 도덕 공동체인 것이다. 프랑스 역사가인 퓌스텔 드 쿨랑주Fustel de Coulanges가 『고대도시』에 썼듯이, 고대 도시에서 신은 ‘그 도시’의 신이었으나, 기독교의 하나님은 특정 도시 경계 안에 갇혀 있지 않고 그 공간을 초월한다. 따라서 기독교 공동체는 특정 집단의 배타성을 초월하여 삶의 양식과 가치를 공유하는 집단이며, 서로에게 책임과 의무를 다하는 도덕 집단이어야 한다.

그런데 공동체주의는 곧잘 집단주의와 혼동되기도 한다. 개인보다 공동체를 우선시하게 되면 공동체주의는 집단주의로 변질될 수 있다. 그래서 개인의 권리를 무시하고 집단의 이익이나 획일화된 의식을 강요할 우려가 있다. 그러나 공동체를 어떻게 정의하든지, 개인을 무시하는 집단을 공동체라고 말할 수는 없다. 최근 한국 교계에서 중요한 문제로 논의되는 가나안 성도들은 나름대로의 문제의식을 가지고 있었음에도 무시당하고 관심을 받지 못한 경험들을

---

9. 박영신, 「역사적 대화: 벨라의 탈사회학적 관심 세계」, 『사회학 이론과 현실 인식』(서울: 민영사, 1992), 408.

10. Robert N. Bellah 외, *Habits of the Heart: Individualism and Commitment in American Life*(Berkeley: University of California Press, 1985), 333-336.

가지고 있다. 입으로는 공동체라고 말하면서도 이들을 진정으로 공동체의 일원으로 대하지 않고 공동체 의식을 주입하려고만 했던 것이다. 따라서 바람직한 공동체라면 개인의 권리와 다양성을 존중하면서 유기적인 관계를 만들어 가는 것이 매우 중요하다.

여기서 공동체적인 환경은 큰 교회보다는 작은 교회에서 더 이루기 쉽다는 점에 주목해야 한다. 앞에서 살펴보았듯이, 교회 규모가 커질수록 더 제도화의 딜레마에 빠지기 쉽다. 교회 역시 목적 전치 현상으로 기독교의 본래 가치에 대한 충성이나 실현보다 교회 유지나 교인 수 증가에 대한 공헌도로 조직의 성공 여부가 평가되고 있는 실정이다. 사람들은 흔히 경제 규모가 커질수록 효율성이 증대된다며 '규모의 경제'를 말하지만, 앞에서 말한 바와 같이 대규모의 조직은 오히려 환경의 변화에 취약하고 조직의 혁신도 어렵다. 특히 공동체성은 대규모 집단에서는 구현되기 어려우므로 공동체성을 확보할 수 있는 적정 규모를 유지할 필요가 있다.

이와 관련하여 공동체 교육을 강조한 종교교육학자인 존 웨스터호프John Westerhoff는 교회가 공동체성을 유지하기 위한 적정 인원수를 300명이라고 제시한 바 있다.[11] 또한 필자가 진행한 조사에서 한국의 목회자들에게 한 교회의 적정 교인 수를 물어보았을 때도, 비록 평균값은 535명이었지만 전체 수치 중 중간에 위치하는 중앙값은 350명이었고, 가장 많은 응답자가 응답한 수치인 최빈값은 103명이 응답한 300명으로 나와 웨스터호프의 주장과 크게 어긋나

11. 웨스터호프는 그의 책에서, "공동체는 그 크기에 있어서 소규모이어야 한다. 구성원들이 의미와 목적을 지닌 교섭을 유지할 수 있고, 친숙한 교제의 배려를 위한 적정 인원은 300명이다."라고 말하였다. John Westerhoff Ⅲ, "A Changing Focus, Toward an Understanding of Religions Socialization," Andover Newton Quarterly, 14권(1973년), 120쪽. 김도일, 「엘리스 넬슨과 존 웨스터호프의 사회화 접근」, 『교육인가 신앙공동체인가?』(서울: 한국장로교출판사, 1998), 130에서 다시 따옴.

지 않았다.[12] 대규모의 자원과 인력이 필요한 경우에는 지역의 여러 교회가 네트워크를 이루어 연합 활동을 하면 된다. 그것이 보다 많은 사람들이 자발성을 가지고 참여할 수 있는 방법이요, 자율성을 가지고 민주적으로 의사 결정을 할 수 있는 방법이다.

한국 교계에서는 전체 교회 가운데 대략 3분의 2 정도가 신자 수 100명 이하의 소형 교회로 추정됨에도 작은 교회는 여러 가지 면에서 열악하고 자원도 부족해서 온전하지 못한 교회인 것처럼 여겨져 왔다. 그러나 교회의 온전함은 공동체 구성원의 수에 있는 것이 아니다. 그 교회가 공동체로 바로 세워져 있고 성도 한 사람, 한 사람이 하나님 백성으로 존중받고 있으며 교회에서뿐만 아니라 자신의 삶의 자리에서 온전히 신앙을 실천하고 있느냐가 중요하다.

따라서 한국 교회의 다수를 차지하고 있는 작은 교회들에 대한 인식이 바뀌어야 한다. 뿐만 아니라 작은 교회는 교회 공동체성을 구현하기에 더 유리하다. 그 이유는 작은 교회는 규모가 작아서 공동체의 필수 요건인 대면face to face의 친밀한 인격 관계를 형성하는 데 적합하기 때문이다. 작은 교회는 익명성을 보장하지 않기 때문에 교인들이 다른 공동체 구성원들에게 스스로를 개방하고 노출시킬 수밖에 없다. 여기서 보다 더 인격적인 교제를 하게 되는 것이다. 또한 대형 교회들은 교인이 너무 많기 때문에 이렇게 저렇게 구획이 나눠짐으로써 분절화되고 단절될 수밖에 없는 한계가 있다. 이것을 보완하는 것이 여러 소모임 활동과 다양한 프로그램인데, 코로나 상황에서 크게 제약을 받으면서 대형교회가 큰 어려움에 처할 가능성이 있다.

다음으로, 공동체 구성원 모두가 역동적으로 참여할 수 있다는 것이 작은 교회가 갖는 큰 강점이다. 앞에서 말한 바와 같이 큰 교회일수록 참여자가 소

---

12. 이에 대하여는 정재영, 『한국교회의 종교사회학적 이해』(서울: 열린출판사, 2012), 7장을 볼 것.

수에 제한되는 특성이 있기 때문이다. 대형교회에서는 전체 교인의 20퍼센트만이 적극적으로 활동하고 나머지 80퍼센트는 마치 고객과 같이 소극적으로 남아 있는 경향이 있다. 그러나 작은 교회는 모든 교인들의 잠재력을 발휘할 수 있는 여건이기 때문에 다수의 참여와 과정의 의미를 경험할 수 있는 구조이다. 큰 교회는 효율성을 중시하게 되므로 교회조차도 관료제적인 특징을 닮아가게 되지만, 작은 교회는 일의 결과보다도 과정을 중시하고 일보다도 사람 중심의 사역을 전개할 수 있다는 장점이 있다. 이것은 제도화의 문제에 빠지지 않을 수 있다는 점에서 매우 중요하다.

또한 작은 교회는 아래로부터의bottom up 리더십을 통해 쌍방향 의사소통 구조의 구현이 가능한 구조이다. 근대적인 리더십은 이른바 '교사-학생' 모델로 리더가 정답을 알고 있고 조직 구성원들은 그 정답을 따르기만 하면 된다고 하는 위로부터의top down 모델이다. 많은 교회 지도자들은 여전히 올바른 방법과 전략만 갖는다면 원하는 미래를 예견할 수도 있고 관리할 수도 있다고 약속하는 근대화 기획에 매료되어 있다. 이들에게 그 미래는 여전히 많은 사람들로 가득 차는 대형 교회들을 말한다. 그러나 이것은 우리 사회가 변화해 나가는 방향과는 거리가 먼 것이다.

마지막으로 지역사회와의 근접성이다. 대부분의 작은 교회는 지역 사회 안에 그것도 주로 주택가 안에 존재하고 있다. 최근에 성장한 대형 교회들이 교회당 건축을 하면서 땅값이 저렴한 변두리 지역, 심지어는 주택이 전혀 없는 허허벌판에 교회당을 짓는 경우들이 자주 발생하고 있다. 말은 지역교회라고 하면서도 지역 주민들과 교감이 거의 없는 상황에 처하게 되어 지역성을 상실하게 되는 것이다. 이이 반해, 작은 교회는 지역사회 안에 존재하기 때문에 지역사회와의 심리적 장벽이 거의 없고, 지역 주민이나 지역 단체와의 연합 활동에 유리한 측면이 있다.

큰 교회에 비해 작은 교회는 대부분 지역 주민들이 출석하는 경우가 많기 때문에 지역 사회와 좋은 관계를 유지하면서 지역 밀착형 사역들을 전개하는 것이 바람직할 것이다. 지역 활동을 적극적으로 하는 목회자들은 지역과 소통하는 데 작은 교회가 더 유리하다고 말하기도 한다. 작은 교회가 지역 주민들과 위화감이 없고 교회가 작기 때문에 주민들이 도와주고 함께 하고자 하는 의향이 더 크다는 것이다. 이러한 작은 교회의 장점을 살려 교회의 공공성을 회복하고 사회에 대한 공적인 책임을 다함으로써 진정한 공동체로 거듭날 필요가 있다.

이를 통해 작은 교회 문화를 형성하고 확산하도록 노력해야 한다. 작은 교회 정신이 몇몇 교회의 작은 몸부림으로 그칠 것이 아니라 하나의 존재 양식으로 그리고 하나의 교회 문화로 자리 잡을 수 있도록 이 정신을 확대 재생산해야 한다. 그리하여 '양극화'라는 교회 쏠림 현상으로 큰 교회는 더욱 성장하고 작은 교회는 고사 상태로 내몰리고 있는 한국 교계에서 새로운 대안 문화가 될 수 있도록 함께 노력해야 한다. 이것이 전체 한국 교회가 공동체를 지향하면서 제도화의 부작용을 극복하는 중요한 방법이 될 것이다.

3. 의사소통 구조의 개선

교회가 보다 공동체적인 구조를 갖고 제도화의 부작용을 극복하기 위해서는 성장주의를 지양하는 것만으로는 충분하지 않다. 제도화가 되면서 나타나는 과두제와 권위주의를 극복할 수 있어야 한다. 앞에서 살펴본 바와 같이, 과두제는 소수에 의한 지배를 말하고 권위주의는 권위를 앞세워 평등하고 민주적인 조직을 저해하는 것인데 두 가지 모두 공동체성을 저해하는 요소이다. 교회 안에서도 질서를 위해서 지도자로서의 권위를 존중하는 것은 필요하지만 많은 한국 교회에서는 직분과 관련하여 지나치게 위계적이고 목회자나 장로를 포함한 중직자의 역할이 강조되어서 공동체성을 해치고 있다.

이를 개선하기 위하여 노력해야 할 첫 번째는 의사소통 구조를 개선하는 것이다. 전래 초기 한국 교회에서는 남녀와 신분의 차별이 없이 공동으로 참여하는 토론회가 활성화되었으며, 자원 조직으로서의 교회가 전국 곳곳에 세워지면서 공공의 공간으로서 수평적 의사소통을 수행하는 시민들의 공간이 되었다.[13] 그리하여 한국 역사에서 교회는 민주적인 조직을 선도하는 역할을 담당하였으나 현재의 한국 교회 안에서 이러한 특성을 찾아보기는 매우 어렵다. 오늘날의 교회는 점차 제도화되고 관료제화됨에 따라 효율을 강조하게 되고 토론보다는 신속한 일 처리를 중시하게 되었다. '말이 많은 것'은 효율을 떨어뜨리고 덕스럽지도 않은 것으로 여겨지고 있다. 이렇게 불통의 공간이 되면서 이에 실망하여 교회를 떠나는 이른바 '가나안 성도'가 더욱 늘고 있다.

여기서 우리는 교회의 성격에 대하여 생각해 보아야 한다. 교회가 기업과 같은 영리 조직에서 하는 것과 같이 신속성이나 효율성을 우선으로 고려해야 하는 조직인가 하는 것이다. 흔히 얘기되듯이 교회는 공동체이므로 공동체성이 우선되어야 한다. 교회에서는 소수에 의한 일방 결정이 아니라 함께 고민하고 씨름하면서 공감대를 형성할 때까지 이해하고 조정하는 과정이 중요하다. 종교개혁의 정신과 무관하게 한국 교회 안에서의 직분의 서열화는 직분을 상하주종의 관계로 이해하게 하는 문제점을 갖게 되어, 서열화되고 권력화된 교회 직분 이해가 장로선거 과열 현상이나 부정행위를 가져오는 결과를 낳고 있다.

이러한 폐단을 극복하고 교회 본래의 공동체성을 확보하여 교회를 공공의

---

13. 박영신, 「'공공의 공간' 형성과 확장: 한말 조선 사회와 그 이후」, 『사회이론』, 2004년 봄/여름호, 21-26쪽.

공간으로 만드는 것은, 교회를 관료제와 같은 피라미드식의 상명하달의 조직보다는 책임을 분담하는 위원회와 같은 소모임들의 수평적 의사소통의 관계망으로 이루어지게 하는 것이다. 대부분의 교회에는 당회나 기획위원회 외에 예배, 교육, 선교, 친교, 사회봉사 등을 담당하는 위원회를 두고 있다. 그러나 많은 경우 이 위원회는 유명무실하게 운영되거나 고작해야 당회나 기획위원회 또는 교회협의회와 같은 상위 기관에서 지시한 것을 교인들에게 하달하는 역할을 하는 수준에 머물러 있다. 교회를 공공의 공간으로 회복하기 위해서는 필요에 따라 다양한 위원회를 두고 이 위원회가 실무를 담당하고 의사 결정을 할 수 있도록 권한을 위임할 필요가 있다.

그리고 균형과 견제를 위해서 당회원 또는 장로는 제직회 부서장을 맡지 않도록 하는 것이 좋다. 정치 원리상 당회 또는 장로회는 정책을 결정하고 그 실행을 감독하는 기관이고, 제직회의 각 부서는 실행기관이다. 따라서 당회가 실행도 하고 감독도 하는 것은 분립의 원칙에 맞지 않고 전횡이 일어날 수도 있다. 그리고 부서의 장은 연임하지 않도록 하여 여러 교인들이 다양한 사역을 경험해 보고 은사를 발휘할 수 있도록 하는 것이 좋다. 특히 교회 리더십의 본질은 섬김이므로 어느 기관도, 어느 직책도 권력화되지 않고 민주적으로 운영되도록 해야 한다.

유형에 따라서 위원회 중심 교회와 소그룹 중심의 교회, 그리고 위원회와 소그룹 혼합형이 있을 수 있다.[14] 그러나 어느 경우든지 평신도 중심의 소모임을 활성화하고 평신도 스스로 토론을 통해 자율적으로 결정할 수 있도록 하는 것이 중요하다. 여기서 담임 목회자의 역할은 전체적인 방향을 설정해 주고 교회의 비전이나 목표에 어긋나지 않도록 안내하는 것이다. 평신도 위원회의 결

14. 교회의 다양한 조직 구조 형태에 대하여는, 배종석·양혁승·류지성, 『건강한 교회, 이렇게 세운다』(서울: IVP, 2008), 158-176쪽을 볼 것.

정이 신학적으로 문제가 되거나 전체 교회 공동체에 해가 되는 일이 아니라면 될 수 있는 대로 그 결정을 존중하고 따르는 것이 바람직하다. 그리고 교인의 위원회 배정도 목회자나 당회에서 일방적으로 결정하기보다, 은사 발견 세미나나 성격 유형 테스트 등을 통해 각 교인들의 관심과 적성을 고려하여 배정하는 것이 좋다.

그리고 일의 진행에서는 성과 중심보다는 교인들의 참여와 협력의 과정을 중시하고 이를 통해 교회의 비전을 공유할 수 있도록 이루어져야 한다. 교회가 제도화되고 규모가 커짐에 따라 일 자체에 매이게 되고 일의 결과에 대해서만 판단하는 경우가 많아지고 있으나, 교회의 공동체성을 생각한다면 보다 중요한 것은 일을 통해서 공동체성이 발전되고 있는지 여부이다. 일 자체에 대해서는 다소 더디고 실수가 있더라도 실수를 통해서 배우고 협력할 수 있게 된다면 그것이 교회가 추구하는 공동체에 더 부합하는 모습일 것이다.

그러나 일에 대한 평가는 필요하다. 그것은 잘잘못을 가려서 상벌을 주기 위한 것이 아니라, 평가를 통해 구성원들의 은사 및 역량을 파악하고 그것을 토대로 구성원들의 자기 개발 노력을 지원하고 촉진시키기 위한 것이다.[15] 매해 세우는 교회의 비전과 목표도 지나치게 거창하고 추상적으로 세우기보다는 구체적이고 실현가능한 내용으로 구성하여 연말에 평가를 실시하는 것이 좋다. 평가의 기준이나 방법 역시 교회 구성원들이 함께 참여하여 정해야 함은 물론이다. 일부 교회들이 시행하고 있는 목회자 재신임 제도나 장로 임기제도 이러한 취지로 이해할 수 있을 것이다. 이러한 제도를 모든 교회가 획일적으로 도입할 필요는 없으나, 교회 구성원들이 이러한 제도의 장단점에 대하여 충분히 토의를 거친 후에 교회 규약이나 정관을 만들어 시행하는 것은 교회가 보다

15. 윗글, 191.

공공체성을 지닌 공동체가 되는 데 도움이 될 것이다.

중요한 것은 성찰의 구조화를 이루는 것이다. 성찰과 반성이 없는 사회의 발전과 성장이 큰 문제를 일으키고 있듯이 교회 안에서도 스스로 성찰하고 자정할 수 있는 제도가 마련되어야 한다. 교회 현실에 대하여 문제 제기를 할 수 있는 공론장이 구성되어 있어야 한다. 시민 사회 영역에서 사회 문제를 제기하고 토론하며 문제 해결을 위해 노력하듯이 교회 문제에 대해서 토론할 수 있는 공론의 장이 있어야 하고, 이를 통해서 스스로 개선할 수 있는 자정의 노력이 이루어져야 한다. 그러나 한국교회 안에서는 합리적인 토론이 매우 어렵다. 의사결정권을 가진 사람은 소수이고 이들은 이제까지의 관행과 제도화된 관습에 따라 판단을 하고 결정하려고 하는 경향이 강하다. 교회 안에서 발언권을 가진 이들은 기성세대를 대변하는 중직자들이다. 이들의 사고는 젊은이들의 사고와는 사뭇 다른데, 그렇게 틀에 박힌 사고로는 한국교회 안에 켜켜이 쌓인 문제들을 해결하기 어렵다. 변하지 않는 교회의 모습에 실망하여 떠나는 사람만 늘어날 뿐이다.

이제 교회 안에도 다양한 의사소통의 구조가 만들어져야 하고 다양한 언로가 확보되어야 한다. 나이가 어리다고 해서, 또는 소수의 의견이라고 해서 배제되어서는 안 된다. 언제나 스스로 돌아보고 다양한 의견을 담아낼 수 있는 성찰의 구조화가 이루어져야 한다. 전래 초기 교회의 전통을 이어받아 교회 안에서 다양한 토론이 활성화되어야 하고 SNS는 가짜뉴스의 전달 통로가 아니라 건전한 공론장이 되어야 한다. 그리고 이러한 내용들이 교회 운영과 성도들의 신앙생활에도 반영되어야 한다. 이를 위해 그동안 교회 운영이나 의사 결정 과정에서 소외되어 온 사람들에 대한 관심이 필요하다.

그 가운데 하나는 2030 청년 세대이다. 우리 사회에서는 30대 청년이 제1야당의 대표직을 수행하고 있다. 장유유서와 연공서열이 아직도 엄존하는 현실에서 상상하지 못했던 일이기에 이 일은 '2030의 반란'으로 여겨질 정도이다. 이 일 후에 이 정당에는 2030세대의 입당이 줄을 이었고, 다른 정당들은 한순간에 '꼰대 정당'의 이미지를 뒤집어쓰며 수세에 몰려 당황하고 있다. 마찬가지로 40대 이상, 특히 남성들은 졸지에 꼰대 신세가 되었다. 그런데도 여전히 2030세대에 큰 관심이 없는 곳이 바로 교회이다. 말로는 다음 세대가 중요하다고 하지만 구체적인 방안은 서 있지 않고 예산 배정도 충분하지 않다. 다음 세대는 교회 정책에서 언제나 다음 순위로 밀리고 있다.

한국 교회에서 다음 세대가 줄고 있다는 것은 어제 오늘의 이야기가 아니다. 한국 교회의 성장이 정체되면서 다음 세대에 대한 많은 염려들이 나왔고, 최근에 저출산 현상이 더욱 심해지면서 청년 이하 인구의 감소는 점점 가속화되고 있다. 게다가 기독교 신앙은 유지하면서도 교회에는 출석하지 않는 이른바 '가나안 성도'들도 계속 늘어나면서 교회 안에서 이들의 빈 자리가 더욱 커지고 있다. 이런 상황이 계속되면 한국 교회는 빠르게 노쇠화가 진행될 것이고 선교 역량 약화뿐만 아니라 사회적인 역할도 감당하지 못하는 상황이 오게 될 것이다. 그리고 더 근본적인 문제는 신앙의 전수가 이루어지지 않아서 한국 교회의 존속 자체가 어려운 지경에 이를 수도 있다.

모든 청년들에게 보다 세심한 관심이 필요하지만, 특별히 경제적으로 어려움을 겪고 있는 청년들에게 더 많은 관심이 필요하다. 교회에서는 청년들의 신앙에만 관심이 있지만 신앙은 삶의 조건과 무관하게 형성될 수 없다. 척박한 생활환경에서 자유롭게 신앙생활을 하기는 어렵기 때문이다. 또한 교회 안에서는 다음 세대를 단순히 교육의 대상으로 여기며 너무 어린 존재로 대하기보다 신앙공동체의 일원으로 인정해야 한다. 특히 청년들을 교회 사역의 주체로 세우고, 청년들의 의견을 수렴할 수 있는 제도 장치를 마련해야 한다. 그리고 의사 결정 과정에도 참여할 기회를 주어야 한다. 일부 교회에서 시행하고 있는 비례 대표 방식으로 청년 대표가 당회와 같은 주요회의에 참석하여 발언할 수 있는 기회를 줄 필요가 있다. 신앙의 본질을 고수하면서도 지금 이 시대에 요즘 세대들에게 적실성 있게 적용할 수 있는 방법을 마련해야 하고 교회의 잘못된 관행들은 과감하게 바꿔야 한다. 이것이 지금 우리 사회에서 벌어지는 변화에 대해서 교회가 적절하게 대응하며 보다 온전한 공동체를 이루는 방법일 것이다.

청년들이 교회에 참여하기 어려운 이유 가운데 하나는 최근에 결혼 연령이 늦어지거나 비혼자가 늘면서 장년층으로 흡수되지 않는 것이다. 통계청이 발표한 2020년 인구주택총조사 결과에 의하면, 전체 2천148만 가구 중에서 1인 가구가 가장 많은 31.7퍼센트를 차지하고 있다. 이 수치는 이전에 2025년에 도달할 것으로 예측된 것인데, 5년이나 빨리 도달한 것이다. 그리고 1인 가구는 2000년(15.5%)과 비교해서 20년 만에 두 배 수준으로 늘었다. 2005년 이전에 우리나라의 대표 가구는 4인 가구였지만, 2010년에는 2인 가구가 그 자리를 대신했고, 2015년 이후에는 1인 가구가 대표 가구가 되었다. 뉴스에서 자주 등장하는 '4인 가족 기준으로'라는 말은 더 이상 의미 없는 말이 되었고, '나홀로 가족'이 우리 사회의 가족을 대표하게 된 것이다.

여기서 1인 가구에는 자발적 1인 가구와 비자발적 1인 가구가 있다는 점을 생각해야 한다. 이것은 1인 가구 증가의 원인 중에 빈곤 문제가 있기 때문이다. 개인이 자유로이 선택한 1인 가구뿐만 아니라, 경제적인 빈곤으로 결혼을 포기하거나 가정을 부양할 수 없어서 어쩔 수 없이 1인 가구로 전락한 사람들도 적지 않다. 이러한 경우에 빈곤 문제가 해결되지 않는다면 일생을 혼자 살아야 하기 때문에 더욱 심각한 문제가 된다. 이러한 현실은 기독교인들도 예외가 아니다. 앞에서 소개한 기독 청년 조사에서 청년 기독교인들 중에 절반이 겨우 넘는 55.6퍼센트만 결혼 의향이 있는 것으로 나타났다. 남성은 '결혼해서 가정을 꾸릴 경제적 여유가 없어서'가 가장 많은 이유(44.0%)였고, 여성은 '반드시 결혼해야 한다는 생각이 들지 않아서'(50.9%)와 함께 '결혼제도 자체에 불합리한 면이 많아서'(14.5%)가 주된 이유였다.

그런데 부모 경제 수준이 높을수록 '반드시 결혼하겠다는 생각이 들지 않아서'라는 응답이 높은 반면, 부모 경제 수준이 낮으면 '결혼해서 가정을 꾸릴 경제적 여유가 없어서'라는 응답이 높아서 가정 형편에 따라서 결혼하지 않는 이유가 달랐다. 적지 않은 기독 청년들 역시 경제 문제 때문에 결혼을 하지 못하는 상황을 맞고 있는 것이다. 이에 따라 교회 안에서도 1인 가구나 비혼자들에게 더 많은 관심을 가질 필요가 있다. 최근에는 앞으로 결혼할 것을 전제로 하는 '미未혼'이라는 말보다 결혼 의향과 관계없이 결혼하지 않은 상태를 의미하는 '비非혼'이라는 말을 선호하고 있다. 기독교인들 사이에서도 '비혼'이 이슈가 되고 있다. 기독교인이 결혼하지 않고 혼자 살아도 되는가 하는 것이다. 전통적으로는 결혼해서 사는 것이 하나님의 뜻이라고 생각해 왔지만 최근에는 이러한 생각도 달라지고 있다.

현실적으로 청년들에게 결혼을 강제하기도 쉽지 않다. 혼자 사는 것이 편해서 결혼하지 않는 사람도 있지만, 앞에서 말한 바와 같이 형편상 또는 사회적인 요인 때문에 결혼을 할 수 없는 사람들도 많이 있기 때문이다. 또한 기독교인 비혼자들이 죄책감에 시달리거나 교회의 관심 밖으로 내몰리지 않도록 해야 한다. 이른바 '정상 가족'을 강조하고 혈연관계를 중시할수록 이 범주에 들지 못하는 사람들은 관심 밖으로 밀려나게 되고 결국 교회 다니는 것을 불편하게 생각할 수 있다는 점에 주목해야 한다. 그리고 교회에서는 결혼을 하지 않으면 집사 등의 직분을 허락하지 않는 경우가 많아서 결과적으로 비혼자들이 교회 의사 결정 구조에서 배제되고 있는 실정이다. 과거의 기준을 고수하기보다는 변화하는 환경에서 힘들어 하는 젊은 세대들에게 더 깊은 관심을 갖고 이들이 교회 활동에 참여할 수 있는 다양한 방안을 마련해야 한다. 이러한 아래로부터의 성찰과 개혁을 통해 한국교회가 제도화의 딜레마를 극복할 수 있을 것이다.

4. 재정 구조의 개선

다음으로 교회 제도화의 문제와 관련해서 반드시 개선이 필요한 것이 교회 재정 구조이다. 나름대로 건전한 성장을 이룬 교회가 헌금이나 재정과 관련된 문제 때문에 하루아침에 조롱거리와 비난의 대상이 되고, 대형 교회들의 경우 크고 작은 재정 문제로 구설에 오르기도 한다. 또한 최근 연이은 교회 부도 사태가 교계뿐만 아니라 일반 언론에서도 큰 이슈가 된 바 있다. 매년 교회당이 경매에 나오는 일이 100건을 넘는 것으로 알려져 있다. 경매 매물로 나온 교회당의 대부분은 무리하게 크게 지었다가 빚더미에 올랐다. 교회 내부적으로는 건축 헌금을 내는 것 때문에 가정불화를 일으키기도 하고, 교회가 돈 문제로 분란을 겪으면서 공동체가 무너지는 결과를 낳기도 한다는 점에서 매우 심각한 문제이다. 또한 이것이 전체 교회에 대한 이미지를 하락시켜서 탈교회 현상을 부추기기도 한다.

특히 코로나 사태를 거치면서 헌금이 논란의 대상이 되기도 했다. 일부에서는 현장 예배를 포기하지 못하는 이유가 헌금이 줄 것을 염려하기 때문이라고 보기도 하였다. 이러한 견해의 사실 여부와 상관없이 현장 예배를 드리지 못하면 전통적인 방식으로는 헌금을 드릴 수 없기 때문에 헌금이 줄어드는 것은 사실이다. 보다 현실적인 문제는 코로나 팬데믹으로 경기가 침체되고 교회 재정에 큰 타격을 입을 우려가 크다는 것이다. 전문가들은 코로나 팬데믹이 얼마나 지속될지 예측할 수 없기 때문에 실물 경제에 대한 영향이나 그 피해 규모에 대해서 정확하게 가늠하기는 어렵다고 말한다. 그러나 코로나19가 단기적으로 경제에 심각한 영향을 미치고 있다는 점은 명백하다.

이 문제를 해결하기는 쉽지 않지만 어떠한 상황에서도 교회 재정은 성도들이 드리는 신성한 헌금으로 이루어지기 때문에 성경의 가르침과 교회 공동체의 성격에 어긋나지 않도록 사용되고 운용되어야 한다는 점이 중요하다. 그러므로 여기서 먼저 교회 헌금의 성격에 대해서 살펴보도록 하겠다.

특정 집단의 재정 구조는 그 집단의 특성을 가장 분명하게 드러내는 지표 중에 하나이다. 재정은 집단의 설립 목적이나 추구하는 방향에 입각해서 운용되기 때문이다. 그래서 『하나님의 정치God's Politics』를 쓴 짐 월리스Jim Wallis는 예산서는 단순한 서류에 불과한 것이 아니라 그 집단의 정신이 배어 있는 도덕 문서라고 표현하였다. 이런 관점에서 교회의 재정을 보았을 때, 교회의 재정이 교회의 본질 사명을 수행하는 데 우선적으로 사용되고 있는지를 평가할 수 있으며, 만일 그렇지 않다면 재정 사용에 대하여 수정이 이루어져야 하는 것이다.

교회의 사명을 논의하기 위해서는 먼저 교회의 특성에 대한 이해가 전제되어야 한다. 교회의 가장 중요한 특성 가운데 하나는 교회는 공동체라는 것이다. 이러한 공동체의 관점에서 교회 재정을 접근한다면, 교회 성도 서로가 서로에게 책임을 다하고 토론과 의사 결정에 함께 참여하는 방식으로 재정을 운용할 필요가 있다. 교회는 성역聖域이므로 일반 사회에서 행해지는 잣대로 평가할 수 없다고들 하지만, 교회가 성역이기 때문에 중요한 결정을 소수의 사람들이 은밀하게 결정해도 되는 것은 아니다. 특정 권한이 소수에게 집중되어 있는 집단을 바람직한 공동체라고 말할 수는 없기 때문이다.

앞에서 말한 바와 같이, 교회가 본래의 목적을 위해서보다는 자체 유지를 위해 재정을 사용하고 있다면 제도화의 문제 가운데 하나인 '목적 전치 현상'

이 일어나고 있다고 할 수 있다. 교회의 본질이 무엇이고, 교회의 본질 사명이 무엇인가 하는 것은 신학자에 따라 또는 목회를 하는 목회자에 따라 의견이 다소 갈릴 수는 있지만, 그 어느 경우라도 교회 조직의 운영과 유지 자체가 목적이라고 생각하지는 않을 것이다. 그러나 현재 한국 교회들의 활동과 특히 재정 사용을 보면, 교회의 본질 사명보다는 교회 자체의 유지와 양적인 성장에 더 치중하고 있다는 것을 부인하기 어렵다. 이러한 문제를 해결하기 위해서는 교회의 본질 사명을 바로 인식하고 이에 대하여 교회 구성원들이 공감대를 형성해야 한다. 그리고 이를 바탕으로 우선순위를 정하여 교회의 사역을 결정하고 이에 대한 예산을 배정해야 한다.

이와 관련하여 과거에는 '헌금'이라는 말보다 '연보捐補'라는 말을 많이 사용하였다는 점에 주목할 필요가 있다. 헌금은 사전적으로 "어떠한 목적을 위해 돈을 바치는 것 또는 바쳐진 돈"을 의미한다. 따라서 헌금은 종교 목적으로만 행해지는 것이 아니다. '정치 헌금'이나 '국방 헌금'이라는 말처럼 일반적으로 사용될 수 있는 단어이다. 이것을 교회 안에서 '하나님께 바치는 돈'이라는 의미로 사용하고 있는 것이다. 이에 반해, 연보는 '자기 재물을 내어 남을 도와준다'는 뜻이다. 과거에는 교회 조직 운영상의 필요보다는 다른 사람을 돕기 위해 교회에 돈을 냈다는 뜻이다.

좀 더 자세하게 살펴보면, 연보는 '자기 것을 내놓아 다른 사람에게 돕기 위해 보탠다'는 뜻이 된다. 성경의 한글 번역은 일관되게 '연보'라는 단어를 사용했으며 교회에서도 과거에는 "연보를 한다"는 말을 사용했고, "헌금을 드린다"고 한 것은 비교적 최근의 일이다. 다시 말해서, 주위에 어려운 사람들이 많았을 당시에는 어려운 이웃들을 돕기 위해서 연보를 했으나, 경제 수준이 높아지고 교회 구성원들도 경제적으로 여유 있는 삶을 살게 되면서 '연보'라는 말이 점차 사라지고 '헌금'이라는 말로 대체된 것이다. '연보'의 의미를 되살려 자신보다는 이웃사랑을 실천하기 위한 헌금이 될 수 있도록 교회 공동체가 함께 노력할 필요가 있다.

헌금은 하나님께 바치는 것이지만, 실제로는 교회 공동체에 내는 것이고 결국 교회를 위해 쓰이게 된다. 여기서 가장 현실적인 문제가 발생한다. 헌금을 드리는 것은 매우 신성하게 생각하고 의미를 부여하지만, 대부분의 교회들에서 헌금을 사용하는 데에는 그만큼의 신성한 의미를 부여하지 않고 매우 현실적으로 사용한다는 것이다. 교회 재정의 거의 대부분이 평신도들의 헌금으로 충당되지만 평신도들은 헌금을 드릴 의무만 있을 뿐 헌금의 사용에 대해서 관여하는 것은 제도적으로 배제되어 있는 경우가 많다. 그러나 교인들이 헌금 사용에 관한 의사 결정에 참여하게 되면 교회가 하는 일에 대하여 주체 의식이 강해지고, 또한 헌금이 필요한 곳에 바람직하게 사용되는 것을 보면서 자연스럽게 헌금에 대한 동기부여가 이루어질 수 있다.

이를 위해 우선 교회 재정의 투명성을 확보해야 하는데, 가장 기본적인 것은 정기적인 재정보고이다. 일부 교회, 특히 대형 교회들은 현실적으로 자세히 읽어보지 않는 회계 자료를 교인 모두에게 문서로 배부하는 것은 자원 낭비라는 이유로 문서화된 재정 보고를 하지 않는 경우가 많다. 그러나 재무 정보를 홈페이지에 공개한다면 이러한 문제를 방지할 수 있을 뿐만 아니라 언제라도 필요한 경우 확인할 수 있기 때문에 좋은 방법이 될 것이다. 재정 보고를 제대로 하지 않는 이유 중의 하나는 효율성 때문이다. 모든 교인들에게 재정 보고를 하는 것이 번거롭기도 하고, 또한 이로 인해 이러저러한 '말들'이 생기게 되면 목회를 하는 데에 효율이 떨어진다고 생각하는 것이다.

여기서도 우리는 교회의 본질적 성격에 대하여 생각해 보아야 한다. 교회가 과연 기업과 같은 영리 조직에서 하는 것과 같이 신속성이나 효율성을 우선으로 고려해야 하는 조직인가 하는 것이다. 앞에서 말했듯이 교회에서는 공동체성이 우선되어야 한다. 교회에서는 소수에 의한 일방 결정이 아니라 함께 고민하고 씨름하면서 공감대를 형성할 때까지 이해하고 조정하는 과정이 중요하다.

또한 재정보고를 한다고 하더라도 대부분의 교회들이 수입, 지출 및 세부항목을 자의적으로 정하여 실행하는 경우가 많아 각 교회들의 보고 자료를 비교 분석하기도 어려운 실정이다. 뿐만 아니라 결산서에는 지출한 항목들을 가능하면 예배·선교 또는 구제 등 재정 지출이 이른바 '성경적'이라는 의미를 가지도록 변경하여 성스럽게 보이려고 하는 경향이 있지만 실제와는 다른 경우가 많다. 재정 보고 문서는 누구나 쉽게 이해할 수 있도록 분명하고 통일된 방식으로 표현해야 하며, 자금의 흐름이 투명하게 나타나도록 개선될 필요가 있다. 이를 위해 복식부기 방식을 도입하는 것이 좋다. 복식부기를 하면 단식부기에 비하여 그 조직의 재무 상태나 수지 관계를 정확히 보고해 줄 수 있기 때문에 조직의 경영자가 의사 결정을 하는 데 큰 도움을 줄 뿐만 아니라, 재정의 투명성을 높이는 데도 도움이 된다.

다음으로 외부 회계 감사 제도를 도입할 필요가 있다. 회계 감사 제도는 보고된 정보의 타당성, 공정성 등을 입증하기 위해 고안된 감시 시스템이다. 가장 순수한 동기를 가지고 있는 사람일지라도 죄 아래 있으며 어떤 특정 상황에서는 재무제표 자료를 왜곡시킬 수도 있다. 이것이 공공기관들이 의무적으로 회계 시스템을 갖추어야 하고 독립된 회계사에 의해 감사받은 재무제표를 공시해야 하는 이유이다. 미국 교계는 자체적으로 교회의 재정 투명성을 위해 노력하고 있는데, 교회 재정을 책임감 있게 운영하기 위해 창설된 '재정 회계 책임을 위한 복음주의 협의회Evangelical Council for Financial Accountability, ECFA'에는 1,500여 단체가 회원으로 가입되어 있다. 이 단체의 인증을 받고 회원자격을 유지하기 위해서는 이 기관이 정한 기준에 따라 재무제표를 작성하고 회계감사를 받도록 규정하고 있다는 점을 참고할 필요가 있다.

특히, 1년에 수십억 원의 재정이 운용되고 있는 교인 수 1,000명 이상의 중대형 교회들은 내부 감사뿐만 아니라 외부 감사를 통해 재정을 투명하게 운영할 필요가 있다. 많은 교회들이 교회 내 기관들에 대한 회계 감사는 철저히 하면서도 정작 교회 전체 예산에 대한 회계 감사를 받지 않는다면 스스로 모순에 빠지는 일이 될 것이다. 외부 감사라고 해서 정부 기관의 감사를 받아야 한다는 것은 아니고, 목회적 안목을 갖추고 교회의 생리를 잘 이해하고 있는 교계 관련 회계 기관을 통해서 감사를 받으면 된다. 그러나 한국 교회의 다수를 차지하는 교회들은 교인 수 100명 미만의 작은 교회들이고 미자립 교회들이 많다. 작은 교회라고 해서 재정을 주먹구구로 사용해도 된다는 뜻은 아니나, 외부에 공개할 만큼의 재무 정보가 없다는 점을 감안하여 내부 감사를 통해서라도 재정을 투명하게 운영해야 할 것이다.

교회 재정을 투명하게 운영하기 위하여 교회마다 정관을 마련할 필요가 있다. 교계에서는 이미 십여 년 전부터 교회 정관 갖기 운동이 전개되고 있으나 실제로 교회가 정관을 갖고 있는 경우는 그리 많지 않다. 교회에서 정관을 마련하자면 교회 구성원들이 교회 운영 방침에 대해 토론하여 의견을 수렴하게 되기 때문에, 자연스럽게 민주적인 교회 운영에 관심을 갖게 될 것이고 재정 운영에 대해서도 논의가 이루어질 것이다. 따라서 교회마다 자신들의 비전과 핵심 가치를 정의하고 그에 따른 상세한 교회 운영 방안과 규칙과 절차를 정립해 나간다면 교회 스스로 공동체성에 걸맞은 특성을 확보해 나갈 수 있을 것이다. 교회 정관을 만드는 것이 자동으로 교회의 민주성이나 공동체성을 담보하는 것은 아니지만 정관을 만들기 위해 토론하고 대화하는 과정을 통해 민주성과 공동체성을 강화할 수 있다.

그러나 교회 재정의 투명성은 필요조건이지 충분조건은 아니다. 재정을 아무리 투명하게 운영한다고 해도 교회의 공적인 책임과는 무관하게 개교회 중심으로만 사용한다면 그 의미는 반감될 것이기 때문이다. 우리나라에서는 종교단체에 대해 자선단체와 같은 수준의 조세 감면이나 비과세 혜택을 주고 있다. 그것은 종교단체가 영리를 목적으로 하는 것이 아니라 자선단체와 같이 사회의 공익에 기여하고 있다고 전제하기 때문이다. 그러나 우리 사회에서 목회자와 교회에 대해 비과세하는 것에 대한 문제 제기가 있었던 것은, 교회가 사회의 공익을 위해서 일하기보다는 자기 자신들만을 위해서 일하기 때문에 영리 단체나 다를 바 없다는 생각이 증가했기 때문이다. 이러한 관점에서 본다면 교회나 목회자가 세금을 낼 것이냐 말 것이냐 하는 것은 피상적인 문제이다. 설령 특정 교회나 목회자가 세금을 낸다고 하더라도, 그것으로 사회에 대한 교회의 책임을 다했다고 할 수는 없기 때문이다. 문제의 핵심은 교회의 활동이 사회에 대한 책임을 다하기 위해 공동체성을 띄고 있느냐 하는 것이다.[16]

2017년 한목협 조사에서 헌금의 우선적인 사용처에 대해, "사회봉사 및 구제"가 "교회 운영 및 유지"와 함께 38퍼센트로 가장 높은 응답률을 보였다. 이것은 98년과 04년 이후에 꾸준히 늘어난 수치여서 사회봉사와 구제에 헌금을 가장 우선적으로 써야 한다는 생각이 강화되고 있는 것을 보여 준다. 그러나 이 조사에서 목회자들은 "교회 운영과 유지"라는 응답이 54.1퍼센트로 가장 많이 나왔고, "사회봉사 및 구제"는 9.8퍼센트가 나와서 일반 성도들의 의식과 큰 차이를 보였다. 그리고 이것은 12년 조사에 비해 더 줄어든 수치이다.[17] 현실적으로 각 교회에서 사회봉사비가 차지하는 비중은 전체 재정의 5퍼센트에도 미치지 못하고 있음을 감안하면, 재정 자립 상태의 교회들의 경우 10퍼센트 이상의 예산을 사회봉사비로 사용하도록 공감대를 형성할 필요가 있다.

이와 관련하여 이미 오래전에 교회 재정을 사회학적으로 분석하여 연구한

---

16. 김정남, 『종교법인의 세무와 교회재정관리』(서울: 영문, 2004), 182.
17. 한국기독교목회자협의회, 윗글, 498.

노치준은 성인 성도 300명 이상이 되는 어느 정도 안정된 교회라면 관리비, 운영비가 도합 20퍼센트를 넘지 않도록 하며, 순수한 선교비 15퍼센트 이상, 교육비 15퍼센트 이상, 사회 봉사비 10퍼센트 이상, 범교회적인 협조 기금 5퍼센트 이상으로 한다는 원칙을 세우고 나머지를 가지고 각 교회의 형편에 따라 사용할 필요가 있다고 제안한 바 있다.[18] 그러나 모든 교회에 대하여 일률적으로 재정의 얼마를 어떤 명목을 위해 사용해야 한다는 원칙을 정할 수는 없다. 획일적으로 기준을 정하기보다는 각각의 교회공동체 구성원들이 자신들의 신앙고백에 따라 재정 지출에 대한 원칙을 정하여 이를 정관에 명시하는 것이 좋은 방법이다.

그런데 한국 교회의 대부분을 차지하는 소형 교회의 경우, 대부분 재정 상황이 열악하여 사회봉사나 지역 활동을 위해 예산을 사용하거나 공간을 활용하기가 쉽지 않은 형편이다. 이렇게 재정 자립이 어려운 가장 큰 이유 중의 하나는 소형 교회일수록 임대료 등 건물 유지비에 드는 비용이 전체 재정에서 차지하는 비중이 크기 때문이다. 가계에서 소득이 낮은 가구일수록 엥겔지수가 높은 것처럼,[19] 아무리 작은 교회라도 건물이 있어야 하고 기본적으로 건물을 유지하는 비용은 일정 수준 이상이기 때문에, 작은 교회일수록 건물 유지비가 상대적으로 더 크게 부담이 되는 것이다.

이 문제를 해결하기는 쉽지 않으나, 최근 몇몇 교회들이 교회 건물을 소유하지 않고 학교 강당 등을 빌려서 주일에만 예배 처소로 사용함으로써 건물 유지비를 획기적으로 줄이는 사례가 늘고 있다. 학교 강당을 이용하려면 교인 수가 수백 명은 되어야 하지만, 작은 교회라도 방법이 없는 것은 아니다. 관공서나 복지관, 사회단체 시설 등 작은 교회들이 활용할 수 있는 공간은 주변에서

18. 노치준, 『한국의 교회조직』(서울: 민영사, 1995), 273.
19. 가계 지출에서 생활비 중에서 차지하는 음식비의 비율을 나타내는 지표.

어렵지 않게 찾을 수 있다. 이러한 시설을 효과적으로 이용하면 건물 유지비를 줄임으로써 교회가 본래 목적으로 하는 일에 더 많은 예산을 사용할 수 있게 될 것이다.

이러한 방식을 도입한다면, 대부분의 교회 건물이 주일과 주말 외에는 거의 활용되지 않지 않음에도 일주일의 며칠 사용을 위해 일정 규모 이상의 시설을 유지하는 데서 오는 비대칭적인 건물 활용의 문제를 해결할 수 있다. 뿐만 아니라 주일만을 위해 필요 이상의 넓은 주차장을 확보하는 데서 오는 예산의 낭비도 막을 수 있어, 에너지 효율적인 친환경 교회 공간을 만들 수 있을 것이다. 특히 코로나 상황으로 인해서 대규모 집회를 하기가 점점 더 어려워지는 데다가 교회 활동이 온라인 중심으로 변하게 되면 넓은 상설 공간이 불필요해지고 공간을 보다 효율성 있게 운영할 필요가 있다.

실제로 최근에는 앞의 사례에서 본 것처럼 다른 교회의 교회당을 빌려 쓰는 사례들이 늘어나고 있고, 아예 한 교회가 건물을 마련하여 작은 교회가 저렴하게 빌려 쓰도록 임대를 하는 사례도 생겨나고 있다. 그런데 일부 교단에서는 독립 공간에 임대 계약을 해야 교회 설립을 인정하는 경우가 있어서 교단법과 충돌할 가능성이 있다. 이러한 현실을 감안해서 공간이나 틀에 구애받지 않고 교회가 세워지고 사역을 감당할 수 있도록 교단법이나 정책도 바뀌어야 할 것이다.

더 큰 문제는 앞으로 교회 재정이 크게 위축될 우려가 있다는 점이다. 이미 한국 사회의 고령화 저출산의 여파가 한국 교회에 영향을 미치고 있고 많은 교회가 부채에 시달리고 있다. 게다가 10만 명이 넘는 목회자의 은퇴 준비도 제대로 되어 있지 않다. 여기에 코로나19는 한국 교회 재정에 엄청난 충격을 줄 것이다. 이와 관련하여 예장 통합 교단에서 목회자를 대상으로 실시한 조사에서는 응답자의 68.8퍼센트가 헌금이 줄었다고 응답하였고, 감소한 정도는 28.7

퍼센트라고 응답하였다.[20] 전체적으로는 20퍼센트 가까이 준 것으로 추정된다. 코로나 여파로 인해서 교인 수가 회복이 되지 않으면 이 충격은 더 커질 것이다. 앞에서 살펴본 바와 같이 코로나 사태로 인해서 예배 불출석 또는 탈교회 현상이 심화되면 교회가 교인 수와 재정 면에서 큰 타격을 입고 침체에 빠질 가능성이 매우 크다.

이런 상황에서 많은 교회들은 교회를 운영하기 위한 기본 관리비와 유지비를 고정시키고 대외 활동비나 사역비를 줄이려고 할 것이다. 이것이 부차적인 활동이기 때문에 여력이 되는 한도 내에서 지출을 하려고 하는 것이다. 그러나 기존의 사회봉사비나 선교비가 큰 비중을 차지하지 않는 상황에서 그마저 줄이게 된다면 교회 본연의 사명을 감당하는 데 큰 어려움을 겪을 우려가 크다. 그리고 이러한 재정은 실제로 한국 교회의 공신력을 세우기 위한 공적인 활동에 사용되는 것이기 때문에 그 문제의 심각성이 더하다. 따라서 교회의 유지와 관리를 위한 비용을 획기적으로 줄일 방안을 모색하면서 대외사역 비용은 유지할 필요가 있다. 최근 코로나 상황에서 예배 공간 공유를 시도하는 것은 이러한 면에서 참고할 만하다.[21]

흔히 교회는 세상에서 유일하게 자신이 아니라 남을 위한 공동체라고 말을 하지만 교회 재정 사용을 보면 이러한 말을 무색케 한다. 교회의 헌금이 교회 내부의 필요를 위해서만 아니라 교회 울타리 넘어 우리 사회에서 소외되고 도움을 필요로 하는 사람들을 위해 쓰일 수 있도록 다각도의 노력이 필요하다. 이렇게 교회 재정에 어떠한 이기심도 개입하지 않고 공동체성에 따라 집행될

---

20. 지앤컴리서치, 「대한예수교장로회 통합 총회 소속 목회자 대상 포스트 코로나19 설문조사 보고서」(2020년 6월 8일).
21. 예배 처소 공유와 관련하여 예장 통합 교단에서 논의한 내용에 대해서는, 대한예수교 총회 국내와 군·특수선교처 엮음, 『제105회기 포스트코로나 시대 목회전략연구위원회 공청회 및 세미나 자료집』(2021. 6. 18)을 볼 것.

때 교회는 목적 전치 현상과 같은 제도화 문제를 극복하게 되고, 우리 사회에서 공신력도 회복할 수 있게 될 것이다.

5. 교회 공공성의 회복

교회가 제도화되면서 나타나는 큰 문제 가운데 하나는 개교회의 유지와 성장이 최우선의 가치가 되면서 본래 교회의 존재 목적 중 하나인 이웃사랑을 실천하지 않고 있다는 점이다. 기독교 신앙은 개인의 사적인 영역에 머무르지 않고 공적인 영역에서 표출되어야 한다. 코로나 사태로 인해서 지금은 교회의 존립 자체가 위협받는 어려운 상황이지만 여전히 이웃 사랑을 실천해야 하고, 우리 사회에 대한 막중한 책임 의식을 가져야 한다.[22] 또한 기독교인들의 신앙생활도 공적인 기준에 의해 점검할 필요가 있다. 전염병이 창궐한 상황에서 예배당 예배를 고수하는 것은 신앙고백의 한 표현일 수 있지만 그것이 비기독교인들에게 어떻게 비칠 것인지도 고려해야 한다. 기독교인 자신의 기준에서만이 아니라 공공의 차원에서 신앙생활을 들여다 볼 필요가 있다. 그리고 공익적 차원에서 문제가 될 수 있다면 그것은 재고될 필요가 있다.

그러나 이제까지 한국 교회의 모습은 우리 사회에서 신뢰를 얻지 못하였다. 사회신뢰도 조사를 포함하여 많은 개신교 관련 조사에서 개신교가 공신력을 잃고 있다는 결과가 나온 것이 이를 증명한다. 한국 교회의 신뢰도에 대해서는 기독교윤리실천운동에서 10년이 넘는 기간 동안 여섯 차례에 걸쳐 조사를 해 왔다. 그런데 한국 교회를 신뢰한다는 응답은 10년 동안 거의 변하지 않

22. 이에 대하여는 이도영, 『코로나19 이후 시대와 한국교회의 과제』(서울: 새물결플러스, 2020), 8를 볼 것.

고 20퍼센트를 밑돌고 있다. 2015년 인구센서스에서 개신교 인구가 19.7퍼센트이므로 거의 개신교 신자 수만큼만 교회를 신뢰한다는 뜻이다. 이에 반해 교회를 신뢰하지 않는다는 응답은 50퍼센트에 육박할 정도로 높다. 대부분의 만족도나 선호도 조사에서 '보통이다'라는 응답이 50퍼센트 이상 차지하고 많게는 80퍼센트까지 나오는 경우도 적지 않아서 호불호가 뚜렷하지 않은 것을 감안하면, 이 조사 결과는 매우 이례적이라고 할 정도이다.

5점 척도의 평균을 보아도 마찬가지이다. 100점 평균을 기준으로 60점을 넘어야 낙제 수준을 면한다고 할 때 5점 평균으로는 3점이 넘어야 하지만, 10년 동안 개신교 신뢰도의 평균 점수는 한 번도 3점을 넘지 못했다. 100점 평균으로 환산하면 50점에서 55점 수준이다. 그만큼 우리나라 국민들이 교회를 신뢰하지 않는다는 것을 단적으로 보여 주고 있다. 최근에 논란이 되었던 일련의 일들에서 볼 때 개신교의 모습은 우리 사회의 책임 있는 일원이라기보다는 오로지 자신들의 이익만을 추구하는 하나의 이익집단과 같이 여겨지고 있기 때문이다. 반복되어 일어나는 땅 밟기 사건, 한기총 사태, 그리고 교회 세습과 교회 내 성범죄 등 종교개혁 5백주년을 기념한 것이 무색할 만큼 한국 교회는 어려운 시기를 거치고 있다.

그런데 작년과 올해 조사 결과에서는 이 수치가 더 떨어졌다. 작년에는 4점 척도로 조사했음에도 신뢰한다는 응답이 32퍼센트로 나타났다. 이번에는 4점 척도로 조사를 했기 때문에 직접 비교는 어렵지만, 신뢰한다는 응답(31.8%)에 비해 신뢰하지 않는다는 응답(63.9%)이 두 배 이상 많이 나와서 전혀 변화가 없음을 알 수 있다.[23] 그리고 올해 '목회데이터연구소'에서 발표한 조사결과에서는 신뢰한다는 응답이 21퍼센트로 더 하락하였다. 코로나 사태에 교회가 대

23. 기독교윤리실천운동, 『2020년 한국교회의 사회적 신뢰도 여론조사 결과발표 세미나 자료집』(2020년 2월 7일), 10쪽.

처하는 방식은 우리 사회의 신뢰를 얻지 못하고 있다는 조사 결과이다. 교회가 공신력을 높이기 위해서는 교회의 공공성을 회복해야 한다.

신학자들은 성경을 바탕으로 하는 공동체는 자신들만을 위한 것이 아니라 스스로 공동체를 이룸으로써 공동체 밖의 사람들에게도 나누고 베풀 수 있는 여력을 가지게 된다고 말한다. 따라서 바람직한 기독교 공동체의 삶은 타인을 위한 것이기를 지향하며 지역사회와 함께하는 것이다.[24] 기독교 공동체는 공동체 구성원들의 필요를 충족시키기 위해 세워진 것이 아니라 철저하게 하나님의 뜻을 이루기 위해 세워진 공동체이다. 여기서 하나님의 뜻이란 기독교인들이 공동체를 이루어 유기체로 연합된 지체임을 인식하고 이웃과 사회를 위하여 사랑의 나눔을 실현하는 것이다.[25] 이러한 공동체들이 모여 시민사회를 이룸으로써 시민사회의 원리가 약자를 보호하는 공동체 원리가 되게 하는 것이 교회 공동체의 사회 임무이다. 이러한 공동체들은 시민사회 결속의 가장 기초가 되는 조직이다.[26]

이러한 신앙의 공공성은 최근에 공적公的 신학(또는 공공公共 신학public theology)으로 나타나고 있다. 공적 신학은 성경이 증언하는 예수 그리스도의 하나님 나라 복음에 기초하여 교회와 신학의 공공성과 사회적 책임을 강조하는 신학이다. 그러나 공적 신학에 대한 신학자들의 일치된 정의는 존재하지 않으며, 개념이 매우 광범위하기도 하고 다소 모호한 가운데 있다.[27] 공공성公共性의 개념도 마찬가지이다. 공공성 역시 매우 다양하며 때로는 서로 모순되는 내용을 담기도 한다.[28] 그럼에도 불구하고 기독교 신앙은 사적인 영역 안에 머무

---

24. 김현진, 『공동체적 교회 회복을 위한 공동체 신학』(서울: 예영커뮤니케이션, 1998), 423.
25. 임창호, 『공공성을 회복하라: 기독교 공동체와 공공성』(서울: 쿰란출판사, 2000), 83.
26. 권진관, 「국가, 시민사회, 교회」, 『기독교사상』, 495(2000), 45-46.
27. 윤철호, 『한국 교회와 하나님 나라를 위한 공적 신학』(서울: 새물결플러스, 2019), 331.
28. 최경환, 『공공신학으로 가는 길』(고양: 도서출판 100, 2019), 29. 공공성의 다양한 개념에 대해서는 성석환,

르지 않으며 종교의 자유라는 명분 아래 공익에 반하는 신앙은 존재할 수 없다는 의미를 포함한다. 나아가 사회의 공동선共同善을 이루기 위한 책임 의식을 강조한다는 것은 공통된다고 할 수 있다. 공공 교회와 공공 신학이라는 말을 처음 사용한 마틴 마티Martin E. Marty는, 교회가 기독교 전통으로부터 공공의 이익을 명료화하고 이 공익에 대한 관심을 지향하는 공익 우선의 신앙에 공헌할 수 있다는 점을 강조하였다.[29]

한 사람의 종교 신념은 전부 개인의 것이고 사사로운 것이라고 할 수 없는 것이다. 개인의 신앙조차도 개인 수준에서 머물지 않고 공동체와 사회 수준에서 발현되기 때문이다. 특히 현대 사회에서는 '사사화私事化, privatization'된 신앙이 조장되어 왔다. '사사화'란 현대 사회에서 종교가 사회 영역에서 퇴거하여 개인의 영역에 머물게 되는 현상으로 개인주의화된 종교를 가리키는 종교사회학 용어이다. 피터 버거는 사사화된 종교가 개인의 선택이나 선호의 문제로 전락했다고 말한다.[30] 그러나 이러한 종교의 추구는 그 내부 속성상 공동체적 삶을 부정하기 때문에 재생산 자체가 불가능하고, 설령 이러한 공동체가 존재한다고 하더라도 다원화된 현대 사회에서 어떠한 기여도 할 수 없을 것이다.[31]

이러한 공공성과 관련하여 주목해야 할 개념은 공론장公論場, public sphere이다. 근대 유럽에서 공공 영역은 공론장을 중심으로 발전되어 왔다. 시민들이 주체가 되어 공공의 담론을 형성하며 개인들의 이해관계를 넘어 공공의 문제에 대해서 토론하고 참여할 수 있는 장을 만들어 왔다. 공공의 담론의 특징은,

---

『공공신학과 한국사회』(서울: 새물결플러스, 2019), 40-46을 볼 것.

29. Martin E. Marty, *The Public Church*(New York: Crossroad, 1981), 12.

30. 피터 버거/이 양구 역, 『종교와 사회』(서울: 종로서적, 1982), 151-152.

31. Robert Wuthnow, *Christianity and Civil Society: The Contemporary Debate*(Pennsylvania: Trinity Press International, 1996), 36-40. 이에 대해서는 로버트 벨라도 같은 입장을 취하고 있다. Robert N. Bellah 외, *Habits of the Heart: Individualism and Commitment in American Life*(Berkeley: University of California Press, 1985), 236.

첫째로 공동의 것을 의미한다. 그러나 단순히 공동의 것이 아니라 공동선과 관련되는 것이다. 그리고 공공의 담론의 양식은 이성과 설득에 의해 획득되며 강요나 조작이 개입하지 않는다. 이런 점에서 우스노우는 공공의 담론을 "집합의 가치에 도달하는 과정"이라고 보았다.[32] 따라서 공공의 논제에 대하여 토론할 수 있는 장에서 공동선을 위한 여론을 형성하고, 이것이 결국 종교의 공공성을 드러내게 되는 것이다.

여기서 공론장은 하나의 영역이 아니라 다양한 영역들로 존재한다는 것이 중요하다. 어떤 공론장이라도 더 넓은 공론장에서 자신들의 위치를 지키기 위해 때로는 협력하고 때로는 경쟁하기도 하는 하위 공공 영역들이 있다. 공공신학이 기여하는 점은 다중 공론장에서 각기 다른 주체들과 함께 다양한 신학적 참여를 하는 것이다. 그리고 공공신학의 역할은 단순히 종교 공동체나 종교 사상을 방어하기보다는 약한 주체들도 공론장에서 기여할 수 있도록 돕는 것이다. 모든 주체들은 모든 의견이 적절하게 반영되어 실천되는 공론장을 만들고 유지하는 데 필수적이기 때문이다. 공공신학은 특정 주체가 공론장을 독점하지 못하도록 하는 것이다.[33]

공공신학은 시민사회의 발달과 함께 그 역할이 더욱 부각되었다. 최근에 공공신학은 기존의 기독교 사회윤리, 정치신학 또는 기독교 세계관 운동과 비슷한 내용이나 주제를 다루면서도 기존의 정형화된 도식에서 벗어나 공적이고 사회적인 삶의 다양한 영역을 집중적으로 다루기 시작하였다.[34] 특히 방금 살펴본 공론장의 변화와 이에 대한 인식을 바탕으로 공공신학은 어떻게 공적 이

---

32. Wuthnow, Robert, ed. *Between States and Markets: The Voluntary Sector in Comparative Perspective*(Princeton: Princeton University Press. 1991), 22.
33. 김창환, 『공공신학과 교회』(서울: 대한기독교서회, 20201), 35-36.
34. 최경환, 윗글, 41.

슈와 논쟁에 기여할 수 있는지를 계속해서 질문하고 고민하고 있다. 리처드 존 뉴하우스Richard John Neuhaus는 미국에서 종교 담론이 공공정책과 공론장에서 배제되고 있는 현상을 '벌거벗은 공론장'이라고 표현한다. 공론장에서 종교 신념이 빠져나가면 도덕적으로 빈 공간이 되기 때문에, 새로운 의미들을 채워 넣기 위해서는 종교의 역할이 매우 중요하다.

우리 사회에서도 마찬가지이다. 특히 코로나 상황 이후에 급변하는 우리 사회에서 논의되는 공동선을 위한 공론의 장에 교회도 시민사회의 일원으로 참여해야 한다.[35] 여기서 문제는 우리 사회에서 기독교인들이 비기독교인들과 공공의 의제에 대해서 토론한 경험이 거의 없다는 점이다. 공동이라는 것은 획일적인 것을 의미하는 것이 아니고, 더불어 살기 위해 사람들이 합의를 이루는 과정에 공동으로 헌신하는 것을 뜻하는 것이다. 전래 초기의 기독교는 다양한 사회적 실천을 하였으나, 오늘날의 제도화된 기독교는 대부분 교회 울타리 안에서 교인들끼리만 의미 있는 관계를 맺고 있을 뿐이다. 이런 방식으로는 사회적 연대가 가능하지 않다. 따라서 단순히 선언적 차원의 연대가 아니라 구체적인 협력의 기술을 개발해야 한다. 이와 관련하여 다양한 사회 상황에서 어떻게 협력하고 대화할 수 있는지 탐구하는 리처드 세넷Richard Sennett의 연구를 참고할 만하다. 그는 일사불란한 통일성과 하향식 연대를 주된 방식으로 차용하는 연대방식은 적절하지 않으며, 그보다는 구성원들 간에 열린 포괄성의 좌충우돌을 감내하며 풀뿌리 상향식 연대를 구현하는 연대 방식이 더 충실한 협력적 의례의 방식이라고 주장한다.[36]

이러한 종교의 공공성은 종교가 시민 사회에 기여할 수 있는 일종의 사회

---

35. 성석환, 「코로나 19시대 뉴 노멀의 윤리적 가치로서 '공동의 선'과 한국교회」, 『기독교사회윤리』, 47(2020), 140.
36. 리처드 세넷, 『투게더』(김병화 옮김)(서울: 현암사, 2013), 40-44.

자본이 되기도 한다. 사회 자본에 대해서는 다른 여러 글에서도 밝혔듯이, 협력 행위를 촉진하여 사회에서의 효율성을 높일 수 있는 사회 조직의 속성을 가리키는 말이다. 로버트 퍼트넘Robert D. Putnam은 시민의 참여가 사회 자본의 주축 형태라고 인식하고 종교의 중요성을 시민 사회에 기여할 수 있는 사회 자본으로 생각했다.[37] 종교 모임을 통해서 사람들은 다른 시민 조직에 참여하는 데 필요한 대인 관계에 대한 기술을 습득하고 공공 활동에 필요한 정보를 얻을 수 있는 연결망을 발전시키면서, 종교 모임이 사람들이 서로 교섭하고 신뢰하는 것을 배우는 장소가 되기 때문이다. 이러한 사회 자본을 바탕으로 교회는 시민 사회에 기여할 수 있게 될 것이다.

그런데 이런 공적인 참여를 저해하는 것이 개교회주의個敎會主義이다. 퍼트넘은 사회 자본을 분석하면서 교회가 내부의 '결속 사회자본bonding social capital'은 강하지만 연합 활동을 할 수 있는 '연계 사회자본bridging social capital'은 약하다고 표현하였다. 따라서 교회가 사회에 대하여 공적인 책임을 다하기 위해서는 교회 안의 개교회주의를 극복하는 것이 매우 중요하다. 종교개혁의 전통을 따라 형성된 개교회주의는 획일적인 중앙통제가 없고 개교회의 재량권이 인정됨으로써 하나의 교회가 절대권력화되는 것을 방지할 수 있다는 장점도 있다. 그러나 반대로 개교회가 상당한 재량권을 갖기 때문에, 외부의 어떠한 개입이나 간섭도 불허하는 독불장군식의 집단이 될 수 있다는 심각한 단점이 작용할 수 있다.

---

37. 로버트 퍼트넘, 『사회적 자본과 민주주의』(안청시 외 옮김)(서울: 박영사, 2000), 281. 퍼트넘은 『나홀로 볼링(Bowling Alone)』이라는 책에서 미국에서 볼링리그의 감소가 자발적 시민 결사체를 통한 공동체의 참여가 급감하고 있는 현실을 상징적으로 보여주고 있다고 말한다. 볼링장에서 맥주와 피자를 들면서 사회적 교류를 하고 공동체의 문제에 관해 이야기하는 사람들은 줄어들고 자기만의 여가를 즐기려는 나홀로 볼링족만 북적대고 있다는 사실은 미국의 사회 자본의 감소를 상징적으로 보여주고 있다는 것이다. 이에 대하여는 Robert D. Putnam, *Bowling Alone: The Collapse and Revival of American Community*(New York: Simon & Schuster, 2000), 4장을 볼 것.

이러한 개교회주의의 문제는 최근 문제가 된 대형교회들의 세습 문제에서 단적으로 볼 수 있다. 한국 교회에서 개교회주의는 '교회가 그 목표를 설정하고 활동을 전개하며 교회 내의 인적, 물질적 자원을 사용하는 데에서 개별교회의 유지와 확장에 최우선권을 부여하는 부정적인 태도'로 인식되고 있다.[38] 개인주의가 개인의 침해할 수 없는 고유한 기본 권리를 의미하지만 많은 경우에 이기주의로 표출되듯이, 개교회주의 역시 그 자체가 부정적인 것은 아니지만 현실에서는 개교회 이기주의로 나타나고 있다는 것이다.

한국 교회에서는 개교회의 수적인 성장이 마치 목회의 성공인양 여겨지고 교인들도 큰 교회가 좋은 교회라는 인식이 형성되면서, 다른 어떤 교회보다도 우리 교회가 잘되어야 한다는 배타적이고 이기적인 신앙이 개교회주의를 부추겨 왔다. 이러한 한국 교회의 강한 개교회주의 성향은 교회 연합 활동을 어렵게 하고, 나아가 교회의 기본 원리 중의 하나인 공교회성을 침해하고 있다는 점에서 매우 심각한 문제이다. 지상에 있는 모든 교회가 똑같은 하나님의 교회이고 그리스도의 몸된 교회이어야 하지만 현실에서는 모두 잠재적 경쟁 관계에 있다. 우리 교회 가까운 곳에 다른 교회가 세워지면 협력해야 할 지체가 아니라 누르고 이겨야 할 경쟁자로 여기기 때문에 전혀 반갑지 않다. 이렇게 눈앞의 이익만 추구하다 보면 결국 전체 한국 교회의 이미지는 더 나빠지게 되고 결국 공멸의 상황에 빠지게 될 수도 있다는 점에서 반드시 극복해야 할 과제이다.

코로나 시기와 그 이후에도 한국 교회가 건강하게 존재하기 위해서는 다양한 개체들이 공존하면서 협력하고 연대해야 한다. 도시 교회와 농촌 교회, 큰 교회와 작은 교회, 지역교회와 파라처치 등 다양한 교회들이 자신의 정체성을 가지고 특색에 맞는 사역을 하면서 협력할 필요가 있다. 이를 위해서는 상대적

---

38. 노치준, 「한국교회의 개교회주의에 관한 연구」, 『기독교사상』, 1986년 5월, 81.

으로 취약한 교회들이 지속 가능한 사역을 할 수 있도록 공교회적으로 힘을 모아야 한다. 사회학에는 '개인의 합리성이 집단의 합리성을 담보하지 못한다'는 명제가 있다. 만일 어떤 건물에 불이 나면 개인의 입장에서는 자기가 살기 위해서 다른 사람을 제치고라도 먼저 밖으로 뛰쳐나가는 것이 합리적인 행동이지만, 모든 사람들이 그렇게 하면 오히려 극심하게 무질서해지기 때문에 모두가 사망에 이를 수도 있어서 오히려 전체 집단에게는 매우 비합리적인 행동이라는 것이다.

요즘에는 비즈니스에서도 친환경, 사회적 책임 경영, 지배구조 개선 등 투명경영을 고려해야 지속 가능한 발전을 할 수 있다는 ESGEnvironmental, Social and corporate Governance를 강조한다. 얼마 전에 영국 버거킹이 "맥도날드에서 주문하세요"라는 트윗을 올려 국제적으로 화제가 되기도 하였다. 자신들뿐만 아니라 여러 패스트푸드 체인점이나 지역 레스토랑에도 수많은 직원이 일하고 있고 이들에게도 도움이 필요하다는 메시지이다. 전세계 산업 생태계가 ESG 중심으로 바뀌면서 가치사슬 내의 모든 이해관계자의 협력과 참여가 필요한 상황이다. 상생 마케팅은 이해관계자 간 협력을 통해 지속 가능한 성장을 도모한다.

신뢰가 약한 사회에서는 '공유지의 비극'이나 '죄수의 딜레마'에서 보여 주는 다양한 사회 문제가 발생할 수 있다. 공유지의 비극은 주인이 따로 없는 공동 방목장에서는 농부들이 경쟁적으로 더 많은 소를 끌고 나오는 것이 이득이므로 그 결과 방목장이 곧 황폐화되고 만다는 것을 경고하는 개념이다. 죄수의 딜레마는 자신의 이익만을 고려한 선택이 결국에는 자신뿐만 아니라 상대방에게도 불리한 결과를 유발하게 되는 것을 말한다. 반면에, 신뢰가 강한 사회에서는 사회자본이 형성되어 이러한 문제를 어렵지 않게 극복할 수 있다. 마찬가지로 교계에서도 큰 교회가 자기 교회의 성장과 이익을 위해 주변의 다른 교회를 고려하지 않고 자기 교회 중심의 활동을 한다면, 결국 교회에 대한 인식이 나빠져서 전체 한국 교회에 악영향을 미치고 더 큰 위기 상황에 빠질 수도 있다는 인식이 필요하다.

공교회성 회복을 위해서는 먼저 교단을 비롯한 전체 개신교 차원에서 노력이 필요하다. 따라서 각 교단마다 정책을 세울 때 교회의 신뢰도를 높일 수 있는 정책을 마련해야 하며 교단 안에 있는 크고 작은 교회들이 협력할 수 있는 사업을 개발해야 한다. 그러나 가톨릭과 같이 단일 교단, 단일 기구가 아닌 데다 갈수록 교단의 영향력은 약해지는 개신교의 상황에서 일치된 노력을 기울이기는 쉽지 않다. 따라서 교단 중심의 하향식top down 정책보다는 풀뿌리에서부터 주체적으로 움직이는 상향식bottom up의 활동을 통해서 공교회성을 이룰 수 있는 바탕을 만드는 것이 중요하다.

코로나 이후에는 작은 교회들의 사역도 어려움에 직면할 가능성이 높다. 코로나 이후에는 대면 접촉을 꺼리는 상황이 지속되면서 4차 산업 혁명이 가속화할 것이고 교회에서도 미디어나 온라인을 활용한 사역의 비중이 더 커질 것이다. 이렇게 친밀한 대면 관계에서 이루어지는 양육이 중시되던 시대에서 비대면 온라인 관계나 미디어를 활용한 사역이 중시되는 시대로 바뀌게 되면 소형 교회들은 더 취약할 수밖에 없다. 이미 찬양 예배가 교계를 휩쓸었을 때 경험했듯이, 작은 교회가 큰 교회를 단순히 모방하는 것은 좋은 방법이 아니다. 물론 작은 교회는 작은 교회대로 예배의 변화를 준비해야겠지만 큰 교회들 수준의 음향 장비나 시스템을 갖추기는 어렵다. 따라서 작은 교회의 특색을 살려서 잘 준비하지 않으면 예배의 성격 자체가 불분명하며 어정쩡한 형태가 될 수 있고, 청년과 일부 교인들은 제대로 갖춘 대형 교회에 눈을 돌리는 일이 벌어지게 된다. 코로나 이후에도 작은 교회들은 어느 정도의 비대면 방식의 사역을 준비해야겠지만 무리하게 재정을 투입하기보다는 작은 교회의 특색을 살릴 수 있는 온·오프라인 혼합 방식을 모색해야 할 것이다. 코로나 상황에서도 상대적으로 여력이 있는 대형교회는 소형교회들에게 온라인 사역이나 미디어 사역에 대한 노하우를 전수해 주고 소형교회들이 하기 어려운 미디어 콘텐츠를 개발하여 제공하는 것이 좋은 방법이 될 것이다.

그럼에도 작은 교회는 점점 더 어려운 상황에 놓이게 될 가능성에도 대비해야 한다. 오래전부터 간헐적으로 시도되었던 작은 교회들 사이의 공동 목회와 같은 일종의 컨소시엄도 새롭게 시도할 필요가 있다. 이것은 개교회주의의 한계를 넘는 새로운 도전이 될 것이다. 이러한 다양한 사역에 관심을 가지고 여러 교회들이 연대하고 협력한다면 코로나의 위기 속에서도 한국 교회가 다시 도약할 수 있는 의미 있는 기회를 마련할 수 있을 것이며, 교회의 공신력 회복에도 크게 도움이 될 것이다.

6. 공공성에 기초한 사회 참여

앞에서 살펴보았듯이, 교회는 공공성을 바탕으로 세워진 종교 기관이고 사회에 대한 공적인 책임을 지고 있다. 따라서 교회 공동체 안에서 훈련된 기독교인이라면 교회 밖에서도 일반인들과는 다른 도덕성, 곧 더 엄격한 도덕 기준에 따라 일반인들의 삶의 양식과는 구별된 삶을 보여야 한다. 그리고 그러한 삶의 지평을 넓혀 사회의 도덕적 변화의 주체가 되어야 한다. 성숙한 공동체는 자신의 존재를 두고 있는 더 큰 사회를 변혁할 수 있는 영향력을 발휘할 수 있어야 하는 것이다. 교회가 이러한 역할을 할 수 있을 때에라야 교회는 현대 사회에 기여할 수 있는 올바른 시민을 길러내는 조직이라고 할 수 있을 것이다.

실제로 한국 교회는 그런 전통을 가지고 있다. 선교 초기에 한국 교회에서는 남녀와 신분의 차별이 없이 공동으로 참여하는 토론회가 활성화되었으며,

자원 조직으로서의 교회가 전국 곳곳에 세워지면서 공공의 공간으로서 수평의 의사소통을 수행하는 시민들의 공간이 되었다. 그리하여 교회에 속한 교인은 공공의 공간에 참여하는 자를 뜻하였고, 초월의 가치에 자신을 이어 기존하는 관행을 허물어뜨릴 수 있는 새로운 삶에 헌신하겠다며 공중 앞에서 선서하고 그것을 실천할 수 있는 사람이 당시의 기독교인이었다.[39]

그러나 오늘날 한국의 기독교인들은 이와 같은 기독교 시민으로서의 직분을 실천하지 못하고 있다. 신앙과 삶은 철저하게 분리되어 자신의 신앙이 삶의 영역에서 기독교 정신에 따라 실천되어야 한다는 사실을 인식하지 못하고 있다. 사회생활이 이루어지는 공간에서는 기독교인들에게서조차 그 공간 나름의 논리와 기제가 작동하고 있으며, 여기에 기독교 신앙은 비집고 들어갈 여지가 없다. 기독교 신앙은 식사 전에 기도를 한다든지, 술이나 담배를 금한다든지 하는 개인의 사사로운 경건 생활의 영역에서만 영향력을 발휘할 뿐이다. 그리하여 기독교 정치인은 조찬기도회는 열심히 하지만 정치판은 정치 논리대로 돌아가는 것이라고 생각할 뿐, 정치 영역에서 기독교 정신을 어떻게 실현해야 할지에 대해서는 생각하지 못한다. 아침 경건의 시간은 빠뜨리지 않고 갖는 기독교 경제인이 자본의 논리에 짓눌려 여느 기업인과 마찬가지로 노동자를 착취하고 세금을 탈루하기도 한다.

교회는 교회대로 교인들이 예배에 잘 참석하고 헌금을 잘하기만 하면 이른바 '독실한 기독교인'이라고 여긴다. 개개의 기독교인들이 자신의 삶의 영역에서 어떻게 하나님의 주권을 인정하고 하나님의 영광을 드러내야 하는지에 대해서는 도움을 주지 못하고 있다. 이러한 상황에서 교회의 공공성 회복을 위해서는 먼저 의식의 전환이 선행되어야 한다. 이제까지 한국의 개신교는 교회와

---

39. 박영신, 「'공공의 공간' 형성과 확장: 한말 조선 사회와 그 이후」, 『사회이론』, 2004년 봄/여름호, 21-26.

사회의 관계에 대해서 지나치게 이원론식 사고방식을 견지해 왔다. 곧 교회 안에서의 생활에 일차의 중요성을 부여하고, 일상생활의 영역에 대해서는 중요성을 인정하지 않은 채 '죄악이 가득하고 썩어 없어질 세상'으로 치부해 온 것이 사실이다.

이러한 이원론식 사고는 기독교인으로서의 사회생활에 올바른 의미를 부여하지 못하여 기독교인들을 분리주의자 또는 배타주의자로 만들어 버린다. 그러나 하나님께서 우리에게 허락하신 이 사회는 비록 죄악이 넘쳐 난다고 해도 포기하고 방치되어야 할 곳이 아니라, 똑같이 하나님의 영광이 구현되어야 할 공간이다. 하나님께서는 교회뿐만 아니라 이 세상 만물의 주님이시기 때문이다. 따라서 교회 안에서의 삶에만 높은 가치를 부여할 것이 아니라 교회 안에서 요구되는 엄격한 윤리 기준을 모든 기독교인들의 사회생활에도 확대하여 적용해야만 한다. 교회에서는 세속 사회의 모든 활동에 대하여 기독교의 가치를 부여하고 기독교인들이 따라야 하는 윤리적인 지침을 마련해 줄 수 있어야 한다.

여기서 한 가지 고려해야 할 점은 단순히 사회에 대한 관심과 책임을 갖는다고 해서 공공성이 담보되는 것은 아니라는 점이다. 정교분리를 주장하던 한국 교회에서 최근 10여 년 사이에 '사회적 책임'을 강조하면서 다양한 활동들이 벌어지고 있으나 오히려 공공성을 훼손하는 경우가 적지 않기 때문이다. 많은 교회 지도자들이 교회 중심의 사고를 벗어나지 못하고 있으며 공정성의 측면에서도 문제가 있음에도 불구하고 사회적 책임을 운운하며 정당화하고 있다. 따라서 공공성을 확보하기 위해서는 사사로운 이해관계나 교회 중심의 사고를 넘어서 우리 사회 전체의 공평성과 공공선에 기여하는 것이 매우 중요하다.

여기서 우스노우가 시민사회에서 교회의 역할로 제시하는 세 가지에 주목할 필요가 있다. 첫째는 정체성 정치identity politics이고 두 번째는 실용적 보편주의pragmatic universalism, 세 번째는 시민 비평civil criticism이다. 먼저, 정체성 정치라는 개념은 최근 몇십 년 사이에 흑인, 히스패닉, 페미니스트, 게이와 레즈비언, 그리고 자신들이 억압받는 소수자라고 주장하는 집단들이 자신들의 권리를 옹호하기 위한 노력의 일환으로 등장하였다. 정체성 정치는 우리가 살고 있는 다문화주의 세계의 중요한 특징이다. 그것은 차이에 대한 공식적 인정을 포함하여, 차이에 대한 깊은 존중이라는 이름으로 다수 대중들의 사고에 도전하고 있다. 정체성 정치는 새로운 주장이 논의될 수 있는 기회를 제공함으로써 시민사회를 확장시키는 데 도움이 될 수 있다.[40]

늘어 가는 미국 사회의 다양성에 대하여 종교 집단들이 취할 수 있는 두 번째 방식으로 우스노우가 제시한 것은 실용적 보편주의의 태도를 취하는 것이다. 우스노우는 이 용어를 이러한 입장을 가진 신학 그 자체에 명백하게 드러나 있는, 포괄성의 지향inclusive orientation을 강조하기 위해 사용하고 있다. 하지만 이 용어를 사용하는 또 다른 이유는, 이러한 포괄성이 현실적인 이유에서 사용되고 있다는 점을 나타내기 위해서이다. 우스노우는 이러한 대응과 정체성 정치 사이의 대비점은 벽돌과 스펀지 사이의 차이로 비교한다. 벽돌은 주위 환경의 영향을 쉽게 흡수하지 않는다. 만약 주위 환경들을 싫어한다면, 그것을 뽑아서 던져 버리는 것이 벽돌과 같다. 반면에, 스펀지는 쉽게 흡수한다. 새로운 무엇인가가 나타나면, 아무 문제도 없는 듯이 그것을 빨아들이는 것이 스펀지와 같다.

최근 다문화주의에 대한 지배적인 미국 기독교인의 대응은 벽돌이라기보다는 스펀지였다고 할 수 있다. 늘어 가는 다양성에 직면하여 미국 기독교인들은 스스로에게 말하기를, 아무 문제도 없으며 우리는 그 다양성을 잘 다룰 수 있

---

40. 로버트 우스노우, 『기독교와 시민사회』, 정재영·이승훈 옮김(서울: CLC, 2014)로 번역되었다. 141-143.

고, 또 실제로 그것을 환영한다고 말한다. 기독교 안에는 모든 피조물에 대한 하나님의 보편적 사랑, 그리스도의 몸인 신자들의 평등, 교회에서는 이방인과 유대인, 남자와 여자의 구별도 없다는 보편 사상 등을 강조하는 강력한 전통이 존재한다. 시민사회에 대한 우리의 관심과 관련하여 볼 때, 문제는 실용적 보편주의가 너무 스펀지 같이 흡수만 하기 때문에 사회 문제에 대하여 구별된 영향력을 끼치지 못한다는 점이다.[41]

세 번째는 시민 비평인데, 종교가 다원화된 사회에서 이 역할을 수행해야 한다는 말을 이해하기 위해서, 우리는 다문화주의가 차이들을 진지하게 받아들인다는 점을 인정하는 것에서부터 시작할 필요가 있다. 곧, 시민사회에의 참여는 시민들로 하여금 지적 세련됨intellectual sophistication을 가지고 이러한 차이들에 접근할 것을 요구한다는 것이다. 따라서 핵심 용어는 '차이'와 '지적 세련됨'이다. 차이와 지적 세련됨을 함께 조화롭게 수용한다는 것은, 기독교가 예언자적 역할을 회복하면서 어떻게 비판적인 목소리를 낼 수 있을지, 그리고 실제 그러한 비판을 제도화할 수 있는 참신한 방법을 어떻게 제시할 수 있을지, 그 구체적인 대안들을 고려할 수 있는 새로운 방식을 보여 주는 것이다. 이러한 점에서 우스노우는 앞의 두 방식보다는 시민 비평으로서의 역할에 강조점을 두고 있는 것으로 보인다.

그래서 우스노우는 종교 분야의 분명한 하나의 측면으로서 비평은 과거보다, 특히 종교 담론이 대중 시장의 영향에 종속되어 있는 지금 더 많은 주목을 받아야 할 필요가 있다고 말한다. 비평은 가장 일반적인 형식의 종교 담론인 설교와는 구별되는데, 설교는 자의식적인 비평의 행위라기보다는 일종의 공연performance에 더 가깝다. 설교자는 연극에서의 배우와 같이 공연자performer이

41. 윗글. 151-153.

며, 같은 맥락에서 이들에게 비평가로서 역할을 기대할 수는 없다. 반면에, 비평은 대중문화 또는 다른 교파나 종교 표현들에 대하여 평가하는 것이다.[42] 비평은 또한 종교에 관한 학술적 연구와도 다르다. 비평도 학자적 전문지식에 의존하지만, 그러나 자기 고백적인 관점에서 이야기하거나 또는 종교와 시민사회의 관계에 주로 관심을 가지고 있는 외부자의 관점으로부터 발언을 한다는 점에서 좀 더 직접적으로 시민사회와 관계된다. 이러한 점에서 비평은 공공신학과도 통한다고 우스노우는 말한다.

시민사회는 다양한 가치들이 충돌하고 또한 조정되는 공간이기 때문에 교회가 스스로의 정체성을 잃지 않으면서도 초월성의 종교로서의 역할을 하기 위해서는 우스노우가 제시한 이러한 원리들을 참고할 필요가 있다. 그런데 우리 사회와 같이 여러 종교가 공존하고 있는 다종교상황에서 정체성 정치는 오히려 사회 갈등을 유발할 가능성이 크고, 반대로 실용적 보편주의는 정체성이 약화될 우려가 있다는 점을 상기해야 한다. 그동안 한국교회는 미국사회에서와는 또 다른 측면에서 정체성 정치의 방식을 취해 왔다고 볼 수 있다. 스스로 사회로부터 비난을 받아 온 데 대한 피해의식에서 주위 환경들과 대적하고 충돌하기를 마다하지 않았다. 그러나 우리 사회와 같은 다종교 사회에서 요구되는 교회의 역할은 시민 비평가로서의 역할일 것이다.

또 한 가지 염두에 두어야 할 것은, 앞에서 살펴본 바와 같이 미국에서 사람들이 교회를 떠나는 주된 이유 가운데 하나가 미국 교회들이 지나치게 보수화되는 것과 관련이 있다는 것이다. 우리 사회에서도 이런 우려가 현실로 나타나고 있다. 최근에는 극우 개신교인들이 이슈가 되기도 하였는데, 지난 몇 년 동안 '애국 보수'를 자칭하는 이들을 중심으로 수차례 열린 태극기 집회 참가자

42. 윗글. 160-162.

들이 쏟아낸 정치적인 발언들이 교회 안에서도 난무하고 있는 실정이다. 또한 교인들 사이에 SNS를 통해 확산되는 정치적 발언과 정보들 중에는 사실을 확인할 수 없는 가짜 뉴스도 다수 포함되어 있어서, 교회가 정치로 오염되고 있을 뿐만 아니라 바른 신앙관을 갖는 데에도 큰 걸림이 되고 있다. 특히 코로나 바이러스가 확산 중이던 2021년 8월 15일에 있었던 태극기 집회로 말미암아 이 집회에 참가한 사람들과 이 집회를 주도한 사랑제일교회를 중심으로 확진자가 다수 발생하여 사회적 비난의 대상이 되기도 하였다.[43]

사회에는 다양한 입장을 가진 사람들이 존재하고, 이것이 반사회적인 요소를 가지고 있지 않은 한 어떤 생각도 존중되어야 한다. 그것이 보수적이거나 진보적이라고 해서 문제가 될 수는 없다. 정치 철학에서 오랫동안 평행선을 그어 온 자유주의나 공동체주의도 나름의 한계가 있고 이를 극복하기 위한 다양한 논의들이 역사를 통해 이어져 왔다. 문제는 지나치게 편향된 사고이다. 모든 사람들이 평균적인 사고를 하거나 양비론적인 입장을 가질 필요는 없지만, 역사적 사건이나 인물에 대해서 자신의 관점에 따라 무비판적으로 수용하거나 무조건 반대를 하는 것은 바람직하지 않다.

기독교인이라면 더욱 그렇다. 자신의 이해관계보다는 전체 사회를 바라보고 어느 것이 더 유익한지를 따져볼 수 있어야 한다. 자신의 신념에 따라서 판단하기보다는 어떤 것이 성경의 가르침에 부합하는지도 면밀히 검토해야 한다. 그런데 대부분의 교회에서는 '믿음'을 강조하면서 논리적으로 따져 보거나 비판적으로 사고하는 것은 성경적이지 않은 것처럼 호도하는 경우가 많다. 그래서 기독교는 무조건 '친미반공'이어야만 하고 개인의 이익보다 사회의 이익을 앞세우면 사회주의로 단정해 버리는 경향이 강하다.

---

43. 극우 개신교에 대해서는 정재영 외, 『태극기를 흔드는 그리스도인: 개신교 극우 현상의 배경과 형성 그리고 극복』(서울: IVP, 2021)을 볼 것.

기독교인은 기독교인 정치인을 지지해야 하고 기독교인이 정치를 하면 기독교적으로 정치를 할 수 있다는 생각은 지나치게 단순한 생각이다. 얼마 전에 한 젊은 정치인이 정치를 통해서 하나님 나라를 이루겠다고 표현했다가 큰 논란을 빚기도 하였다. 정치는 신앙고백으로 이루어지는 것이 아니고 정치인이 자신의 신앙고백대로 정치를 하기도 어렵거니와, 신앙고백의 내용도 신앙인에 따라 매우 다르다는 점을 생각해야 한다. 하나님 나라에 대한 생각이나 신학적 입장도 매우 다양하다. 기독교인은 보다 구체적으로 자신의 신앙을 표현할 수 있어야 하고 그것을 어떻게 실제 삶 속에서 이루어 나갈 수 있는지 이야기할 수 있어야 한다.

한국 교회의 정치 참여와 관련해서 문제가 되는 것은 그것이 대부분 우리 사회의 공동선을 위해서라기보다는 한국 교회만의 유익을 위한 활동이라는 점이다. 우리 사회에서는 개신교 목회자들이 주도한 기독교 정당이 70년대 후반 처음 가시화된 이후에 선거철마다 여러 차례 기독교 정당의 창당과 해산이 반복되었다. 기독교 정당 자체를 부정적으로 볼 필요는 없다. 외국의 경우, 종교에 기반을 둔 정당이 나름대로의 정치적 성공을 거둔 경우도 있다. 독일의 사민당과 기민당이 대표적인 경우라고 할 수 있는데, 이들의 경우 종교적인 목적을 실현하기 위해 정당을 세웠다기보다는 정당을 통해 종교적 가치를 실천하려고 하는 것으로 이해된다. 그러나 우리 사회에서 기독교 정당은 공익을 위해서라기보다는 교세 확장에 치우쳐 있다는 평가가 주를 이룬다. 우리 사회와 같은 다종교 사회에서 각각의 종교가 자신들의 이익을 위해 정당을 설립하여 영향력을 행사하려고 한다면, 정치판은 자신들의 종교를 위한 종교집단 이기주의의 대결장이 될 것이다.

교회의 정치 참여와 관련하여 또 하나의 문제는 한국 교회의 사회의식이 매우 보수적이라는 것이다. 보수적인 것 자체가 문제가 되는 것은 아니지만, 지나치게 보수적인 사회관은 현실 유지와 기득권 수호에 일차적인 관심을 두기 때문에 건전한 비판마저도 결여되기 쉽다는 점에서 문제가 된다. 한국 전쟁과 분단 상황으로 인해 우리 사회에서는 선거철마다 이념에 바탕을 둔 색깔 논쟁이 벌어져서 더 풍부한 사상이 발전하는 데 걸림돌이 되고 있다. 기독교인들 역시도 북한 공산주의로부터 피해를 입은 경험의 영향으로 대부분 강한 친미 반공의 성향을 띠고 있다. 한때 '반공이 국시냐' 하는 논쟁이 있었던 것처럼, 친미반공을 절대화하는 것은 문제가 될 수 있다. 심지어 내 입장과 다른 사람들을 쉽게 좌경, 용공, 종북 세력으로 매도하기도 한다. 이것은 이번에 조사한 보수 개신교인의 의식에서도 일부 발견된다.

앞에서 언급한 바와 같이, 대통령 선출이나 기독교 정당과 같이 직접 정치 관련 활동을 하는 경우가 아니라도 교회는 여러 가지 모양으로 현실 정치에 깊이 관련되어 있다. 가장 쉽게 접할 수 있는 것이 설교이다. 목회자들은 설교 때 여러 가지 사회적인 이슈나 정치 사건들을 자주 언급한다. 그런데 종종 왜곡된 사회 인식으로 사회 문제나 정치 문제에 대해서 편향된 설교를 하는 경우가 있어서 물의를 빚곤 한다. 최근에는 현 정부에 대한 비판으로 시끄러워지는 경우가 많다. 누구나 정치에 대한 비판을 할 수 있고 심각한 위기 상황에서는 강단에서의 설교를 통해서도 언급할 수 있을 것이다. 문제는 대부분의 목회자들이 매우 편향된 입장을 가지고 있다는 것이다. 과거 독재 정권 시절이나 우파 정권 시절에는 비판의 목소리가 거의 없었으나 좌파 정권이 들어설 때만 유독 정치 관련 설교를 하는 경우가 많다.

이러한 문제가 발생하는 이유는 앞에서 살펴본 바와 같이 한국 교회의 사회의식이 지나치게 보수적이라는 것과 함께 공공성이 결여되었기 때문이다. 한국 교회는 우리 사회에서 일어나고 있는 공공의 문제에 대해 관심을 갖고 책임 있는 역할을 감당하기보다는 교세 확장과 교회 건물 건축, 교권 유지 등 세상과는 벽을 쌓고 자기들만의 왕국을 건설하는 데에만 급급하고 있는 인상을 주고 있다. 그리고 교회의 현실 참여도 이러한 태도의 연장선상에서 이루어지기 때문에 공공성과는 거리가 먼 방향으로 이루어지는 것이다. 교회의 현실 참여는 공공성이 담보되어야 한다. 이것은 교회뿐만 아니라 모든 집단에 대해서도 마찬가지이다. 어떤 사회 운동이나 사회에 대한 의사표현도 단순히 자기 집단의 이익을 위한 것이라면 다른 사회 구성원들의 공감을 얻을 수 없다.

마지막으로, 어떠한 정치적 표현이나 행동을 하는 것이 공공의 관점에서 유익한가를 점검해야 한다. 우익이나 좌익이나 스스로는 나라와 민족을 위해서 하는 것이라고 주장하지만 그것이 정말로 그러한지에 대해서 끊임없이 자문해야 한다. 공공성은 헤게모니와 당파성 너머에 있다. 공공성은 자기 이해 자체를 성찰적으로 대상화하고, 궁극적으로 자기 이해를 넘어서는 시야를 획득하지 못하면 결코 도달할 수 없다. 그러나 이러한 공공성을 현실에서 구현하기 어려운 것은 공공성이 무엇인지 몰라서라기보다는 모든 인간 행위자들 스스로가 예외 없이 강력한 이해관계의 당사자들이기 때문이다. 따라서 개인의 사사로운 이해관계를 넘어서 보다 넓은 차원에서 공공의 선을 추구하는 태도가 매우 중요하다.

7. 소그룹 공동체를 통한 다양한 사역

오늘과 같은 사회적 재난 시기에는 교회 스스로 공동체를 형성할 뿐만 아니라 이 공동체 정신을 바탕으로 위기를 극복할 수 있도록 돕는 것이 중요하다. 코로나의 충격으로 인해 파괴된 사회관계를 회복함으로써 공동체를 제공하는 것이 사회적 재난과 위기 상황에서 사회를 안전하게 지키는 데 가장 중요한 일이며 교회의 본래 사명을 감당하는 일이 될 것이다. 공동체의 제공은 무엇보다 도 종교의 역할이 크다. 유명한 소설가 알랭 드 보통Alain de Botton은 스스로 무신론자이면서 종교에 대한 관심을 갖고 종교의 고유한 특징을 관찰하였는데, 자신의 저서 『무신론자를 위한 종교Religion for Atheist』에서 종교 공동체의 중요성에 대하여 역설하고 있다. 그는 종교가 인간의 고독에 대해서 깊이 있게 다루고 있으며, 사람들이 다른 사람들과 연대하지 못하도록 방해하는 편견들을 없애려는 노력이 중요하다고 말한다.[44] 코로나로 인해서 극도의 불안과 공포를 경험하고 있는 사람들에게 공동체적인 돌봄을 제공함으로써 교회가 본연의 역할을 감당할 수 있을 것이다.

공동체를 구성하는 데 매우 유용한 방법이 소규모 모임을 활용하는 것이다. 교회에서는 구역과 속회 등 다양한 형태의 소그룹을 운영하고 있는데 이러한 소그룹은 탈현대 사회의 특징인 유동성과 다양성을 수용할 수 있는 구조라고 할 수 있다. 소그룹은 다양하게 살고 있는 사람들을 일정한 장소에 모아 서로 이해할 수 있는 토대를 제공해 줌으로써 구성원 사이의 관계 개선을 이룬다. 뿐만 아니라 구성원 전원이 활동의 주체가 됨으로써 자발성과 적극성이 있는 참여를 가능하게 한다.[45] 이러한 다양성에 대한 인정은 소모임의 가장 두드러진 특징이고, 이것이 현대 사회에서 소모임 운동이 성공할 수 있었던 가장 중요한 이유 가운데 하나이다.

권위주의적 종교와 같이 한 방향만을 고집하거나 하나의 주의, 주장만 옳다고 하지 않고, 소모임 자체를 부정하지만 않는다면 누구라도 들어와서 자신의 생각과 의견을 나눌 수 있다는 것이 소그룹의 특징이다. 곧 현실 사회의 다원화된 가치관을 교회가 가장 현실성 있게 수용할 수 있는 것이 소그룹인 것이

44. 알랭 드 보통/박중서 역, 『무신론자를 위한 종교』(서울: 청미래, 2011), 23.
45. 개러쓰 아이스노글, 『소그룹 사역의 성경적 기초』(김선일 옮김, 서울: SFC, 2007), 120.

다. 이러한 다원성의 수용은 최근 교회의 권위주의적이고 경직된 모습에 실망해 교회를 떠나는 많은 성도들을 포용할 수 있는 요소가 될 수 있다는 점에서도 매우 중요하다. 그리고 보다 많은 개인 구성원들이 참여할 수 있는 기회가 있을 뿐만 아니라, 집단 구성원들의 대면 교섭을 통해서 형성된 신뢰를 바탕으로 하여 사회 자본을 형성할 수 있다. 곧 구성원들이 서로 신뢰하고 다른 사람들에 대한 믿음을 보이는 집단은 그렇지 않은 집단보다 많은 것을 성취해 낼 수 있다는 것이다.

불확실하고 위험한 시대일수록 신뢰의 중요성은 더욱 강조될 수밖에 없다. 이러한 신뢰는 대규모 집단보다는 소그룹 안에서의 친밀한 교섭을 통해 이루어지게 된다. 소그룹 안에서 경험하는 정서적인 지지와 수용감은 외로움이나 고립감 그리고 우울증을 이겨낼 수 있는 공동체적 환경을 제공함으로써 코로나 블루를 극복할 수 있도록 도울 수 있다. 그리고 불확실하고 파편화된 현대 사회에서 불안감과 소외감을 느끼던 사람들이 소그룹 활동을 통해 불안정으로부터 자유로워짐으로써 자신들의 필요가 채워지고 동료들과의 신뢰 관계를 형성하게 되면 소그룹 내부의 결속력이 높아질 뿐만 아니라 공공의 참여도 더 쉽게 된다. 미국에서는 소그룹이 실제로 시민 결사체로서의 역할을 담당하고 있다고 보고되고 있다.[46]

이전에는 공식 모임과 대규모 집회가 중요하였으나 정보화 사회에서는 다양한 네트워크를 통한 소그룹 커뮤니케이션이 중요한 의사소통 수단으로 자리 잡게 된다. 이에 따라 전에는 사소하고 대수롭지 않게 여기던 사람들 사이의 잡담나 한담이 오늘날에는 자신의 사회 자본을 형성하는 중요한 수단이 되고 있다. 이렇게 신뢰 관계를 바탕으로 한 공동체가 형성되면 불확실성이 감소

46. Robert Wuthnow, *Christianity and Civil Society: The Contemporary Debate*(Pennsylvania: Trinity Press International, 1996), 35.

함으로써 공공 활동에 함께 참여하기도 더 쉬워지는 것이다. 코로나 19로 인해서 대규모 모임이 여의치 않은 상황에서 소규모 커뮤니티 활동의 중요성이 더 증가하게 될 것이다.[47] 다만, 친밀한 관계의 소규모 모임에서 방역을 소홀히 하는 경향이 있어서 확진자가 발생하는 등 사회 문제가 되고 있으므로 이에 대해서는 경계를 늦추지 말아야 할 것이다.

목회데이터연구소가 실시한 조사에서는 소그룹 모임이 활발한 교회가 일반 교회들에 비해서 코로나로 인한 타격을 덜 받고 있는 것으로 나타나기도 하였다. 조사 결과에 따르면, 코로나19 상황에서 개인 신앙 유지에 소그룹 멤버들의 섬김과 교제가 도움이 된다는 비율이 압도적으로 높았고, 개인 경건 생활과 소그룹 교제도 활발하게 이루어졌으며, 헌금 감소 타격도 덜 받는 것으로 나타났다.[48] 따라서 대면 접촉이 쉽지 않은 팬데믹 상황에서 어떻게 관계를 이루어 갈 수 있을지에 대한 구체적인 방안 마련이 필요하다.[49] 교회가 공동체성을 유지해야 전도에 대한 동력도 갖추게 되므로 이것은 전도 역량의 차원에서도 매우 중요하다.

이와 같이 소그룹은 공동체성을 담보할 뿐만 아니라 종교가 사회와 접촉점을 만들 수 있는 유용한 수단으로 활용될 수 있으므로, 교회 조직을 대형화하기보다는 소그룹 네트워크 형태로 전환할 필요가 있다.[50] 소그룹 운동의 구조는 각각의 소그룹이 자율성을 갖는 연결망형 구조이다. 소그룹 활동은 구성원들 사이에 평등한 인간관계를 전개하여 자주성과 민주성 있는 운영을 하게 된

47. 채이석, 「목회철학의 전환: 휴먼터치로서 소그룹」, 안명준 외, 『교회통찰』(서울: 세움북스, 2020), 312.
48. 목회데이터연구소, 「넘버즈」, 66(2020. 10. 9). 접속 2020. 11. 1., http://www.mhdata.or.kr/bbs/board.php?bo_table=koreadata&wr_id=117
49. 이에 대하여는 김은혜, 「언택트 시대의 관계적 목회 가능성」, 포스트코로나와 목회연구학회, 『비대면 시대의 '새로운' 교회를 상상하다』(서울: 대한기독교서회, 2020)를 볼 것.
50. 교회 소그룹의 사회학적 의미에 대하여는, 정재영, 『소그룹의 사회학』(서울: 2010, 한들), 1부를 볼 것.

다. 이를 통해 구성원들 사이의 관계 개선과 소그룹 속에서 민주성을 경험하게 되면 집단 안에서 민주주의를 형성할 뿐만 아니라, 이 경험을 토대로 사회 속에서의 민주주의 구현과 시민으로서의 참여를 촉발하는 데 크게 기여할 수 있을 것으로 기대된다.[51] 이러한 점에서 현재 교회 성장이나 교인 관리의 수단으로 여겨지고 있는 소그룹 활동을 교회와 사회를 연결하여 기독 시민의 사회 참여의 장으로 활용할 필요가 있다.

그러나 문제는 현재 교회 모임의 대부분이 교회 울타리 안에서만 이루어지고 있다는 점이다. 그동안 교회는 사람들을 교회당 안으로 불러 모아서 복음을 전하고 교육을 하는 방식으로 신앙생활을 독려해 왔다. 성도들을 양육해서 세상을 보내었지만 그것도 결국은 사람들을 전도해서 다시 교회당으로 인도하기 위한 것이었다. 지금은 코로나 상황으로 인해 예배당 모임이 극단적으로 제약을 받으면서 전통적으로 중요하게 여겨 왔던 '모이는 교회'보다 '흩어지는 교회'에 대한 관심이 높아지고 있다. 교회라는 건물과 제도 안으로 사람들을 불러 모으기보다 교회 밖 '세상'으로 나가서 파송받은 자로서의 사명을 감당하게 하는 것이다.

따라서 앞으로는 교회의 소그룹 활동이 교회 밖에서도 이루어질 수 있도록 지원할 필요가 있다. 그리고 소그룹 참여자들이 사회의식을 갖고 적극 참여할 수 있도록 독려해야 한다. 이와 함께 소그룹 참여자들은 개인으로서 그들이 관심 갖는 시민 단체, 사회 운동 단체에 책임감을 갖고 참여하도록 권장되어야 한다. 그리고 가능할 때마다 자신이 속한 소그룹과 연계 또는 연합 활동을 전개해야 한다. 개인의 활동은 보통 그 효과 측면에서 제한을 받기 때문에 사회 안의 특별한 필요들에 관심을 갖는 소그룹을 형성해서 참여하고, 적절한 활동

---

51. Robert Wuthnow, 윗글, 39.

을 조직하도록 장려되어야 하는 것이다. 이러한 활동은 전체로서의 교회가 할 수 없는 일들로서 소그룹을 통해서만 가능한 일이다.

각 교단에서도 이러한 교회의 외부 활동과 다양한 파라처치parachurch 활동을 지원할 필요가 있다. 앞에서 살펴본 가나안 성도들에 대해서도 이들을 위한 전문 사역을 개교회들이 하기는 사실상 쉽지 않으므로, 다양한 파라처치들이 이들의 영적인 욕구에 반응하며 신앙을 잃지 않도록 공동체적인 환경을 만들어 주는 노력도 필요하다. 또한 교단 차원에서도 국내선교부나 관련 부서를 통해서 가나안 성도와 구도자들을 위한 사역을 할 수 있는 국내선교사를 선발하여 교육하고 사역비를 지원하여 파송하는 방법을 하루 속히 강구해야 한다. 이러한 노력이 없이는 점차 가속화되고 있는 탈교회 현상에 대응하기 어려울 것이다.

이와 함께 소그룹을 통한 사회봉사 활동도 전개되어야 한다. 그러나 사회봉사에 대한 방법론은 변화될 필요가 있다. 교회의 사회 참여 방법은 제도 차원의 대규모 지원으로부터 스스로 공급할 수 있는 방식으로의 전환이 필요하며 여기서도 소그룹 활동의 중요성이 확인된다. 대부분의 교회에서는 사회봉사에 대하여 교회 차원의 거창한 사업에 몰두하는 경향이 있다. 그러나 거대 자금을 지원할 수 있는 하나의 거대 조직보다는 백만 원을 후원할 수 있는 백 개의 소그룹 또는 십만 원을 후원할 수 있는 천 개의 소그룹을 통한 봉사 활동이 훨씬 더 효율성과 융통성을 발휘할 수 있다. 뿐만 아니라 보다 더 많은 자발성과 주체성을 가진 개개의 사람들이 직접 활동에 참여할 수 있도록 하는 것이다. 이런 식으로 소그룹 자체가 하나의 선교적 그룹missional group으로 활동할 수 있게 된다.

8. 공동체의 확장으로서 마을 공동체 운동

교회의 공동체 활동이 교회 울타리를 넘어 지역사회에서 전개된다고 할 때 관심 가져야 할 부분이 마을 공동체 운동이다. 특히 교회 밖의 사람들과의 접촉 기회를 늘리고 인격적인 관계를 형성하는 데 마을 공동체 활동은 매우 중요한 방법이 될 수 있다. 교회에 대한 신뢰가 떨어진 현실에서 말로 전도를 하는 것은 더 이상 효과적인 방법이 아니다. 삶을 통해서 본을 보이고 기독교의 참된 가치를 보여 주는 것이 요즘 사회에 요청되는 전도 방법이다. 한목협에서 2017년에 조사한 바에 따르면, 목회자의 전도 경험이 16퍼센트포인트 하락한 것이 이를 방증한다. 마찬가지로 목회적 실천도 약화되었는데, 5년 전에 비해 설교 횟수와 상담 횟수, 그리고 선교사 파송 비율도 줄어들었다. 이것은 목회자의 성실성이 부족해졌다기보다는 기존의 목회방식에 변화가 필요하다고 해석된다.[52]

이 조사에서 목회자의 바람직한 역할에 대해서도 '기독교 복음을 주변에 전파하는 것'(16.8%)이나 '영적 깨달음을 얻게 도와주는 것'(20.5%)보다 '정직, 도덕, 이웃 사랑의 언행일치 삶'이 42.8퍼센트로 가장 많이 나온 것이 이를 잘 보여 준다. 그러나 성도들의 신앙과 일상생활의 일치 정도에 대해 20퍼센트포인트 이상, 목회자 자신에 대해서는 30퍼센트포인트 가까이 하락한 것으로 응답하였다. 이러한 상황에서 교회에서 필요한 것은 그리스도의 사랑을 몸소 실천하는 것이다. 교회의 사회봉사와 관련하여, 교회에서 주변 지역 주민을 위해 정기적으로 하고 있는 활동으로는 '독거노인 돕기'가 32.4퍼센트로 가장 높았으며, 그 다음으로 '김장/쌀/반찬 등 생필품 나눠주기'(28.3%), '장학금 기부'(21.5%), '고아원/양로원 봉사'(20.8%), '장애인 돕기'(20.1%) 등의 순으로

---

52. 한국기독교목회자협의회, 『한국기독교 분석 리포트』(서울: URD, 2018).

나타났다. 우리 사회가 고령 사회에 진입하면서 노인층을 위한 봉사가 더욱 확대된 것을 알 수 있다.

그러나 교회가 지역사회의 복지와 지역 발전에 '기여하고 있다'고 생각하는 비율은 53.0퍼센트로 높지 않았다. 이에 대한 개신교인의 긍정률은 76.3퍼센트인데 반해 비개신교인의 긍정률은 불과 17.2퍼센트로 극명하게 갈린다는 것이 한국 교회의 현주소이다. 또한 목회의 다섯 영역 중 봉사는 가장 낮은 비중을 차지하고 있었으며, 목회의 다섯 가지 분야 중 봉사를 본인 교회의 강점으로 꼽은 목회자는 1.9퍼센트에 불과하였고, 이것은 2012년 조사보다도 더 감소한 수치이다. 이 조사에서는 문항이 빠졌지만, 2012년 조사에서 개신교를 신뢰한다고 응답한 사람들에게 신뢰 이유를 물어보았더니 가장 많은 44.8퍼센트가 교회가 사회봉사를 잘하기 때문이라고 응답하였다. 적지 않은 목회자들이 여전히 '교회는 봉사 단체가 아니다', '봉사는 교회의 본질적 요소가 아니다'라고 이야기를 하지만, 교회 밖에서는 교회의 봉사 활동을 보고 교회를 신뢰한다고 응답한 것이다.

이러한 점에서 교회의 봉사 활동을 체계적으로 전개할 수 있는 마을공동체 활동에 관심을 가질 필요가 있다. 최근 우리 사회에서는 시민의식에 기초한 마을공동체에 대한 관심이 높아지고 있다. 그러나 마을공동체는 과거에 자연 발생으로 형성된 촌락공동체와 같은 자연적 공동체일 수는 없다. 우리 사회는 급격한 근대화와 산업화 과정에서 촌락공동체를 뒷받침하는 물리적 정신적 근간이 완전히 와해되었기 때문이다. 그러므로 추구해야 할 마을공동체는 의도적으로 새로운 맥락에서 공동의 목적과 이념, 가치를 추구하는 공동체여야 한다. 따라서 마을공동체는 일정한 지리적 공간 안에 살고 있는 지역 주민들이 사회적 가치를 공유할 수 있는 여건을 만들고, 이에 바탕을 둔 목적을 달성할 수 있는 사회적 역량을 키워나가는 조직적인 활동을 전제로 한다.

특히 코로나 사태로 인해 경제 침체가 지속되고 있는 상황에서도 사회 자본을 바탕으로 한 마을공동체 활동은 이를 극복할 수 있는 기회를 열어 줄 것이다. 퍼트넘은 경제적으로 곤궁하다고 느끼는 사람들과 저소득층은 잘사는 사람들에 비해 모든 형태의 사회생활과 공동체 생활에 훨씬 덜 참여한다고 말한다. 결국 사회 자본의 쇠퇴는 문제 해결을 위한 노력까지도 위축시킴으로써 악순환을 일으키게 될 것이다. 반대로 신뢰와 사회적 네트워크가 번성하는 곳에서는 사람들을 잠재적 경제적 파트너와 연결시켜 주고, 고급 정보들을 제공함으로써 경제적으로 앞서 나갈 수 있다고 퍼트넘은 말한다.[53] 이러한 신뢰감은 사람들에게 절대로 혼자가 아니라는 확신을 심어 주며, 시민적 연대에 참여할 수 있게 해 주기 때문이다.

그리고 이러한 활동은 사회 안전망 역할을 하기도 한다. 시민들의 자발적 참여는 정부에서 할 수 없는 사회 곳곳의 문제를 해결하고 안전한 사회가 될 수 있는 중요한 도구가 된다. 그래서 사회 자본이 높은 지역에서는 공공장소도 더 깨끗하고 사람들도 더 친근하며 길거리는 더 안전하게 된다.

이러한 일들은 마을 단위로 쉽게 시도될 수 있다. 그래서 요즘에는 '마을 만들기'라는 말을 사용한다. 마을 만들기 운동은 일종의 주민자치운동으로, 여기서 '마을'이란 시민 전체가 공유하는 것임을 자각할 수 있고 공동으로 이용하며 활용할 수 있는 장을 총칭한다. 그리고 '마을 만들기'란 그 공동의 장을 시민이 공동으로 만들어 내는 작업을 말한다. 이러한 마을 만들기 운동에 교회가 참여하는 것은 매우 의미가 크다. 시민의식은 기독교 정신과도 통하는 것이며, 특히 눈에 보이지 않는 사람들의 의식을 형성하는 데 기독교의 가치를 지향할 수 있도록 협력할 수 있기 때문이다.

---

53. Robert D. Putnam, 윗글, 19장.

산업화의 결과로 전통의 공동체들이 와해되고 정신적 규준이 무너진 데다가 코로나 사태로 인해 근본으로부터 변화를 요구하는 현재 상황에서, 삶의 기반을 공유하는 지역사회에서 공동 의식에 터한 공동체를 세우는 것은 매우 중요한 작업이다. 최근에는 이러한 마을 공동체를 통해서 안전한 마을을 만들기 위한 활동도 이루어지고 있다. 지역주민이 마을의 안전 문제를 스스로 해결하기 위해 자발적인 참여와 협력을 통해 지속적으로 노력하는 것을 '안전 마을'이라고 하면서 여러 가지 재난 상황에 대비하는 것이다.[54]

얼마 전까지는 '지역 개발'이라는 말을 많이 사용했지만, 지역사회의 어느 한 측면에만 몰두하는 일면적 지역사회 개발은 실패할 확률이 높다. 우리나라 지역사회 개발의 과정에서 공동체가 무너진 것은 통합적인 접근법을 채택하지 않고 단선적 사고를 함으로써 얻은 결과다. 이러한 점에서 요즘에는 지속 가능한 개발이 주목을 받고 있다. 코로나 사태도 결국 무분별한 개발과 무관하지 않기 때문이다. 지속 가능한 개발이라는 개념은 특히 최근에는 무분별한 개발로 심각해진 환경문제를 해결하기 위해 주목받고 있다. 근대 서구 학문의 발달 과정에서 인간과 환경은 서로 다른 영역에 속하는 것으로 간주되어 왔다. 환경을 주체인 인간의 인식과 활동을 규정하는 외적 조건이며 이러한 활동의 대상이 되는 객체로 인식했던 것이다. 그러나 이러한 사고방식으로 진행된 근대화의 결과 인류는 엄청난 환경 재앙을 맞을 위기 상황에 놓이게 됨으로써 사고방식의 전환을 피할 수 없게 되었다.

예장 통합 교단은 몇 년 전에 총회 주제를 '마을 목회'로 정하면서 마을에 관심을 갖는 교회들이 많아진 상태이다. 그리고 실제로 마을 공동체 활동을 통해서 전도가 이루어지고 교회가 성장한 사례가 있다. 경기도 양평에 있는 공

---

54. 문종석, 「주민과 함께 마을의 안전 문제를 해결하는 '안전마을' 사업 추진」, 『한국셉테드학회 학술대회 자료집』(2013), 23쪽.

명교회는 선교적 교회를 지향하는 마을 목회를 하고자 3년 전쯤 설립되었는데, 두 명의 목회자가 공동목회를 하고 있다. 두 목회자는 목회자의 생계를 교회 헌금에 의존하지 않기 위해 이중직을 하기로 하였고, 그 방법으로 '책보고가게'라는 서점을 운영하고 있다. 이 서점에서 다양한 스터디 그룹과 세미나를 운영해 왔고 후에는 작은도서관을 통해 다양한 문화 프로그램도 운영하고 있다. 이러한 과정에서 만나게 된 주민들과 좋은 관계를 형성하여 두 목회자 가정으로 시작된 교회는 열네 가정 60명이 출석하는 교회로 성장하였다. 두 목회자는 전도의 목적으로 마을 목회를 하는 것은 아니지만, 마을 목회를 통해 자연스럽게 전도가 이루어졌다고 말한다.

이러한 마을 공동체 활동을 효과 있게 하기 위해서는 먼저 교회 구성원들의 지역사회 활동에 대한 인식과 참여 의향을 조사하여 지역사회 활동을 전담할 수 있는 전략팀을 구성할 필요가 있다. 이를 위해서 교회 소그룹을 TF팀으로 활용하는 것이 좋은 방법이 될 것이다. 교회 전체가 지역사회 활동을 하기는 어려우나 각종 소모임들이 지역사회 활동에 참여하게 되면 더 자발성이 있고 적극적인 참여가 가능하게 되어 많은 효과를 나타낼 수 있다. 이 소그룹 TF팀을 중심으로 지역사회를 조사하고 직접 실천 주제를 작성하도록 하는 것이 좋다. 그리고 교회 재정의 일정 부분(대략 10% 정도)을 지역사회 활동비로 정하고 소모임을 지원 대상자와 연결하여 이들의 필요를 도울 수 있는 책임봉사제를 실시하는 것도 중요한 원칙이 될 것이다.

마을공동체는 지역을 기반으로 형성됨으로써 가까운 지역사회에 살고 있는 사람들에게 안전에 대한 불확실성이 줄어든 생활 환경을 제공해 줄 수 있다. 따라서 마을공동체 활동을 통해서 교회와 지역사회 구성원들이 서로 돕고 위험 요소를 줄이는 것이 코로나 19 상황에서 매우 중요한 과제가 되고 있다. 많은 사람들이 불안과 염려로 낙심하고 있는 이 시기에 신뢰와 연대를 통해서 난

국을 이겨낼 수 있도록 모든 신앙공동체가 힘을 모아야 할 것이다. 그리고 이러한 과정을 통해서 주민들과의 접촉 기회를 높일 뿐만 아니라 인격적인 신뢰관계를 통해 자연스럽게 전도의 기회를 얻을 수 있을 것이다. 마을공동체 운동을 전도의 목적으로 하는 것은 바람직하지 않으나 마을공동체 활동을 통해 그리스도의 사랑을 실천함으로써 교회에 대한 이미지를 개선할 수 있고, 호감을 갖게 함으로써 복음을 접할 수 있는 기회가 커질 수 있을 것이라 기대된다.

9. 변화를 위한 준비

전래 초기 우리 사회에서 기독교는 새로운 종교이자 새로운 문물의 전달자였다. 구질서를 혁파하고 새로운 나라의 기틀을 세우는 데 중요한 자원이었다. 교회는 나라의 독립을 위해 앞장섰고 전쟁으로 폐허가 된 나라를 다시 세우는 데 크게 일조하였다. 그래서 당시에 교회에 다닌다는 것은 믿을 만한 사람이라는 의미를 가졌다. 그리고 목회자는 존경받는 어른이었다. 교회에서는 가장 학식이 높으며 성경에 대한 지식이 뛰어난 사람이었고, 마을에서도 대소사에 빠지지 않는 유지와 같은 역할을 하였다. 이러한 환경에서 교회는 날로 부흥 성장하였다.

오늘날 교회의 처지는 사뭇 다르다. 이전처럼 십자가를 세우기만 하면 사람들이 몰려들지도 않는다. 교회를 세워도 3년을 유지하기가 어렵다고 하고 1년에 문을 닫는 교회가 수천 개에 이른다고 한다. 그래서 전국에 있는 교회 수를 정확하게 파악하기도 어려운 실정이다. 교회들은 서로 경쟁하는 상황으로 내몰렸고 다른 교회가 어찌 됐든 우리 교회가 부흥하는 것이 최우선의 가치가 되었다. 어떠한 중앙집권적인 권력에도 의지하지 않고 각 교회들이 스스로 판단하고 결정할 수 있는 권한을 가진다는 종교개혁의 개교회주의 전통은 개교회 이기주의로 변질되었다. 교회에 다닌다는 것은 더 이상 신뢰의 기준이 되지 못한다. 과거에는 교회에 다닌다는 것이 곧 그 사람은 믿을 만한 사람이라는 것을 뜻했지만, 지금은 오히려 더 불신을 받고 비난의 대상이 되는 경우도 적지 않다.

게다가 교회 성장 정체로 인해 목회자의 생활환경도 나빠지고 있다. '한목협'의 조사에 따르면, 목회자의 월 소득은 평균 176만 원으로 나타나 연봉 기준으로 대기업 정규직 소득의 32퍼센트, 중소기업 정규직 소득의 60퍼센트 수준으로 조사되었다. 국내 전체 임금 근로자 45퍼센트가 월 급여 200만 원 미만인 것과 비교하면 목회자의 소득은 전체 임금 근로자 수준만도 못한 것이다. 심지어 중소 도시에 있는 교회들과 교회 규모가 작은 경우 평균 소득이 더 적게 나타나서, 많은 목회자들이 사실상 생계를 유지하기 어려운 형편임을 보여준다. 실제로 필자가 직접 입수한 어느 주요 교단의 지방 대도시에 속한 한 지방회 28개 교회들의 담임 목회자 월 소득은 사례비를 받지 못하는 교회 네 곳을 포함해서 평균 155만 원에도 미치지 못하였다. 같은 시의 다른 지방회는 사례비를 받지 못하는 교회 세 개를 포함해서 평균 130만 원이 채 안 되었다.

소형 교회(교인 수 50~100명 미만)의 경우 더욱 열악하다. '한목협' 조사에서 소형 교회 목회자의 월 소득은 185만 원, 그리고 50명 미만인 초소형 교회의 경우에는 124만 원으로 300명 이상 교회의 목회자 월 소득 315만 원의 절반에도 미치지 못하는 극빈층 수준에 해당하였다. 당시 4인 가구 기준으로 기초 생활 보장 수급비를 받는 월 소득이 138.4만 원인 것을 감안하면, 실제로 상당수의 소형 교회 목회자들이 수급 대상자 수준인 극빈층에 해당한다. 필자가 책임을 맡고 있는 21세기교회연구소와 한국교회탐구센터가 공동으로 조사한 소형교회 목회자들에 대한 조사 결과에서는, 전체 응답자의 21.4퍼센트의 목회자가 사례비를 받지 않고 있으며, 8.3퍼센트는 부정기적으로 받고 있고 70.4퍼센트만이 정기적으로 받고 있는 것으로 조사되었다. 개척교회들이 대부분 이런 경우에 해당할 것이다. 그런데 전에는 교회 설립 3년이 지나면 개척교회 딱지를 떼게 되었지만 요즘에는 10년이 지나도 재정이 미자립인 교회가 많아서 '개척교회 수준'이라는 말을 관행처럼 쓰고 있는 실정이다. 이러한 교회 목회자들은 자발적인 청빈이 아니라 사실상 강요된 가난을 벗어나지 못하고 있다.[55]

이제 목회는 사회적으로 존경받는 일이 아니며 목회자 스스로도 목회에 충실하면 일정 정도 만족감을 누리며 교회 또한 부흥 성장하는 결과를 기대하기도 어려운 시대에 살고 있다. 한목협 조사 결과에서는 현 시무 교회에 대한 항목별 만족도에 대해, 모든 항목에서 만족도(긍정률)가 50퍼센트를 넘지 못했으며, 2012년과 비교하여 크게 하락하였다. 시무 교회에 대한 전반적 만족도(긍정률)는 44.3퍼센트로 2012년 대비 27.5퍼센트포인트 하락했고 교회 성도들과의 관계에 대한 만족도에서도 전체적으로 2012년 대비 만족도가 하락하였다. 이에 따라 소명에 대해 후회해 본 경험에 대해서도, 응답자의 21.9퍼센트가 후회한 적이 있다고 응답했으며, 특히 40대 이하의 젊은 목회자들에게서는 34.7퍼센트로 높게 나타났다.

교회 성장이 멈춘 현 시대에서는 패러다임의 전환이 요청된다. 우리 사회가 산업화에 박차를 가하며 경제 성장을 구가하던 시기에는 교회도 양적인 성장을 경험했지만, 어느 정도 경제 성장을 이루고 더 이상 성장이 어려워진 요즘에는 사람들이 외부 활동보다는 자기 성찰과 명상에 관심을 갖게 되었다. 교회도 이러한 사회 변화에 대응하여야 한다. 산업화 시대에는 사람들이 밤낮없이

55. 이에 대하여는, 정재영, 「강요된 청빈」(서울: 이레서원, 2019)을 볼 것.

일하며 역동적으로 살았고, 교회도 다양한 프로그램을 운영하며 교인들을 모으고 부흥 성장하였다. 교회마다 부흥회를 하며 열광적인 집회에 흠뻑 빠졌다. 그러나 GDP가 3만 달러를 넘고 경제 성장이 둔화된 지금, 사람들은 여유를 즐기고 스스로를 돌아보며 가치와 의미를 찾고 있다. 최근 유행한 '워라밸Work and Life Valance'이나 '욜로YOLO, You Only Live Once'라는 말이 이러한 욕구를 잘 보여 주고 있다. 저성장 시대에는 경제적인 박탈 경험을 종교 활동으로 보상받고자 했던 사람들이 경제적으로 여유로워지면서 종교적 욕구도 점차 약해지고 있다. 이런 시대에는 열광적인 집회보다는 스스로 성찰하고 명상할 수 있는 종교가 주목을 받는다. 벽안의 서양인들이 한국을 비롯한 아시아에 와서 불교와 동양 종교에 심취하는 이유가 그것이다.

최근 유럽과 미국에서는 금전적 수입과 사회적 지위에 구속되지 않고 인생을 느긋하게 즐기려는 이른바 '다운 시프트down shift족'들이 늘고 있다고 한다. '느림보족'으로 불리는 이들의 소망은 한마디로 삶의 속도를 늦추자는 것이다. 최근 우리나라 사람들도 획일화된 삶의 방식을 버리고 자기 나름대로의 삶의 방식을 찾는 사람들이 늘고 있다. 제도권 학교 교육에 반기를 들고 대안 학교를 찾거나 홈스쿨링 하는 사람들이 늘고 있으며 사람이라면 당연히 결혼해서 가정을 꾸려야 한다는 생각에 저항하며 혼자 사는 나홀로족들이 늘고 있다. 기독교인이면서도 교회에 출석하지 않고 자기 나름의 신앙생활을 하는 가나안 성도도 급증하는 추세이다. 교회는 이러한 사람들의 생활 패턴과 삶의 방식을 이해하고 이들의 영적인 필요에 응답해야 한다. 경쟁에서 이기고 사회에서 높은 자리를 차지하기 위해 축복하기보다 삶의 진정한 의미를 찾고 보다 가치 있는 삶을 추구하는 데 도움을 주어야 한다. 이제 교회는 속도와 효율을 강조하던 성장주의 패러다임을 내려놓고, 교회가 자리하고 있는 지역사회와 인격적인 관계를 맺고 이웃과 친구가 되어서 하나님께서 만드신 창조 세계를 하나님

의 구원과 화해의 장으로 만드는 제사장의 역할을 감당해야 한다.[56]

또한 교회는 세상에 대하여 더불어 사는 사회를 위한 규범을 제시할 수 있어야 한다. 전통적인 농경사회에서 공동체적인 환경을 이루어 왔던 우리 사회에서는 산업화로 인한 경쟁 사회에서 수단과 방법을 가리지 않고 성공만을 추구하는 가치관이 자리를 잡으면서 많은 사회 문제가 야기되고 있다. 서양과 같이 상위계층의 사회적 의무를 강조하는 노블리스 오블리주Noblesse Oblige의 전통이 없는 우리 사회는 어떠한 도덕적인 규제도 기대하기 힘든 사회가 되어가고 있다. 세계가 주목하는 경제 발전을 이루고 겉으로는 번듯한 모양을 갖추었지만, 뒤에서는 온갖 탈법과 편법이 난무하고 있으며 가진 자들이 못 가진 자들을 무시하고 업신여기는 갑질이 횡행하고 있는 실정이다. 우리 사회에서 일어난 독특한 현상인 갑질을 외국에서는 달리 표현할 방법이 없어서 발음 그대로 'Gapjil'이라고 표기할 정도이다.

이렇게 도덕이 무너지게 되면 도덕적으로 옳고 그름과 상관없이 정글의 법칙이 작동하는 비인간적인 사회가 되어 버릴 것이다. 그러나 도덕이 살아 있는 사회에서는 소수에 대한 배려와 약자 보호를 기대할 수 있다. 이러한 도덕적인 힘의 원천이 되는 것이 바로 종교이다. 종교는 인간에게 필요한 기본 규범뿐만 아니라 그 사회가 존속하고 발전하는 데 필요한 도덕과 정의의 원천이 되어 왔다. 대표적으로 성경은 십계명을 비롯한 많은 도덕 규범들을 제시하고 있으며, 산상수훈은 이 세상의 가치와는 전혀 다른 하나님나라의 가치를 분명하게 보여 준다. 쿨다운 시대에 가치와 의미를 찾고자 하는 사람들에게 교회는 더불어 사는 삶의 가치와 규범을 제공할 수 있어야 한다.

이제 한국 교회는 코로나 이후기를 준비해야 한다. 코로나로 인한 변화는

---

56. 크리스토퍼 스미스·존 패티슨, 『슬로처치: 예수님을 따라 신실하게 일하는 인격적 교회론』(김윤희 옮김, 서울: 새물결플러스, 2015)에서 이러한 모습을 잘 보여 주고 있다.

그동안에 교회를 위협해 왔던 여러 변화의 물결을 더욱 거세게 몰아치게 한다. 사회적으로는 포스트모더니즘과 4차 산업 혁명 그리고 이와 관련된 포스트 휴머니즘과 함께, 교회적으로는 교회 성장 이후기를 맞아서 후기 교파주의와 탈제도화 그리고 탈교회 현상으로 엄청난 변화 가운데 있다. 앞에서 살펴본 바와 같이 목회자의 만족도와 목회적인 실천 등이 많이 약화된 것은 한편으로는 교회의 위기로 볼 수도 있지만, 다른 한편으로는 전통적인 목회 패러다임이 한계에 다다르고 있으며 새로운 패러다임이 필요하다는 뜻으로 볼 수 있다.

가나안 성도가 급증하고 있는 것이 이를 방증한다. 앞에서 살펴보았듯이, 가나안 성도 현상은 한국 교회의 여러 문제들이 집약되어 표출된 현상이다. 간혹 '가나안 성도'라는 말에 대해서 거부감을 표현하는 사람들이 있다. 가나안은 성경에서 약속된 축복의 땅을 가리키는 이름인데 교회를 떠난 사람들 또는 교회에 반대하는 사람들에게 쓰는 것이 적절하지 않다는 것이다. 그런데 이 말은 어떤 사람이 의도적으로 만든 말이 아니고, 교계에서 40여 년 전부터 항간에 사용되어 온 말이다. 이 말이 불편하다면, 교회이탈자든 탈교인이든 다른 말을 쓰면 될 것이다. 그러나 어떤 표현을 쓰든지 간에 이 문제 자체가 없어지는 것은 아니다. 이 문제와 관련하여 이미 오래전부터 한국 교회의 위기에 대한 담론이 형성되었고, 최근에는 가나안 성도에 대한 문제가 제기된 후에 나름대로 대안 마련을 요청하고 이런저런 노력을 해 왔지만, 여전히 기존의 목회방식에 만족하지 못하는 사람이 계속해서 증가하고 있다는 것은 매우 다른 차원의 대안을 필요로 한다는 것을 드러낸다.

그러나 사회는 더욱 복잡하고 다양하게 변하고 있다. 요즘 사회를 뷰카VUCA 시대라고 말한다. 변동성volatility, 불확실성uncertainty, 복잡성complexity, 모호성ambiguity으로 인해서 어느 누구도 '이게 답이다'라고 말하기는 어려운 다변화 사회 속을 살고 있다. 교회도 마찬가지이다. 결국은 각 교회가 처한 상황에 따라 거기에 적절한 방법을 스스로 찾아야 하는 상황이 되고 있다. 오늘날과 같이 급격한 변화가 일어나는 상황에서는 중심부의 거창한 사명 선언이나 전략적 기획보다는 주변 지역에 있는 평범한 사람들의 삶을 통해 그들에게 일어나는 실제적인 변화에 주목하면서 목회자와 성도들이 함께 자기들 나름대로의 대안을 마련해 가는 '아래로부터bottom up'의 운동이 적실성을 가질 것이다. 최근 선교적 교회에서 관심을 갖는 것이 바로 이 부분이다. 하나님께서는 이미 교회 울타리를 넘어 우리 사회의 여러 영역에서 일하고 계시기 때문에 교회는 파송받은 공동체로서 이 일에 동참해야 한다는 것이다.

이러한 현실에서 목회를 전통적인 관점에서 '교회 안에서의' 활동으로만 한정하기가 어렵게 되고 있다. 제한적으로 인정해 온 기관 목회나 전문직에 한정된 이중직을 넘어서 다양한 형태의 이중직을 인정할 수밖에 없는 상황이 벌어지고 있는 것이다. 현대 사회에서는 목회의 범위를 교회 밖의 다양한 일이나 활동으로 넓힐 필요가 있다. 기존의 관점에서는 목회 활동이라고 보기 어려운 영역에 대해서도 자비량 목회의 일부로 이해하거나 그 영역 자체를 선교 영역이라고 이해한다면, 훨씬 폭넓은 일에 대해서 목회의 가능성이 열릴 것이다.

몇 년 전에 『목회와신학』에서 설문조사한 내용을 보면, 목회자 이중직에 대해 상당히 우호적인 의견들이 많이 나온 것을 알 수 있다. 설문조사에 따르면 일단 목회자의 생계라는 현실적인 이유로 이중직을 찬성하는 의견도 많았으나, 자비량 목회라는 차원에서 이중직을 찬성하는 의견도 많이 나왔다. 실제로 이중직을 하고 있는 경우에도 경제적인 이유로 이중직을 한다는 의견이 가장 많았고, 하는 일에 대해서는 매우 다양한 업종의 일을 하고 있는 결과를 볼 수 있다. 대부분의 교단들이 목회자 이중직을 금하고 있지만, 실제로는 많은 목회자들이 다양한 업종에서 이중직을 하고 있는 것이다. 특히 상대적으로 사례비가 부족한 부교역자들에 대해서는 일부 교회들이 이중직을 허용하고 있는 것이 현실이다.

이중직이 필요한 이유로 73.9퍼센트의 응답자는 경제적 상황을 손꼽은 데서도 알 수 있듯이 목회 이중직은 목회현실에 따른 경제적 생활 자구책의 일환으로 거론되는 문제이다. 곧 목회자의 생계 보장이 불안정하기 때문에 다른 직업을 통해 생계를 해결하면서 목회직을 수행하려는 의지가 표출된 것이라고 볼 수 있다. 그러나 최근에는 교회의 새로운 존재 방식으로 이중직에 관심을 갖고 있다. 목회자의 생계를 교회 재정에 의지하지 않고 자비량으로 목회를 하면, 교회는 많든 적든 목회자 사례비만큼의 재정을 교회 본연의 역할을 위해 사용할 수 있다고 생각하는 것이다. 이렇게 하면 미자립 교회도 없어질 것이고 교회의 건강성도 보장받을 수 있다는 것이다. 한목협이 2017년에 조사한 내용에 따르면, 이중직에 대해서 목회자들의 55.0퍼센트가 찬성, 41.8퍼센트가 반대의 의견을 보였다. 2012년도에 '상황에 따라 가질 수도 있다'의 응답률이 42.2퍼센트였던 것과 비교해 보면 이중직에 대한 찬성 의견이 많아지는 추세임을 알 수 있다. 특히 개신교인들의 39.9퍼센트가 찬성한다는 의견과 비교해 보면, 이중직 찬성률은 일반 신자들보다 목회자에게서 더 높게 나타남을 알 수 있다.[57]

또한 '소형교회 목회자 의식 조사'에서는 교인 수 100명 이하의 교회 목회자 중 17.5퍼센트가 실제로 이중직을 갖고 있는 것으로 조사되었다. 특히 출석교인 50명 미만 교회 목회자 중에는 25.6퍼센트로 4분의 1이 이중직을 갖고 있다고 응답하였다. 그리고 이제까지 경험한 이중직 종류에 대해서는 '학원강사/과외'가 22.2퍼센트로 가장 높았고, 다음으로 '자영업'(16.7%), '복지사업'(16.7%) 순으로 나타났다. 한편 '단순 노무직' 13.9퍼센트, '택배/물류' 5.6퍼센트 등 노

---

57. 한국기독교목회자협의회, 윗글, 496쪽.

동집약적 업종에 종사하는 비율도 거의 20퍼센트 수준으로 나타났다.[58] 실제로 상당수의 목회자가 이미 목회 외에 다른 직업을 통해 생계를 유지하고 또 다양한 분야에서 목회 영역을 확대해 나가고 있는 것으로 알려져 있다.

올해 목회데이터연구소가 발표한 내용에 따르면, 50명 이하 교회 담임목사 가운데 현재 32퍼센트가 이중직을 하고 있다고 응답했으며, 이중직을 경험해 보지 않은 목회자의 절반 가까이(45%)는 향후에 이중직을 수행할 의향이 있다고 응답했다. 그리고 이중직에 대하여, '바람직하지 않지만 현실적으로 어쩔 수 없다'는 의견이 49퍼센트로 가장 많아서, 전통적인 목회자 상 혹은 역할에서 보면 목회자가 직업을 갖는다는 것은 용인할 수 없지만 현실적으로 생계를 유지하기 위해 불가피하게 인정한다는 생각을 나타냈다. 그러나 이런 전통적 시각에서 벗어나서 '목사/목회의 새로운 유형으로 적극적으로 시도해야 한다'는 의견이 40퍼센트로 상당한 수준이었다. 이는 목회직 혹은 목회에 대한 새로운 시각으로서 주목할 필요가 있다.[59]

그리고 이 조사에서는 소형 교회가 외부 지원을 받는 비율은 67퍼센트로 나타났는데, 그 지원마저도 줄어들고 있는 것으로 나타났다. 외부 재정 지원이 '감소하고 있다'라고 응답한 비율이 59퍼센트로 절반 이상의 교회가 외부 재정 지원이 줄어들고 있다고 응답했다. 특히 이중직을 하는 목회자의 경우 '감소' 비율이 73퍼센트로 다른 그룹에 비해 훨씬 컸다. 교인 수가 줄어드는 데다가 외부 재정 지원도 줄어들면서 이중직에 나설 수밖에 없는 상황에 처해 있는 현실인 것이다.

보수 교단들의 경우 여전히 목회 이중직을 금하는 경우가 많으나 신학교 교수 등 전문직에 대해서는 이중직에 해당하지 않는 것으로 여기고 있어 이중직

58. 21세기교회연구소·한국교회탐구센터, 「소형교회 리포트」(2017년 12월 1일), 103-106쪽.
59. 목회데이터연구소, 「넘버즈」, 111호(2021년 9월 10일).

에도 차별적인 시각이 있음이 드러난다. 여전히 교단에 따라 입장을 달리하고 있지만, 오늘날의 교회 현실을 고려할 때 목회 이중직은 불가피한 측면이 있다는 면도 고려해야 한다. 앞에서 살펴본 대로 목회자의 경제 현실이 매우 열악한 현실에서 과거 교회 부흥기를 염두에 두고 만든 규정을 고수하기는 점점 어려워지고 있다. 또한 이전에는 규모가 큰 교회 목회자나 박사 학위를 가진 목회자가 신학교 강의를 하면서 두 개 이상의 수입원을 갖는 경우를 방지하기 위해 이중직을 금했다면, 현재의 상황은 생계 문제를 해결하지 못해서 불가피하게 이중직을 하면서 죄책감을 갖는 작은 교회 목회자들의 현실적인 필요를 무시할 수 없는 것이다.

현실적으로 법으로는 금지하는 교단조차도 이중직을 하는 목회자들에 대하여 징계나 처벌을 하는 경우는 거의 없다. 더욱이 최근 사회적 문제로 이슈가 된 '목회자 보이스 피싱', '자전거 절도' 등의 범죄가 발생해 이중직에 대한 폭넓은 논의와 현실적인 방안이 필요한 실정이다. 따라서 이제는 이중직에 대해서 좀 더 유연한 태도를 가질 필요가 있다고 판단되며, 목회자의 품위를 손상하지 않고 목회의 의미를 왜곡시키지 않으면서도 수용할 수 있는 다양한 목회 영역의 개발이 오히려 시급한 과제로 떠오르고 있다. 이러한 필요에 따라 목회자 직업 학교 등 현실적인 필요를 적극 수용하여 대안을 만들 필요가 있다.

목회 이중직을 유형별로 분류해 보면, 생계형 이중직, 자비량형 이중직, 선교형 이중직으로 나누어 볼 수 있다. 생계형 이중직은 오로지 생계 수단으로 이중직을 하는 것이다. 여기에는 단지 먹고 사는 문제뿐만 아니라 부모 봉양이나 자녀 교육을 위해 이중직을 하는 것까지 포함된다. 그리고 임지가 없어 목회를 중단하고 생계를 위해 이중직 아닌 이중직을 하는 경우도 이 유형에 포함될 수 있을 것이다. 다음으로 자비량형 이중직은 목회를 하는 데에서 사례비를 교회에 의존하지 않고 스스로 직업 활동을 통해 사례비를 충당하는 경우이다.

자비량 선교를 하듯이 목회도 자비량으로 하는 것이다. 생계형 이중직과 자비량형 이중직은 외형상 큰 차이가 없으나 이중직의 동기와 의도에서 차이가 있다. 생계형 이중직은 본래 자비량 목회를 할 의도는 없었으나 교회 형편상 일정 수준의 사례비를 받지 못해 타의로 이중직을 하는 경우이고, 자비량 이중직은 본래부터 성도들의 헌금에 의존하지 않으려는 의도를 가지고 이중직을 하는 경우이다.

마지막으로 선교형 이중직은 자비량 목회와 일정 부분 중첩되지만, 보다 적극적으로 이중직 자체를 선교 활동으로 이해하고 직업 활동을 통해 선교를 이루어가는 경우이다. 자비량 이중직이 목회를 하기 위한 수단으로 이중직을 하는 데 비해 선교형 이중직은 직업 활동 자체가 넓은 의미의 목회라고 여기는 것이다. 여기에는 기존의 기관 사역이나 특수 목회를 하는 경우도 포함될 수 있다. 최근에는 선교적 교회의 관점에서 선교형 이중직을 의미 있게 여기고 적극적으로 참여하는 경우가 늘고 있는 추세이다. 이러한 세 가지 유형은 이념형적인 분류이고 실제에서는 상당 부분 중첩되기도 하고 구분이 모호할 수도 있다.

여기서 선교형 이중직의 하나로 지역공동체 운동 참여형 이중직에 대해 관심을 가질 필요가 있다. 앞에서 살펴본 바와 같이, 최근에는 지역 사회에 대한 관심이 커지고 있으므로 지역 사회에서 다양한 목회 활동을 전개하는 것이 교회의 본래적인 사역과도 이어진다는 점에서 매우 의미 있게 여겨지고 있다. 이러한 마을 공동체 운동에 대한 관심은 산업화의 진전으로 도시뿐만 아니라 농촌에서도 전통적인 공동체가 붕괴된 후, '경쟁과 배제'로 표현되는 개인주의 사고가 지배하는 약육강식의 자본주의 사회에서 '배려와 포섭'을 중시하는 공동체 운동의 중요성이 대두되었기 때문이다.

전통적인 촌락공동체는 붕괴되었고, 현대 산업 사회에서 조직 구조의 거대화와 관료주의화는 사회 구성원 사이에서 서로에 대한 친숙성을 해치며 비인격의 인간관계를 초래한다. 이런 상황에서는 구성원들 사이의 신뢰성과 인격의 상호성 또한 약해지고, 인간은 결국 소외감을 느끼게 된다. 이에 따라 사람들 사이에는 예전의 공동체를 그리워하고 공동체 안에 안주하려는 욕구가 심화된다. 이것이 바로 교회가 마을 공동체에 관심을 갖고 참여해야 하는 이유이다.

앞으로의 목회에서는 풀뿌리의 다양한 주체들이 자기들만의 삶과 신앙에 대한 이야기를 만들어 가며 이를 바탕으로 새로운 흐름을 만들 수 있어야 한다. 최근의 한국 교계의 경험에서 보듯이 대형교회를 벤치마킹하는 것은 큰 의미가 없다. 또한 카페 목회나 도서관 사역이 효과를 보았다고 해서 무작정 따라하는 것도 위험성이 크다. 특정 지역의 특정한 환경에서 성공한 방법이 다른 지역의 다른 여건에서 똑같이 성공을 거두리라는 보장은 없기 때문이다. 결국 기존의 틀에 얽매이기보다 교회의 특성과 성도들의 정서, 그리고 지역사회에 대한 이해가 가장 뚜렷한 목회자 스스로 전문성을 가지고 대안을 찾아 가야 할 것이다. 이제까지 경험해 보지 못한 새로운 환경에 대비하기 위해 다각도의 노력이 필요한 시점이다.

비제도권 교회 인터뷰 7

이 교회는 한 선교단체 출신 전도사가 세운 교회이다. 이 교회는 교단에 소속되어 있지는 않지만 어느 교회 연합회에 가입할 생각을 가지고 있다. 이 교회에 출석하는 청년들은 여러 교단에서 왔는데, 목회자를 따라서 특정 교단에 들어가는 것은 맞지 않고 정신이 맞는 사람들끼리 네트워크를 만드는 것이 낫겠다 생각하므로 제도권 안으로 들어갈 생각은 없다. 지금 예배 장소도 그 연합회 건물을 빌려서 사용하고 있다.

이 교회는 처음에 아이들 포함해서 스무 명 정도가 모였다. 처음 교인들 중에는 이 전도사가 전에 사역했던 두 교회에서 가르쳤던 청년들 중에서 교회에 적응하지 못한 사람들이나, 결혼하면서 부부가 어느 한쪽의 교회가 아니라 제3의 교회로 가기로 해서 나온 사람도 있다. 한쪽이 다니던 교회에 따라가서 누구의 남편이나 아내로 취급당하는 게 싫었기 때문이다. 그래서 어느 부부는 결혼하고 나서 한동안 교회를 따로 다니기도 했다.

이 교회를 시작한 이유는 졸업생 사역을 하면서 보니까 졸업생들 중에 출석하는 교회에 만족하지 못하는 사람들이 너무 많다는 것을 깨달았기 때문이다. 교회에 다니고는 있지만 언제든 떠날 수 있는 잠재적 가나안 성도들이었다. 특히 목회자들과의 관계에서 수직의 구조가 맞지 않았다. 전문성이 있는 청년들은 교회 일에서도 부분적으로 목회자들보다 뛰어난 경우가 있는데, 교회 내의 일들이 결국 목회자들의 뜻대로 결정이 되는 것에 불만이 많았다. 그래서 단순히 목회자가 잘해 주는 정도가 아니라 아예 시스템이 바뀌어야 되겠다는 생각을 하게 되었다. 더 수평적이고 참여적인 구조를 만들어야겠다고 생각한 것이다. 참여하는 사람들이 자기 목소리를 내고, 그 목소리가 소외되지 않고 소통이 되면서 의사결정을 할 수 있는 구조가 필요했다. 그래서 교회 이름도 수련회에 가서 투표로 정했다.

이 전도사는 당분간 안수를 받을 생각이 없다. 그러나 이 문제도 혼자 결정하지 않고 구성원들과 의논하려고 한다. 이 역시 수평적인 리더십 때문이다. 한국 사회에서는 목사라는 타이틀에 위계가 고착화되어 있다고 생각하기 때문에, 수평적인 리더십을 만들기 위해서 목사 안수 없이 목회해 보는 것을 생각하게 되었다. 그런데 막상 하다 보니까 불편함도 있다. 성례나 관혼상제는 내부 구성원들뿐만 아니라 외부인들하고도 관련이 되는데, 그런 부분에서 제도적 지위의 필요를 느끼고 있다. 그래서 최종 결정은 여러 가능성을 열어 두고는 있지만, 일단 안수를 받지 않고 스태프의 입장에서 섬겨 보자고 생각하면서 기존 교회와는 다른 문화를 한번 만들어 보자 제안했고, 구성원들이 동의를 했다.

호칭도 편하게 부른다. 이 전도사를 간사라고 부르는 사람도 있고 전도사라고 부르는 사람도 있고 형이라고 부르는 사람도 있다. 가능하면 서로 형 동생으로 부르기로 했지만 아직 친분이 많지 않은 교인들은 이를 불편하게 생각해서 간사나 전도사라고 부른다. 아이들이 어른들을 부를 때에는 이모, 삼촌으로 부르는데, 뜻밖에 이것이 수평적인 구조에는 맞지 않는 것을 알았다. 한국 사람들에게는 장유유서 문화가 있어서 이것이 문제가 된다는 지적이 나왔다. 실제로 나이 많은 사람이 힘을 가지는 구조가 될 수 있는 것이다. 그래서 성경에 나오는 이름으로 별명 만들어 부르자는 제안을 했다. 아직 최종 결정은 하지 않았고, 모든 가능성을 열어두고 함께 의논하기로 했다.

막상 시작하고 나서는 느슨한 결속을 유지하며 최소한으로만 모이는 방식으로 사역을 하다보니까 오히려 합의를 도출하고 수평적인 리더십을 만들어 가는 것이 어렵다고 한다. 그래서 결과적으로 이 전도사가 역할을 많이 하고 있다. 자주 모이게 하는 구조를 갖지 않으려고 하는 것은, 일상을 잘 사는 것이 중요하므로 어떻게 하면 교회 중심적으로 사고하거나 생각하지 않고 자기 삶의 자리에서 충분히 역할을 할 수 있게 할 것인가 하는 문제의식 때문이다. 그래서 일단은 모임을 최소화하기로 하여 주일날 오후 두 시부터 여섯 시까지 네 시간만 모이는 모임을 해 왔다. 그런데 이제 인원이 40명쯤 되니까 이러한 방식도 어려워져서 오십 명이 넘으면 교회를 나누는 것에 대해서 생각을 해 봐야 한다고 생각한다.

성도들 중에는 가나안 성도들도 여럿 포함되어 있는데, 사실은 이 교회는 이들을 위해 설립되었다는 의미가 크다. 특히 결혼을 하지 않은 기독교인 비혼자들이 나이가 들어 가면서 청년부에서도 밀려나고 교회에 다니기가 힘들어졌다. 그래서 이들에게 공동체를 만들어 주어야겠다 해서 교회를 시작한 것이기도 하다. 그리고 교회 소그룹 모임에도 부부를 다 흩어 놓고 개인 단위로 참여하게 했다. 그래야 비혼자들이 와서 불편함 없이 교회에 적응을 할 수 있기 때문이다. 기독교 전통의 큰 맥락 속에서는 독신들도 하나의 중요한 선택일 수 있고, 그것을 활성화시켜야 된다고 생각한다. 독신공동체를 만들어 가고 아예 혈연주의를 극복하는 것이 기독교 공동체가 지향해야 될 부분이라고 본다. 가족이 없는 사람들에게는 더욱 공동체가 필요하기 때문이다.

이 교회는 행정상의 의사결정은 물론이고 설교 메시지도 독점하면 안 된다고 생각한다. 그래서 절반 조금 넘는 정도만 전도사가 설교를 하고 교인들이 설교를 하기 시작했는데, 많이들 어려워한다. 모두가 설교하기는 어렵기 때문에 교인들 중 선교단체 간사 출신이나 은사가 있는 사람들을 먼저 세우고, 또 여성 설교자를 세우는 것을 중요하게 생각하기 때문에 첫 번째 평신도 설교자를 여성으로 세웠다. 여성 교인들의 불만 중에 하나가 여성들은 다 남성 사역자들을 보조하는 수준으로만 일하고 특히 메시지는 남성들이 다 독점하고 있는 것이다. 그래서 이 교회는 장기적으로 설교자의 남녀 비율을 비슷하게 하려고 한다.

앞으로는 비혼자들도 함께할 수 있는 공동체를 만들려고 한다. 수평적으로 비혼자들도 함께하고 실제로 그들의 삶을 뒷받침해 줄 수 있는 마을 공동체를 만들기로 했다. 이 교회를 매개로 해서 마을 공동체에 들어가지만, 교회의 범위를 넘어 마을 공동체하고 직접 호흡할 수 있는 환경을 만드는 것이다. 교인 중에 일부는 공동체 실험을 했다가 실패해서 마을 공동체에 대해서는 부담을 갖는 사람도 있다. 그래서 여러 공동체들에 대해서 공부해 보고 더 의논하기로 했다.

VII. 나가는 말

이 글에서는 최근에 벌어지고 있는 코로나 사태로 인한 위기에 대응하면서 그동안 누적된 제도화의 폐해를 극복하기 위해 교계에서 늘어나고 있는 비제도권 교회에 대한 사례 연구를 살펴보고, 그 의미와 함께 제도화 문제를 극복하기 위한 방안을 제시하였다. 비제도권 교회들 중에는 기존의 교회 전통에서 벗어나 목회자가 없이 모이는 평신도 교회가 다수 있었고, 건물이 없이 모이는 탈공간적 교회, 그리고 일요일이 아닌 평일에 모이는 주중교회의 유형에 속하는 사례들이 있었다. 전통적인 교회 구성의 문법을 따르지 않는 교회들이 나타나고 있는 것은 기존 교회에서 충족되지 않는 다양한 종교적 욕구가 반영된 것이라고 볼 수 있다. 개신교 인구는 늘었음에도 교회에 출석하지 않는 가나안 성도가 더 늘어나면서 이에 대한 반응으로 나타난 교회들이 있다는 것이 이를 방증한다.

이러한 비제도권 교회의 등장은 세계적인 추세라고 할 수 있다. 근대 사회가 지향하는 대형화와 규격화로 대표되는 사회 체계화가 종교계까지 퍼지면서 피로감을 느끼는 사람들에게 영향을 끼치기 때문에 일어나는 현상인 것이다. 교회가 제도적 외양에 치중하면서 기성 사회 질서의 일부로 편입되다 보면, 관성화된 제도권 형태를 벗어나는 교회들이 부상하게 된다. 기독교가 유럽의 지배적 종교가 된 중세시대에는 수도원 운동과 같은 내적 갱신 움직임이 일어났다. 개신교 종교개혁이 정착되면서 사변적이고 교조적인 교회들이 편만해지자 모라비안 경건주의 운동이 일어나 영적 부흥과 활발한 선교사역을 이끌었다. 근대 이후에도 사회복음, 선교운동, 성령운동과 같은 사역들은 제도권 교회의 범주 밖에서부터 발동되었다.

현대에 이르러서는 가톨릭의 기초 공동체 운동이 일어났고, 가장 최근에는 개신교의 이머징 교회나 선교적 교회와 같은 운동들이 일어나 신앙 공동체와 교회됨의 새로운 표현을 이끌고 있다. 영국 성공회 안에서는 '교회의 새로운 표현들Fresh expressions of church'이라는 자발적인 신앙운동이 전개되기도 하였다. 그리고 최근 성장세가 꺾인 미국 개신교계에서 지속적인 성장을 이루고 있는 교회들은 많은 경우 소속 교단이 없는 독립교회들이다. 이들은 기존의 예배당이 아닌 아파트 주거공간에서 교회 성경공부 모임을 갖는다든지, 술집이나 바bar에서 예배를 드리는 획기적인 형태를 띠고 있다. 사회학자들은 유럽의 교회와 미국의 교회를 비교하면서 유럽의 교회는 대체로 단일 교단의 교회들이 '게으른 독점'을 하고 있기 때문에 종교적 생명력이 약화되고 있는데 반해, 미국의 교회들은 다양한 실험을 통해 대안적인 교회의 형태들을 등장시키고 있어서 유럽에 비해 그 종교적 활력이 강하다고 평가하고 있다.

이러한 비제도권 교회들은 기존의 전통적인 교회들과는 형식 구조에 있어서 뚜렷한 차별성과 자생적 자유로움을 지니는 특징을 갖는다. 서구에서는 이러한 비제도권 종교 공동체 운동들이 상당히 오랜 시간의 논의와 실험을 거쳐서 형성되어 왔다. 서구의 주류교회들은 이러한 비제도권 교회들을 연구하고 장려하기까지 하며 사회 구성원들의 다양한 종교적 요청에 적극적으로 대응하고, 그들과 늘 관계를 유지하며 교회의 건강성 확장의 기회로 삼기도 한다. 그러나 국내에서는 이러한 연구도 거의 없고 기존의 틀에서 벗어난 교회들에 대해서는 이단시하거나 색안경을 끼고 보는 경우가 많다. 교회에 대한 새로운 욕구에 부응하여 등장한 비제도권 교회들에 대하여 객관적으로 분석하는 연구가 필요한 이유이다.

앞에서도 말한 바와 같이, 비제도권 교회를 신학적으로 판단하거나 정당화하고자 하는 것은 이 연구의 목적이 아니다. 기존의 형태와는 매우 다른 새로운 유형의 교회들이 등장하고 있고 이들이 기존 교회가 충족시켜 주지 못하는 신앙적 욕구를 채워 주고 있다면, 그것이 어떤 유형의 교회이고 그 교회를 찾는 사람들의 종교적인 필요가 무엇인지를 밝히고 드러내는 것이 이 연구의 목적이다. 여기서 파악된 신앙 욕구와 종교적인 필요에 대해서 의미 있게 반응한다면 제도권 교회가 현재의 어려움을 이겨내고 다시금 활력을 얻을 수 있을 뿐만 아니라, 보다 교회의 본질에 가깝게 다가갈 수 있을 것이다. 이제 그 공은 제도권 교회를 구성하는 신자와 지도자에게 던져졌다.

지금 한국 교회는 코로나 사태의 여파로 거대한 변화의 기로 앞에 놓여 있다. 더 큰 문제는 이러한 고난의 끝이 어디인지 알 수 없다는 데 있다. 수개월이 될지, 수년이 될지 모르는 고난 끝에 이전의 모습으로 되돌아갈 수 있을지 확신하기 어렵다. 교회당에서 예배를 드리지 못하는 사람들이 코로나가 종식된 후에는 다시 찾아올 것인지, 부실해진 교회 재정이 이전으로 회복될 것인지 장담할 수 없다. 한번 인식의 변화를 경험하게 되면 본래의 상태로 되돌아가기는 매우 어렵고 설령 회복이 된다고 해도 단시일 안에 이루어질 수 없기 때문에 한국 교회는 변화를 대비해야 한다.

한국 교회는 코로나 19로 인한 위기를 보다 적극적으로 변화의 기회로 삼아야 한다. 변화의 거센 물결이 몰려오는데 과거의 모습을 고집하기만 해서는 의미 있는 생존이 이루어질 수 없다. 스스로 변화하지 않으면 저절로 달라지지는 않는다. 세월호 참사가 벌어졌을 때 많은 언론에서 우리 사회는 세월호 이전과 이후로 나뉠 것이라고 했지만 실제로 우리 사회는 얼마나 달라졌는가? 이번 코로나 사태에 대해서도 주전과 주후를 의미하는 B.C.와 A.D.를 코로나 이전과 코로나 이후를 의미하는 B.C.Before Corona와 A.C.After Corona로 바꿔 써야 한다고 말할 만큼 큰 전화점이 될 것이라고 말하고 있다. 그러나 부단한 노력이 없이 저절로 달라질 수는 없다.

그렇다면 기독교 신앙의 본질을 훼손시키지 않으면서 미래 사회에서 어떻게 적실성 있는 신앙생활을 이루어 갈 수 있을지에 대한 깊은 고민이 필요하다. 대면 접촉이 제한되는 상황에서 '영과 진리로' 드리는 예배는 어떻게 변해야 하는지, 또한 복음은 어떻게 전할 수 있으며 선교는 어떻게 이루어질 수 있는지 대안 마련이 필요하다. 그리고 중요한 것은 이것이 교회라고 하는 건물과 조직 그리고 제도를 유지하기 위한 것인가, 아니면 진정한 기독교 정신과 가치의 실현을 위한 것인가를 따져 보아야 한다.

교회는 이제 새로운 기준으로 미래를 준비해야 한다. 새로운 기준은 새로운 가치에 바탕을 두는 것인데, 새로운 가치는 기존의 제도적 관행을 깨고 본질을 바라보는 것이다. 교회주의를 넘어서 교회 자체에 집중해야 한다. 그것은 결국 성도 한 사람, 한 사람이 바로 서는 것이고 그들이 모여서 거룩하고 능력 있는 공동체를 만드는 것에 다름 아니다. 이미 교회는 포스트모더니티와 4차 산업 혁명으로 인한 변화 속에 놓여 있다. 그리고 코로나 펜데믹은 이러한 변화를 더욱 가속화하고 있다. 교회 스스로 창조적인 변화를 주도하지 못하고 주저하고 있는 상황에서 코로나는 더 이상 여유를 허락하지 않고 있다.

많은 성도들이 가지고 있던 기존의 교회관과 신앙관도 크게 바뀌고 있다. 이러한 상황에서 기존의 관행을 고수하는 제도 교회들은 더 큰 어려움에 직면할 가능성이 크다. 오늘날의 신앙인들은 제도와 관습보다는 본질적인 신앙과 영성을 보다 추구하고 있기 때문이다. 이러한 점에서 비제도권 교회나 탈제도적 교회들은 많은 이들이 관심을 가져야 할 주제이다. 그리고 앞으로 이에 대하여 보다 많은 후속 연구가 진행되어야 할 것이다. 이것은 단순히 연구에 그칠 것이 아니라 한국 교회, 특히 제도권 교회들이 이러한 변화에 대하여 어떻게 대응하고 스스로 갱신할지에 대해서 실질적인 논의와 많은 토론이 이루어져야 한다.

이렇듯 코로나 사태는 제도와 형식에 매몰되어 신앙의 참뜻을 잃어 가는 우리 기독교인들에게 사고의 전환을 요구하고 있다. 기존의 습관적인 신앙생활이나 형식화된 양태로는 참된 신앙생활을 지속하기 어렵다는 생각이 점차 지지를 받고 있으며 대전환을 향한 임계점에 가까워지고 있다. 이제 새로운 신앙과 새로운 일상을 만들어 나가야 한다. 코로나 사태는 우리에게 큰 피해를 주었지만 한편으로는 새로운 시대를 준비하는 모멘텀이 될 수 있을 것이다. 의미있는 변화를 위해서는 우리의 신앙생활과 삶의 모습 속에서 관행으로 주장되어 온 잘못된 부분들을 과감하게 바꾸고 나와 이웃 모두에게 유익이 되는 새로운 일상을 만들어야 한다. 여기에 우리의 미래가 달려 있다고 해도 과언이 아닐 것이다.

참고 문헌

21세기교회연구소·한국교회탐구센터. 『평신도의 교회선택과 만족도 조사 세미나 자료집』. 2016년 11월 25일.

21세기교회연구소·한국교회탐구센터. 『가나안 성도 신앙생활 탐구 세미나 자료집』. 2018년, 11월 30일.

21세기교회연구소·한국교회탐구센터. 『기독청소년 신앙과 교회 인식 조사발표 세미나 자료집』. 2019년 12월 6일.

21세기교회연구소·한국교회탐구센터·목회데이터연구소. 『코로나 시대, 기독 청년들의 신앙의식 탐구 세미나 자료집』. 2021년 1월 27일.

권진관. 「국가, 시민사회, 교회」. 『기독교사상』, 2000년 3월.

김도훈. 「이머징 교회의 교회론에 대한 연구」. 『장신논단』. 36집(2009년 12월).

김선일. 「탈교회 시대의 교회」. 김동춘 편. 『탈교회: 탈교회 시대, 교회를 말하다』. 서울: 느헤미야. 2020.

김용섭. 『언컨택트』. 서울: 퍼블리온. 2020.

김은혜. 「언택트 시대의 관계적 목회 가능성」. 포스트코로나와 목회연구학회. 『비대면 시대의 '새로운' 교회를 상상하다』. 서울: 대한기독교서회, 2020.

김현진. 『공동체적 교회 회복을 위한 공동체 신학』. 서울: 예영커뮤니케이션. 1998.

깁스, 에디·볼저, 라이언. 『이머징 교회』. 김도훈 옮김. 서울: 쿰란 출판사. 2008.

노치준. 「한국교회의 개교회주의에 관한 연구」. 『기독교사상』. 1986년 5월.
노치준. 『한국의 교회조직』. 서울: 민영사. 1995.
니부어, 리처드. 『교회 분열의 사회적 배경』. 노치준 옮김. 서울: 종로서적. 1983.
루크만, 토마스. 『보이지 않는 종교』. 이원규 옮김. 서울: 기독교문사. 1982.
린그렌, 앨빈. 『교회개발론』. 박근원 옮김. 서울: 대한기독교출판사. 1989.
밀러, 도날드. 『왜 그들의 교회는 성장하는가?』. 이원규 옮김. 서울: kmc. 2008.
박동현·이수진·이진석. 『미래, 미래사회』. 서울: 동아대출판부, 2007.
바나, 조지·키네먼, 데이비드. 『처치리스』. 장택수 옮김. 서울: 터치북스. 2015.
박영신. 「기독교와 사회발전」. 『역사와 사회변동』. 서울: 민영사, 1987.
박영신. 「'공공의 공간' 형성과 확장: 한말 조선 사회와 그 이후」. 『사회이론』. 2004년 봄/여름.
박정신. 『한국기독교사의 새로운 이해』. 서울: 도서출판 새길. 2008.
배스, 다이애나 버틀러. 『교회의 종말』. 이원규 옮김. 서울: kmc. 2017.
배종석·양혁승·류지성. 『건강한 교회, 이렇게 세운다』. 서울: IVP, 2008,
버거, 피터. 「세상의 탈세속화: 개관」. 피터 버거 외. 『세속화냐 탈세속화냐』. 김덕영·송재룡 옮김. 서울: 대한기독교서회. 2002.
버거, 피터. 『종교와 사회』. 이양구 옮김. 서울: 종로서적. 1982.
벨라, 로버트. 『사회변동의 상징구조』. 박영신 옮김. 서울: 삼영사. 1997.
보통, 알랭 드. 『무신론자를 위한 종교』. 박중서 옮김. 서울: 청미래. 2011.
비치, 리. 『유배된 교회』. 김광남 옮김. 서울: 새물결플러스. 2017.
서정민. 「한국 무교회주의 운동사의 검토: 한국교회사적 평가를 중심으로」. 『신학사상』. 146권 (2009년).
성석환. 『공공신학과 한국사회』. 서울: 새물결플러스. 2019.
성석환. 「코로나 19시대 뉴 노멀의 윤리적 가치로서 '공동의 선'과 한국교회」. 『기독교사회윤리』. 47(2020).
세넷, 리처드. 『투게더』. 김병화 옮김. 서울: 현암사. 2013.
송인설. 「개혁교회 직제의 역사」. 바른교회아카데미 편. 『교회 직제론』. 서울: 예영커뮤니케이션. 2012.
스나이더, 하워드. 『참으로 해방된 교회』. 권영석 옮김. 서울: IVP, 2005.
스나이더, 하워드. 『새 포도주는 새 부대에』. 이강천 옮김. 서울: 생명의말씀사. 2006.
스타크, 로드니. 『기독교의 발흥: 사회과학자의 시선으로 탐색한 초기 기독교 성장의 요인』. 손현선 옮김. 서울: 좋은씨앗. 2016.

스타크, 로드니. 『우리는 종교개혁을 오해했다』. 손현선 옮김. 서울: 헤르몬, 2018.

안명준 외. 『전염병과 마주한 기독교』. 서울: 다함. 2020.

양현표. 「한국 교회 개혁을 위한 대안: 이머징(Emerging)교회 운동」. 『성경과신학』. 83권 (2017).

윤철호. 『한국 교회와 하나님 나라를 위한 공적 신학』. 서울: 새물결플러스. 2019.

은준관. 『기독교교육 현장론』. 서울: 대한기독교출판사. 1988.

이도영. 『코로나19 이후 시대와 한국교회의 과제』. 서울: 새물결플러스. 2020.

이진구. 「한국 개신교 지형의 형성과 교파정체성: 장로교, 감리교, 성결교를 중심으로」. 『종교문화비평』. 20권(2012년 9월).

이진섭. 「치리장로 개념은 성경적인가?」. 『성경과교회』. 5권 1호(2007).

임영빈·정재영. 「한국 무종교인에 관한 연구: 무종교인과 탈종교인의 분화를 중심으로」. 『종교연구』. 77권2호(2017년).

임창호. 『공공성을 회복하라: 기독교 공동체와 공공성』. 서울: 쿰란출판사. 2000.

장동민. 『포스트크리스텐덤 시대의 한국교회』. 서울: 새물결플러스. 2015.

정재영. 『소그룹의 사회학』. 서울: 2010. 한들.

정재영. 『한국 교회의 종교사회학적 이해』. 서울: 열린출판사. 2012.

정재영. 「종교 세속화의 한 측면으로서 소속 없는 신앙인들에 대한 연구」. 『신학과실천』. 39(2014). 575-606.

정재영. 『교회 안 나가는 그리스도인』. 서울: IVP. 2015.

정재영. 「비제도권 교회 실태 조사 결과 발표」. 한국교회탐구센터 엮음. 『비제도권 교회 실태 조사 세미나 자료집』. 2019년 10월 18일.

정재영. 「비제도권 교회의 유형에 대한 연구」. 『현상과인식』. 44/1(2020). 115-140.

정재영. 「비제도권 교회의 특징에 대한 연구」. 『신학과 실천』. 74호(2021년 5월). 895-922.

주커먼, 필. 『신 없는 사회: 합리적인 개인주의자들이 만드는 현실 속 유토피아』. 김승욱 옮김. 서울: 마음산책. 2012.

주커먼, 필. 『종교 없는 삶』. 박윤정 옮김. 서울: 판미동. 2018.

젠킨스, 필립. 『신의 미래 종교는 세계를 어떻게 바꾸는가?』. 김신권·최요한 옮김. 서울: 도마의길. 2009.

지앤컴리서치, 「코로나 19로 인한 한국 교회 영향도 조사 보고서」. 2020년 4월 9일.

지앤컴리서치. 「코로나19 이후 한국교회 변화 추적조사 결과 보고서(개신교인 대상)」. 2021년 7월 21일.

차명호. 「성례성의 발전과 적용에 대한 고찰」. 『부산장신논총』. 11(2011). 232-257.

채이석. 「목회철학의 전환: 휴먼터치로서 소그룹」. 안명준 외. 『교회통찰』. 서울: 세움북스. 2020.

최경환. 『공공신학으로 가는 길』. 고양: 도서출판 100. 2019.

최동규. 「이머징 교회와 그것의 한국적 전개 가능성에 대한 비판적 고찰」. 『신학과실천』. 32호 (2012년 가을).

최승호, 『평신도 교회 이야기』. 서울: 대장간. 2008.

최현종. 「탈물질주의와 포스트모더니즘을 통해 살펴본 다음 세대의 종교이해」. 『제19회 바른 교회 아카데미 연구위원 세미나 자료집』. 2015.

최현종. 『한국 종교인구 변동에 관한 연구』. 부천: 서울신학대학교출판부. 2011.

크레머, 헨드릭. 『평신도신학』. 유동식 옮김. 서울: 대한기독교서회. 1960.

퍼트넘, 로버트. 『사회적 자본과 민주주의』. 안청시 외 옮김. 서울: 박영사. 2000,

프로스트, 마이클. 『위험한 교회: 후기 기독교 문화에서 선교적으로 살아가는 유수자들』. 이대헌 옮김. 서울: SFC출판부. 2009.

프로스트, 마이클·허쉬, 앨런. 『새로운 교회가 온다』. 지성근 옮김. 서울: IVP. 2009.

한국 갤럽. 「한국인의 종교와 종교의식:제 4차 비교조사」. 서울: 한국 갤럽, 2014.

한국 갤럽. 「한국인의 종교: 1984-2014」. 서울: 한국갤럽조사 연구소. 2015.

한국기독교목회자협의회. 『한국기독교 분석리포트』. 서울: URD. 2018.

한성진. 「주일성수에 대한 역사신학적 접근」. 『신학정론』. 29/2(2011). 335-357.

허준. 「이머징 교회운동의 특징에 대한 연구 및 적용에 대한 고찰」. 『복음과실천』. 2016년 9월호.

화이트, 제임스 에머리. 『종교 없음』. 강일우 옮김. 서울: 베가북스, 2014.

황병준. 「이머징 교회 운동 패러다임에 관한 연구 - 문화코드, 리더십, 셀 그룹, 전도개념을 중심으로-」. 『신학과실천』. 38호(2014년 봄).

Bellah, Robert N. 외. *Habits of the Heart: Individualism and Commitment in American Life*. Berkeley: University of California Press. 1985.

Bloom, Metropolitan Anthony. Churchianity vs Christianity. N.Y.: Saint Vladimir's

Seminary Press. 2017,

Brogden, Chip. The Church in the Wilderness. San Bernardino: The School Of Christ. 2011.

Chaves, Mark. "On the Rational Choice Approach to Religion". Journal for the Scientific Study of Religion. 34/1(1995). 98-104.

Davie, Grace. Religion in Britain since 1945: Believing without belonging. Oxford: Oxford University Press, 1994.

Erlandson, Sven E. Spiritual But Not Religious: Spiritual But Not Religious. New York: Iuniverse Inc. 2000.

Gann, Ronad H. Fast-Food Churchianity. San Diego: Aventine Press. 2009.

Mehl, Roger. "The Christian Community-Its Relations with the World-Secularization". The Sociology of Protestantism(London: SCM Press. 1970,

Marty, Martin E. The Public Church. New York: Crossroad. 1981,

Hout, Michael and Claude S. Fischer. "Explaining Why More Americans Have No Religious Preference: Political Backlash and Generational Succession. 1987-2012". Sociological Science. 1(2014).

Jacobson, Richard. Unchurching: Christianity Without Churchianity. San Bernardino: UnchurchingBooks. 2016.

Lausanne Committee. "Statement on the Churches on Nominality". Lausanne Committee for World Evangelization. High Leig, Hoddesdon, December 1998.

Packard, Josh, Church Refugees: Sociologists reveal why people are DONE with church but not their faith. Loveland, CO: Group Publishing, 2015.

Packard, Josh. The Emerging Church: Religion at the Margins. Boulder, CO: FirstForumPress. 2012.

Putnam, Robert D. Bowling Alone: The Collapse and Revival of American Community. New York: Simon & Schuster. 2000,

Rambo, Lewis R. Understanding Religious Conversion(New Heaven. CT: Yale University Press. 1993.

Robert, Fuller C, Spiritual But Not Religious: Understanding Unchurched America. New York: Oxford University Press. 2001.

Roxburgh, Alan J. "The Missional Church". Theology Matters. 10권 4호(2004년 9/10월.
Saarinen, Martin F. The Life Cycle of Congregation. N.Y.: Alban Institute. 1986.
Stark, Rodney and William Sims Bainbridge. The Future of Religion: Secularization, revival and cult formation. Berkeley: University of California Press, 1985.
Taylor, Charles. A Secular Age. Cambridge, MA: Harvard University Press. 2007.
Troeltsch, Ernst. The Social Teaching of Christian Churches, 1권. Olive Wyon 옮김. New York: Harper & Brothers. 1960.
Weber, Max. The Theory of Social and Economic Organization. Talcott Parsons 엮음. New York: Free Press. 1964.
Wilson, Bryan R. Religion in Sociological Perspective. Oxford: Oxford University Press. 1982.
Wuthnow, Robert, ed. Between States and Markets: The Voluntary Sector in Comparative Perspective(Princeton: Princeton University Press. 1991),
Wuthnow, Robert. Christianity and Civil Society: The Contemporary Debate. Pennsylvania: Trinity Press International. 1996.
Wuthnow, Robert. After Heaven: Spirituality in America Since the 1950s. Berkeley: University of California Press. 1998.
Yamane, David. "Secularization on Trial: In Defense of a Neosecularization Paradigm". Journal for the Scientific Study of Religion. 36/1(1997). 109-122.
Young, Lawrence A. Rational Choice Theory and Religion: Summary and Assessment. New York: Routledge, 1997.
Zuckerman, Phil. The Nonreligious. N.Y.: Oxford University Press. 2016.